U0578911

公园城市发展报告
（2021）
迈向碳中和的城市解决方案

2021 PARK CITY DEVELOPMENT REPORT

Urban Solutions Towards Carbon Neutrality

主　编／潘家华　姚　凯

执行主编／廖茂林　周　灵

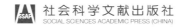

社会科学文献出版社
SOCIAL SCIENCES ACADEMIC PRESS (CHINA)

编 委 会

主　　任　潘家华（中国社会科学院）

　　　　　姚　凯（成都市社会科学院）

副 主 任　阎　星（成都市社会科学院）

　　　　　陈家泽（成都市社会科学院）

主　　编　潘家华（中国社会科学院）

　　　　　姚　凯（成都市社会科学院）

执行主编　廖茂林（中国社会科学院）

　　　　　周　灵（成都市社会科学院）

编　　委　陈洪波（中国社会科学院）

　　　　　郑世林（中国社会科学院）

　　　　　李志青（复旦大学）

　　　　　段宏波（中国科学院大学）

　　　　　陈　彬（北京师范大学）

　　　　　孙传旺（厦门大学）

　　　　　胡　翠（中央财经大学）

　　　　　于　璐（四川大学）

郭义强（自然资源部国土整治中心）

杨姝影（生态环境部环境与经济政策研究中心）

鞠立新（中国传媒大学）

唐　旭（中国石油大学（北京））

曹　洪（西南交通大学）

杨芯岩（中国建筑科学研究院有限公司）

张时聪（中国建筑科学研究院有限公司）

边继云（河北省社会科学院）

王国峰（山西财经大学）

江　洁（北京青年政治学院）

曾献君（福建工程学院）

主要编撰者简介

潘家华 经济学博士（剑桥，1992）。中国社会科学院学部委员、可持续发展研究中心主任，北京工业大学生态文明研究院院长、博导。中国城市经济学会会长、中国生态文明研究与促进会副会长、国家气候变化专家委员会副主任、UN可持续发展报告（GSDR2023）独立专家（15人，UN秘书长任命）组成员、政府间气候变化专门委员会（IPCC）评估报告（减缓卷，2021）主笔。曾任中国社会科学院生态文明所所长、外交政策咨询委员会委员、UNDP高级项目官员、IPCC高级经济学家。主要研究领域包括可持续城市化、能源与气候政策、生态文明新范式经济学等。发表论文（中英文）350余篇（章），出版学术（中英文）专著20余部，获中国社会科学院优秀科研成果奖、孙冶方经济科学奖、中华（宝钢）环境（学术）奖等重要学术奖20余项。

姚　凯 成都市社科联（社科院）党组书记、副主席（院长），四川省社会科学院科学社会主义专业毕业，硕士研究生学历。曾担任成都市成华区委政研室副主任、成都市成华区委政研室（体改委）主任、成都市成华区教育局党组书记、局长，成都市成华区委常委、宣传部长，成都市金牛区委常委、组织部长，成都市金牛区委常委、常务副区长，成都市教育局党组副书记、副局长，成都工业职业技术学院党委书记等职。

廖茂林 经济学博士，副研究员，中国社会科学院生态文明研究所可持续发展经济学研究室副主任，中国社会科学院大学硕士生导师，英国皇家国际事务研究所（Chatham House）访问学者，中国社会科学院生态文明研究智库国际部副主任，中国社会科学院所级国情调研基地负责人，机械工业环保产业发展中心专家委员会委员。在《管理世界》、《中国行政管理》、《中国人口·资源与环境》、《城市发展研究》、*Journal of Environmental Management*、*Applied Ecology and Environmental Research* 等 SCI/SSCI 期刊上发表学术论文 70 余篇，其中多篇成果被《人大复印报刊资料》转载，担任《系统工程理论与实践》、*International Journal of Natural Resource Ecology and Management* 等期刊的审稿专家。主持和参与了 40 余项国家自然科学基金面上项目、国家社科基金重大项目子课题、国家高端智库项目，以及欧盟（EU）、联合国开发计划署（UNDP）、澳大利亚社会科学院等机构多个环境政策的研究项目，参与编撰联合国开发计划署的《中国人类发展报告 2012～2013》《新中国 70 年生态文明建设》《应对气候变化报告》等学术著作，获 5 项中国社会科学院优秀对策信息类三等奖。主要研究方向为可持续发展城市建设和绿色发展，主要研究成果包括《基础设施投资是否还能促进经济增长?》（发表于《管理世界》）。

周　灵　经济学博士，研究员，成都市社科院科研处处长，中国城市经济学会公园城市专委会秘书长，主要研究方向为环境经济学和产业经济学。作为主研人员参与完成国家社会科学基金项目 2 项，主持和参与完成省部级项目 7 项，主持完成市级项目 20 余项。在《财经理论与实践》《经济体制改革》《经济问题探索》等期刊发表论文 20 余篇，出版专著 5 部。获四川省社会科学优秀成果三等奖 2 项，成都市社会科学优秀成果一等奖 3 项、三等奖 1 项。主要研究成果包括《经济发展方式转变框架下的环境规制研究》（专著）、《瑞士低碳城市发展实践与经验研究》（专著）、《环境规制对企业技术创新的影响机制研究——基于经济增长视角》（发表于《财经理论与实践》）等。

陈　彬　北京师范大学教授，博士生导师，北京师范大学生态环境治理研究中心主任，国家杰出青年科学基金获得者，入选首届北京市卓越青年科学家计划、教育部新世纪优秀人才计划。长期从事生态环境系统工程方面的教学科研工作，主持国家自然科学基金重大项目、国家重点研发计划课题、"863 计划"重大项目子课题、国家科技支撑课题等一系列项目。在 *Science* 子刊、*Nature* 子刊、《中国科学》等国内外权威期刊共发表论文 300 余篇。入选"气候变化领域全球最具影响力 1000 位科学家"、全球 2% 顶尖科学家、中国高被引学者。获得专利授权 14 项、软件著作权 10 项。曾获国家科技进步二等奖、教育部自然科学二等奖、生态环境部科技进步二等奖、北京市麒麟科学技术奖、中国产学研合作创新奖等。

孙传旺　厦门大学经济学院教授，博士生导师，教育部"长江学者"青年学者（2020 年），厦门信息产业与信息化研究院副院长，厦门大学人工智能研究院智慧能源与绿色经济首席科学家，中国国际工程咨询有限公司咨询专家，国家发改委能源研究所项目评审专家，中国系统工程学会生态环境系统工程专业委员会常务委员（2020 年），中国优选法统筹法与经济数学研究会能源经济与管理研究分会理事（2016 年）。RePEc/IDEAS 全球经济学家排名大陆学者第 20 名（2021 年），Elsevier 应用经济学中国高被引学者（2021 年），环境科学领域全球前 2% 顶尖科学家（2021 年），*Frontiers in Energy* 青年编委会成员（2021 年）。在《中国社会科学》《经济研究》等国内外权威期刊发表论文 90 余篇，其中 ESI 高被引论文 16 篇、热点论文 4 篇。获得教育部和福建省优秀成果奖 10 余项，承担国家自然科学基金项目 3 项。

唐　旭　中国石油大学（北京）经济管理学院院长，教授、博士生导师，主要从事能源经济与管理、管理系统工程、资源环境政策与管理等方面的教学和科研工作。先后在加拿大能源研究院（2009.10～2010.10）、瑞典乌普萨拉大学（2013.06～2013.09）、美国耶鲁大学（2018.12～2019.12）

访问交流。作为负责人已经主持国家自然科学基金项目 3 项、国际合作基金项目 1 项以及教育部博士点基金项目、教育部人文社科基金项目等多项省部级课题和石油企业委托课题；在国内外高水平学术期刊上累计发表 40 余篇文章，其中被 SCI/SSCI 收录 32 篇；主编出版专著 2 部、教材 2 部；兼任中国石油大学（北京）中国油气产业发展研究中心主任、中国系统工程学会能源资源系统工程分会副秘书长、《石油科学通报》副主编、*Biophysical Economics and Sustainability* 编委等；曾获北京市教育教学成果一等奖、国家能源局能源软科学研究优秀成果一等奖。

李志青　经济学博士，复旦大学经济学院党委副书记，复旦大学环境经济研究中心执行主任，硕士生导师。美国耶鲁大学、加州大学，德国哥廷根大学、康斯坦茨大学等大学访问学者。主要研究领域为环境经济学、能源与气候变化经济学、绿色金融和绿色发展以及碳中和经济学等，围绕能源环境转型、绿色经济金融等方面曾主持国家和省部级等课题 10 余项，在各类期刊杂志发表论文和文章百余篇。曾获上海市浦江人才等荣誉称号。

段宏波　管理学博士，中国科学院大学经济与管理学院长聘副教授、国家优秀青年科学基金获得者，中国系统工程学会服务系统工程分会副主任委员、能源资源系统工程分会副秘书长，中国"双法"研究会低碳发展管理专委会常务理事。长期从事资源与环境经济学、能源—经济—环境（3E）复杂系统集成建模与可持续发展管理研究，是全球和中国 3E 系统集成模型 E3METL、CE3METL 的领衔开发人。以第一作者或通讯作者在国际顶级英文期刊 *Science*、*Nature*，以及中文顶级期刊《管理世界》《经济研究》等重要期刊上发表论文 70 余篇，研究成果先后获得著名国际能源奖 Eni Award 提名、教育部高等学校优秀科研成果奖（人文社科）、*Environmental Research Letters* 年度最佳论文奖（2019），并入选 Springer Nature "改变世界"全球杰出研究榜单和《世界经济年鉴》全球经济治理学十佳论文榜单（TOP 2）。研究成果先后被《科技日报》、《中国科学报》、美国科学促进会、*Nature* 等国内外媒体、机构报道，产生了广泛的影响。

郭义强 自然资源部国土整治中心研究员，原国土资源部首批杰出青年科技人才。长期从事低碳土地利用、生态保护修复等研究工作，全程参与首个国家级《全国重要生态系统生态保护和修复重大工程总体规划（2021—2035 年）》《大运河生态环境保护修复专项规划》等编制工作，主持/参加国家自然科学基金、科技部重点研发计划等项目近 20 项，获得国土资源部科技二等奖 3 项，主编/参编著作 5 部，公开发表论文近 50 篇。

张时聪 博士，中国建筑科学研究院有限公司研究员，第四届中央企业青联委员。获住建部华夏科技奖一等奖 1 项、二等奖 2 项、三等奖 2 项，获中国建筑学会科技进步奖一等奖 2 项、二等奖 1 项，北京市科技进步奖二等奖 1 项。主持科研项目 15 项，参编《民用建筑暖通空调设计规范》（GB50736）、《近零能耗建筑技术标准》（GB/T51350）、《建筑碳排放计算标准》（GB/T51366）等国家标准，主编团体标准《近零能耗建筑测评标准》1 部；作为联合主编完成英文专著 3 部、参编中文著作 9 部，发表论文 35 篇（含 SCI 论文 10 篇）。

鞠立新 博士，中国传媒大学绿色低碳发展与品牌传播研究中心主任，主要从事低碳经济、文化产业发展、海洋经济研究工作。曾在国家气候战略中心工作，参与制作气候变化宣传片《中国在行动》（于 2014 年底在联合国气候变化大会（利马）上获好评），参与撰写的《我国应对气候变化宣传评估报告》被列入《中国应对气候变化的政策与行动》白皮书。近年来在《人民日报》（海外版）发表论文 20 余篇，在中文核心期刊上发表论文 50 余篇，出版专著 3 部，多次参与"人民共和国党报论坛"，并为论坛年会文集供稿。

碳中和是公园城市的刚性测度（代序）

　　工业文明发展范式下的城市建设，依赖化石能源提供的强大动能，上天入地，建摩天高楼，扩展地下深层空间；摊大饼借外力，城市区域空间外延不受限，资源短缺，全球寻求供应链。且不说化石能源因有限、不可再生而枯竭之担忧，燃烧而排放的二氧化碳，引发全球地表增温，气候灾害风险加剧，生物多样性消失加速，人类未来可持续性的远虑已然成为近忧。许多发达国家乃至发展中国家明确承诺在本世纪中叶实现净零排放。中国也明确表示在 2060 年前实现碳中和。发达国家 80％以上的人口居住在城市，发展中国家也有超过一半的人口居住在城市。2020 年，中国城市化率达到 63.9％。显然，实现碳中和，城市是重点、焦点、难点。

　　公园城市作为一种人与自然和谐共生、共享、共荣的城市发展新范式，尊重自然、顺应自然、基于自然，寻求经济社会发展的各种解决方案。我们可以把公园城市包装得很光鲜，描述得很完美。但是，如果碳中和这一刚性测度不能够在本世纪中叶前后通过检验，那么，公园城市建设，要么是理念认知有偏差，要么是行动方案有问题，必须加以纠正，回归公园城市的本源，迈向碳中和的正道，彰显生态文明发展范式下人与自然和谐发展的城市碳中和的内在机理与潜能，引领全球城市碳中和转型发展。

　　从理论上讲，之所以说公园城市是城市碳中和的最优发展形态，主要原因在于以下几点。第一，在公园里建城市，自然的空间和资源可以提供城市运行所需的零碳的能源，包括太阳光伏、光热资源、地热资源、生物质能源。尽管这一部分零碳能源难以保障城市所需，但可以降低城市对外能源的依存度。第二，职住一体，产城融合，可以大量减少能源消费的刚性需求，例如降低交通流量和频次，弱化热岛效应，减少建筑能耗；避免超高层建筑而减少电梯运行和维护能耗。第三，城市基础设施例如供水、污水处理设施运行，均可就近就便，而不是远距离大容量，不仅减少能源运行需求而且防范灾害风险，提升城市韧性。当然，城市人口密集度高，经济强度大，即使是公园城市形态，也不可能100％实现在城市范围内的零碳能源供给。需要城乡融合、区域协同，利用外部的风、光、水和生物质能等清洁能源。但也正是因为公园城市建设，为城乡一体、区域协同提供了碳中和的合作基础和条件。

成都作为公园城市建设示范区，提出要打造碳中和先锋城市。所谓先锋，第一是"先"，敢为人先，走在前列。中国向国际社会宣示在2060年前实现净零碳，不可能齐步走，有些地区，有些城市，必须要先行一步。成都作为公园城市的领跑者，当然要率先，要争取早于2060年，例如2055年，就实现碳中和。第二是"锋"，利刃锐意，创新突破，探索出一条城市碳中和的新路，引领城市碳中和进程。锐在何处？退煤、去油、减天然气。要用零碳电力来补足补齐。交通全部电动化，燃油自然也就大体退出了。少许天然气（可能难以全部退出），需要采用碳的捕集、封存和碳汇吸收。建筑运行耗能具有刚性，显然常规的建筑节能难以满足要求。被动房、近零碳能耗、地源热泵、气源热泵等技术，可以将建筑能耗大幅压减。第三，是"先"和"锋"的组合与延伸。产业结构、零碳能源（电力替代）、零碳产品、零碳消费等领域，全方位发力，将碳中和作为高质量发展的新动能、增长源。

《公园城市发展报告（2021）》以碳中和为主题，探索城市碳中和的路径，分析成都作为公园城市建设示范区，打造碳中和先锋城市的重点领域、技术选项和政策需求。一般意义上讲，碳中和目标明确，时间节点明确，指标测度明确。简单倒逼，量化刚性，本无歧义。例如路面交通，考虑到人口规模和汽车拥有量的进一步增大，如果2055年实现全部新能源或纯电动，为了避免高碳锁定和资产浪费，如果按燃油汽车 15 年经济寿命，则成都必须在 2040 年前禁止燃油汽车上市。按这一进程，汽车、电池、充电桩等必须要系统到位，又如零碳可再生能源电力，成都市经济社会需求多大，市域范围内生产供给潜力多大，需要区域协同。规模多大，从何而来，刚性也非常强。

本报告的研究和撰写团队长期从事能源经济、气候变化、公园城市和宏观经济分析，但对于城市碳中和这一中长期决策实践的重大选题，也是初次尝试，难免出现以偏概全的情况。例如情景分析，仍然沿袭低碳节能思路，在时间刚性节点 2060 年，设置了不实现碳中和的基准情景和低碳情景。实际上，如果 2060 年前实现碳中和的国际承诺，不允许在 2060 年仍然存在高碳的选项。当然保留这些情景设置，也有助于我们认知碳中和目标之艰辛。这也意味着，成都公园城市碳中和先锋城市建设，本报告只是开题、破局，必须进一步深化、完善，形成成都碳中和先锋城市的综合方案，打造公园城市引领碳中和的成都范例。

2021 年 9 月 2 日

目　录

第一篇　总报告

第二篇　专题报告

第三篇　典型案例

第一篇　总报告

高质量建设公园城市示范区，
打造碳中和先锋城市

——碳排放演化特征及"双碳"情景分析

　　高质量发展是"十四五"乃至更长时期我国社会经济发展的主题，亦是成都靓丽的新名片。高质量发展是对整个经济体系方方面面的总体要求，成都市立足新发展理念，打造新发展格局，阔步迈向高质量发展。高质量已经成为成都最核心的要义，"十三五"时期，成都经济总量跨越 7 个千亿级台阶达到 1.77 万亿元，排名省会城市第二、副省级城市第三、全国城市第七，GaWC 世界城市排名从 2016 年第 100 位跃升至 2018 年第 71 位再至 2020 年第 59 位、电子信息产业、高新技术产业产值均突破 1 万亿元，千亿级产业集群增至 8 个，迈向高质量发展。在《环球时报》社主办的中国城市高质量发展与国际合作大会上，发布了 2021 中国高质量发展评估报告，成都一举获得"国际化高质量发展环境建设标杆城市"和"高质量发展改革创新十佳城市"两个奖项。

　　中国共产党成都市第十三届委员会第九次全体会议审议通过了两个决定，分别是《中共成都市委关于高质量建设践行新发展理念的公园城市示范区高水平创造新时代幸福美好生活的决定》和《中共成都市委关于全面推进科技创新中心建设加快构建高质量现代产业体系的决定》，一个纲领、一个蓝图，在新起点上迈开成都高质量发展的坚实步履。2021 年上半年，成都经济复苏步伐加快，实现地区生产总值 9602.72 亿元，同比增长 13.1%，高于全国 0.4 个百分点，两年平均增长 6.7%，高于全国 1.4 个百分点，为冲刺全年 2 万亿元目标奠定了坚实基础。落户世界 500 强企业 305 家，居中西部第一。2020 年进出口总额 6900 亿元，在副省级城市中的排名从 2016 年的第九位跃升至 2020 年的第四位，对欧盟进出口总额较 2016 年增长 3.74 倍，对东盟进出口总额较 2016 年增长 3.84 倍，2020 年对共建"一带一路"国家实现进出口总额增长 29.9%。

一 践行新发展理念的公园城市示范区建设

公园城市示范区建设是一场"长跑"运动，只有接续发力，才能绘就新发展理念下成都最美丽的画卷。从自主探索到国家使命，公园城市示范区建设不仅仅是成都对于新发展理念下生态文明建设的答卷，更是对城市创新发展方式的"中国方案"与"中国智慧"。公园城市示范区的建设内嵌产城人融合、职住融合、产业融合、人与自然融合、城乡融合等多样化融合理念，在创新、协调、绿色、开放、共享新发展理念指引下，满足人民日益增长的美好生活需求，围绕服务"人"、建好"城"、美化"境"、拓展"业"等方面，形成一批可复制、可推广的制度成果和实践经验。

公园城市是构筑理想城市形态的载体，是生活质量和生活品质的力量源泉。示范区建设中生态价值是底色与特色，由绿色产业体系、绿色生活体系、绿色交通体系、绿色建筑体系等一系列绿色发展体系构成，着力实现人与自然和谐共生。成都作为公园城市示范区建设的先行者，需要着力在新发展理念下提升资源要素集聚能力、区域辐射带动能力、宜居品质吸引能力以及门户枢纽输出能力，推动城市发展的空间形态、产业业态、治理方式全方位革新，创新引领成渝双城经济圈高质量发展。

公园城市建设是高质量发展的表达方式与本质要求，与"碳中和"先锋城市建设路径是一致的，二者必须在新发展理念的指导与牵引下进行。对于践行新发展理念的公园城市示范区建设，中央对四川和成都充分信任，寄予厚望，作为中国未来城市形态创新的重要实践，公园城市建设是成都市积极探索出的一条绿色、低碳发展之路，成都市作为公园城市建设的首提地和示范区，在新的发展阶段，有条件更要有担当成为"碳中和"先锋城市。公园城市示范区建设与"碳中和"先锋城市打造的本质要求是一致的。国家主席习近平在第75届联合国大会上首次提出碳达峰碳中和目标，催生社会经济发展的系统性变革。成都市作为公园城市建设示范区，拥有优异的绿色自然禀赋条件，已经实现了经济发展与高能耗、高排放发展方式的脱钩。碳达峰碳中和是贯彻新发展理念、推动高质量发展的重大战略机遇，成都应抢先布局产业新赛道，加快生态价值创造性转化，持续优化产业结构、投资方向、供应链布局，打造绿色低碳循环经济新引擎，努力走出一条以减碳去碳实现更高质量发展、人与自然和谐共生的现代化城市新路。

二　碳中和是公园城市示范区的显性表达

2018年2月，习近平总书记在四川成都天府新区视察时，首次提出了公园城市理念。2020年1月，中央财经委员会第六次会议再次明确"支持成都建设践行新发展理念的公园城市示范区"。公园城市是在我国推进生态文明转型的时代背景下关于城市发展范式的创新性探索与实践，可视为城市尺度上的生态文明形式，为破解工业城市发展困局、改善民生福祉提供了方向，也为实现"人与自然和谐共生"、充分发挥生态价值指明了路径。"碳中和"又称"净零碳"，是指实现二氧化碳等温室气体排放"源汇相抵"，从而使大气中的温室气体净增量为零的过程。尽早迈向碳中和，是遏制气候恶化、保障生态安全和人类生存的必要举措。公园城市作为生态文明的抓手与载体，应以"碳中和"为取向，为全球城市的深度脱碳转型提供中国范例和经验。

（一）碳中和是公园城市发展质量的现实要求

纵观城市发展的历史，人类社会与自然系统的关系也在不断变迁。在农业文明时代，城市多起源于自然条件优越之地，依附于自然系统获取生产与生活的资源。由于生产力低下、农业生产盈余有限，城市规模小、功能弱，重在以壕沟高墙实现防务功能。到工业文明时代，机械化和规模化生产提高了城市的生产效率，城市不再直接仰赖自然而生存和发展，但高速运转的城市也加剧了对自然资源的攫取和对生态环境的破坏。随着工业化和经济一体化的推进，全球人口激增，经济体量飞速膨胀，生态环境不堪重负。在这样的时代背景下，中国提出生态文明转型。在从工业文明向生态文明转型的过程中，城市将会是受影响最为深刻的地方，也将会是变革最为深刻的地方。在生态文明意境下诞生的公园城市，是对工业城市的深刻反思，也是对人与自然关系的重塑，强调"顺应自然、尊重自然"，实现人与自然的和谐，促进生态文明关于繁荣、持久、和平等目标的实现。其基本的价值观为人类社会经济系统是有限的生态系统的子系统，需正视城市经济扩张造成的生态机会成本。因此，公园城市的发展应摒弃工业城市盲目追求经济总量增长的狂热，降低城市生产、生活所造成的物质、能量消耗，使物质、能量的消耗以及由此引致的排放速率控制在生态系统承载力范围之内，提升城市生态环境系统的修复、再生和转化能力。"净零碳"目标是公园城市范式应有的题中之义。

（二）"碳中和"是公园城市建设成效的关键测度

城市占全球地表面积不足 2%，却消耗了 60% 以上的化石能源，产生 70% 以上的人为碳排放。改革开放 40 余年来，我国城市化迅猛发展，2020年城市化率已达 63.9%，有望在 2035 年达到 75%。城市是经济发展的引擎，也是碳排放的主要来源地，这使城市脱碳发展成为中国达成碳中和目标的重中之重。

公园城市强调"市民本位、自然本色、发展本源"。生态文明范式下的城市建设，应该让居民望得见山、看得见水、记得住乡愁，既要融入现代元素，更要保护和弘扬传统优秀文化，延续城市历史文脉。公园城市首先姓"公"，以人民为中心，以提升人民群众获得感、安全感、幸福感为目标。目前，我国已进入高质量发展阶段，所面临的主要矛盾是人民日益增长的美好生活需要和不平衡不充分的发展之间的矛盾。人民群众对山青、水美、空气洁净、生态安全等方面的需求日益迫切。迈向"净零碳"，是对人民群众美好生活需求的回应。其次，公园城市是"在公园中建城市"，坚持以生态本底为依托，顺应自然，与自然交融。它不同于景观属性的园林，而是融合了"职住""产业""城乡"的多功能空间。这种多功能空间有利于增强城市内部的碳中和能力。例如，产城一体、职住融合，不仅避免了交通拥堵，减少了碳排放，也是生活方式的转型；就地使用光伏、风能、生物质能，鼓励并利用自然的各种解决方案提供能源服务，将有效减少化石能源的消耗和排放需求；城市绿地、建筑立体绿化，不仅提升城市韧性，而且可吸收二氧化碳形成碳汇；采用"智慧城市"方案，以现代信息技术提升城市运行效率，也有助于降低碳排放。最后，公园城市的经济发展应与碳排放脱钩，在保持强劲发展动能的同时迈向净零碳。因此，公园城市强调生态价值，强调在生态价值的转化中推进经济的发展。具体的机制包括开展碳资产的开发、推动碳排放权交易、营造丰富的绿色经济应用场景，形成包含新能源、节能、储能、碳汇等领域的碳中和产业生态圈等。

三　成都市历史碳排放演变进程与特征

（一）成都市供给端碳排放测算

1. 成都市碳排放情况纵向对比分析

根据中国碳排放数据库（CEADs）发布的碳排放数据和中国统计局最新能源数据修订版（2015 年）排放清单，我们考察成都市碳排放的历史进程与特征。

图 1 表明，成都市碳排放量基本先逐年上升，随后进入高位平台，呈现波动下降态势。2015 年在高位平台波动到低位，碳排放量达 8395 万吨，此后呈现逐步上升趋势，到 2017 年碳排放量为 8845 万吨。从碳排放量增速来看，伴随着经济的高速稳定增长和人口规模的逐步扩大，1997～2011 年成都市碳排放量增长速度较快，年均增长速度为 8.44%，2012 年后随着经济发展模式的转变和对环境气候等问题的逐步重视，成都市碳排放量增速逐步放缓。

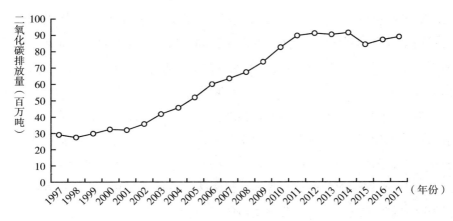

图1 1997～2017年成都市碳排放量

资料来源：中国碳排放数据库（CEADs）。

2. 成都市碳排放情况横向对比分析

根据2017年各主要城市碳排放量数据、人口数据和GDP数据绘制2017年主要城市人均碳排放量图和2017年主要城市单位GDP碳排放量图进行横向对比。成都市与其他主要城市相比，人均碳排放量与单位GDP碳排放量都处于较低水平，与北京、上海、广州、深圳等大城市基本处于同一水平。以年末常住人口总数为人口衡量标准，成都市2017年人均碳排放量为5.51吨/人，低于上海、天津和杭州等城市（见图2）。以当年价格为地区生产总值衡量标准计算各主要城市单位GDP碳排放量，如图3所示，成都市单位GDP碳排放量高于北京、广州和深圳等城市，还存在一定的提升空间。另外，成都市生态环境局核算数据表明，2019年成都市人均碳排放量约为3.05吨/人，在北京、上海、广州、深圳等十大城市中最低。从碳排放总量情况看，成都近几年减排政策效果显著，目前碳排放总量和人均碳排放量较低，单位GDP碳排放量也逐年降低，为实现成都市"双碳"目标奠定了良好基础。

（二）成都市需求端碳排放测算

1. 成都市需求端碳排放

根据研究目的和数据可获得性，本研究需求端碳排放测算核算边界仅包含煤品、油品、天然气和调入电力，核算边界小于全社会能源消费总量，二

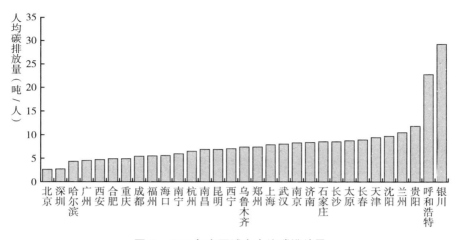

图 2　2017 年主要城市人均碳排放量

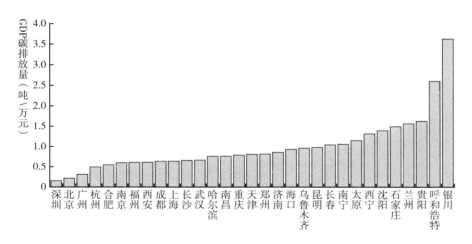

图 3　2017 年主要城市单位 GDP 碳排放量

资料来源：中国碳排放数据库（CEADs）、中国城市统计年鉴。

氧化碳排放量依据《四川省"十三五"市州温室气体排放考核办法》公布的排放因子（煤炭 2.66、石油 1.73、天然气 1.56，单位：吨二氧化碳/吨标准煤）计算，调入调出电力采用四川电网供电排放因子（0.1031kg/kWh）计算。

2019 年成都市各部门碳排放情况见图 4，通过分析可以发现，工业、交通运输、能源生产与加工转换及居民生活等部门都是成都市二氧化碳排放的主要来源部门，特别是工业部门和交通运输部门，碳排放占比分别为29.99％和28.00％。工业部门中，石油加工、炼焦和核燃料加工业，石化原料和石化制品制造业，非金属矿物制品业，以及热力生产和供应业四大高能耗产业综合能源消费量占工业部门综合能源消费量约75％，其中石油加工、炼焦和核燃料加工业规模以上工业企业占据工业部门综合能源消费量近45％。这一方面是因为目前成都市能源中油品仍占据较大份额，使石油加工、炼焦和核燃料加工业产量维持在较高水平；另一方面是成都市高能耗产业能源需求仍以化石能源为主，且能源利用效率和节能技术还有待提升。因此，对于高能耗工业产业进行能源消耗和碳排放控制，同时激发企业节能减排技术研发积极性是成都市工业部门减排工作的重中之重。除此之外，成都市交通运输部门碳排放量占比为28.00％，与工业部门碳排放量占比相当。据公安部交管局数据，至2020年底，成都市汽车保有量为545.7万辆，仅次于北京市603.2万辆，位居全国第二。2020年成都市汽车普及率为3.04人/辆，即平均每3个人拥有一辆汽车。同时，伴随成都市国际化城市进程的不断推进，航空运输量也将不断增加，预计2025年航空港年旅客吞吐量达到8000万人次，航空货邮吞吐量超过25万吨。面对日益增长的交通服务需求，控制交通部门运输量进而控制碳排放量的选项并不可取，成都市应当迅速推进交通运输领域电气化进程，推广新能源使用，改变部门能源需求结构，为实现成都市"双碳"目标打下坚实基础。

分能源类型看成都市需求端碳排放情况。图5显示，2019年成都市煤品、油品、天然气和净调入电力占比分别为14.62％、49.22％、25.85％和10.31％。煤品碳排放量占比较2016年的21.01％下降。油品碳排放量占比较大，且近几年呈现上升趋势，由2016年的47.33％上升至2019年的49.22％。2019年油品碳排放量中，49.36％来源于交通运输部门，21.86％来源于能源生产与加工转换部门，10.80％来源于建筑业部门以及10.41％来源于工业部门。交通运输部门全面电气化进程的加快和以各种零碳材料的开发利用来替代目前油品使用是控制油品碳排放量最主要的工作，与此同时，还应加大技术开发和设备升级力度，促进提升炼油能源生产与加工转换部门的能源转换效率，

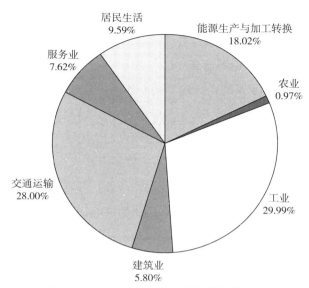

居民生活
9.59%

服务业
7.62%

能源生产与加工转换
18.02%

农业
0.97%

交通运输
28.00%

工业
29.99%

建筑业
5.80%

图4　2019年成都市不同部门碳排放情况

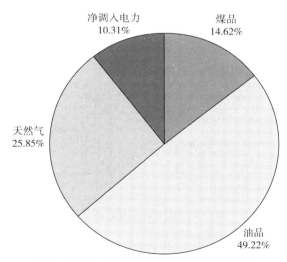

净调入电力
10.31%

煤品
14.62%

天然气
25.85%

油品
49.22%

图5　2019年成都市分能源类型碳排放情况

资料来源：2019年成都市能源平衡表。

减少油品损失量。除此之外，在工业、建筑业以及其他部门也需加快电气化进程，通过"以气代油""以电代油"减少油品需求，进而减少油品碳排放量。总体上看，化石能源的使用仍是碳排放的主要来源，成都市应对化石能源使用进行控制并着力开发新能源进行能源替代转型，尽早实现成都市"双碳"目标。

2. 成都市工业部门能源消耗

成都市工业部门能源消耗结构如图6所示，煤炭、石油、天然气和调入电力能源消耗占比分别为11.68%、10.65%、27.27%和50.40%。电力和天然气是工业部门使用的主要能源，电力能源消耗比重为50.40%，仍有一定的提升空间。工业部门中煤品和油品的使用主要集中在火电、石化、钢铁、水泥、煤化工、有色金属冶炼、平板玻璃等高能耗产业，为进一步压缩煤品、油品的消耗，减少碳排放，重点在于工业部门产业结构的优化调整。一方面如上所述要对高能耗产业实施能源消费总量控制强约束，另一方面成都市更要抓住产业发展机遇，聚焦加快建设"5+5+1"现代化产业体系，大力发展新能源和碳中和相关产业，形成良好的产业生态氛围，这也为高能耗产业绿色转型创造机遇。

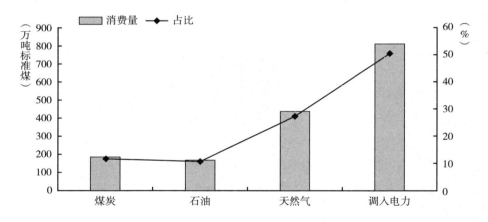

图6　2019年成都市工业部门能源消耗结构

资料来源：2019年成都市能源平衡表。

3. 成都市交通运输部门能源消耗

成都市交通运输部门能源消耗结构如图7所示，煤炭、石油、天然气和调入电力能源消耗占比分别为0%、80.53%、12.14%和7.33%。可以看出，成都市交通运输部门过分依赖于油品，交通运输领域用油增量对全市碳排放增量贡献率超过50%。成都市目前汽车保有量已逼近600万辆，为降低交通运输部门碳排放贡献率，提升非燃油车保有量比重，必须推广新能源在交通运输领域的应用，加快新能源汽车生产和新能源汽车充（换）电站（桩）等配套设施建设。除此之外，成都市还要逐步提升城市绿色交通分担比，从供给端看，要加快成都市轨道交通建设，适当提升公交车保有量；从需求端看，要提升居民节能环保意识，鼓励市民更多地选择轨道交通、常规公交、自行车甚至是步行等绿色出行方式。随着经济发展和国际化城市的建设，未来成都市总体交通活动量仍然会继续增加，因此在尽可能提高能源利用效率的基础之上还要加大力度发展绿色交通，加快交通电气化进程，减少对油品和天然气能源产品的依赖。

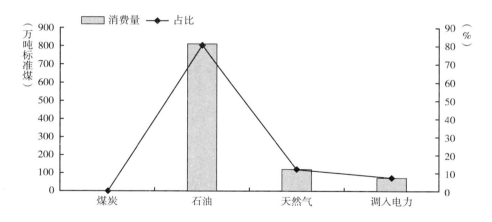

图7　2019年成都市交通运输部门能源消耗结构

资料来源：2019年成都市能源平衡表。

4. 成都市居民生活部门能源消耗

成都市居民生活部门能源消耗结构如图8所示，煤炭、石油、天然气和调入电力能源消耗占比分别为0.07%、3.24%、33.84%和62.85%。

"十三五"期间，成都市基本实现燃煤锅炉"清零"，目前居民生活部门能源消耗中煤品消耗量为0.49万吨标准煤，占比只有0.07%。2019年成都市天然气家庭用量为179349万立方米，液化石油气家庭用量为53646吨，均呈现

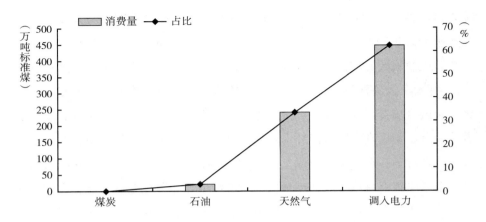

图 8 2019 年成都市居民生活部门能源消耗结构

资料来源：2019 年成都市能源平衡表。

逐年上涨趋势。为推进居民生活部门的碳减排工作，成都市要做好天然气管网输配体系的建设，加快城乡燃气基础设施建设，促进天然气代替液化石油气。

四 成都市实现"双碳"目标情景分析

（一）研究方法与模型搭建

1. 中长期碳排放预测模型

目前已有许多可用于研究城市能源资源利用和碳排放测算的模型，包括系统动力学模型（System Dynamic Models，SDM）、可计算的一般均衡模型（Computable General Equilibrium Models，CGE）以及长期能源替代规划模型（Long-range Energy Alternatives Planning，LEAP）（Fan et al.，2018；Khan et al.，2017；Hong et al.，2016）。其中 SDM 模型被广泛应用于认识和把握能源系统规律和变化趋势，可以从能源角度对复杂的能源—经济—环境系统进行动态仿真，从而对能源长远发展战略做出评估（王其藩，1994）。CGE 模型是一种自上而下的政策分析工具，可以用来研究减排政策对经济发展和环境的影响，尤其关注地区宏观经济情况（马丽梅等，

2018；吴力波等，2014）。

与其他模型相比，LEAP 模型可以基于情景模拟对能源－环境系统进行自下而上的测算和分析，同时还拥有世界上各个国家不同技术种类的排放指标数据，可根据所研究的具体问题，如区域类型、经济结构和能源结构等特点以及数据可获得性灵活地进行模型设置，数据输入透明度高（张建民和殷继焕，1999）。本研究希望尽可能全面地考虑目前成都市经济发展模式和各项政策规划，探讨不同政策规划下，特别是不同节能减排政策下，成都市能源供应需求以及碳排放情况，而 LEAP 模型能够较好地满足研究需求。

因此，本研究运用 LEAP 模型对成都市未来能源消费及碳排放情况进行情景分析，为成都市"双碳"目标的实现提供政策建议。

2. 成都市 LEAP 模型结构

根据 LEAP 模型模块特点和数据需求，以及成都市各项能源数据的可获得性，建立成都市 LEAP 模型，即 LEAP-CD 模型，该模型以 2019 年为基期来预测2020～2060 年各部门能源需求和碳排放情况，本研究设置两个模块计算成都市能源需求量和碳排放量，即终端能源需求模块和加工转换模块，其中将终端能源需求模块分为农业、工业、建筑业、服务业、交通运输和居民生活六个部门。进一步将居民生活部门分为城镇和乡村两个子部门，另外，根据工业部门各细分产业具体能耗情况，将其分为石油加工、炼焦和核燃料加工业，化学原料和化学制品制造业，非金属矿物制品业，以及电力、热力生产和供应业四大高能耗产业和其他工业五个细分子部门。

LEAP-CD 模型计算方法如下所示：

（1）终端能源需求量

$$D_t = \sum_i D_{it} \tag{1}$$

$$D_{it} = \sum_j \sum_k AL_{kjit} \times EI_{kjit} \tag{2}$$

式中：

D_t——第 t 年终端能源需求总量；

D_{it}——部门 i 第 t 年能源需求量；

AL_{kjit}——部门 i 第 t 年使用设备 j 消费第 k 类能源的活动水平；

表 1　LEAP-CD 模型结构

能源消耗部门			能源类型	能源消耗	二氧化碳排放	情景
终端能源需求部门		农业	煤炭、石油、天然气、电力、氢能、生物质能	活动水平×能源强度	能源消耗量×排放因子	基准情景
	工业	石油加工、炼焦和核燃料加工业				
		化学原料和化学制品制造业				
		非金属矿物制品业				减排情景
		电力、热力生产和供应业				
		其他工业				
	建筑业					
	服务业					强化减排情景
	交通运输					
	居民生活	城镇				
		乡村				
加工转换部门	电力输配电损失					
	发电		煤炭、石油、天然气、风能、氢能、生物质能			
	炼油		石油			

EI_{kjit}——部门 i 第 t 年使用 j 设备消费第 k 类能源的单位经济活动水平的能源消耗量。

终端能源需求总量为各部门能源需求之和，各部门活动水平，如行业增加值、行业产值、人口等，与相应的能源强度相乘得到各部门终端能源需求量。不同部门在不同情景中的发展速度和能源利用效率不同，即不同情景下拥有不同的活动水平和能源强度，因此拥有不一样的能源消耗水平和碳排放量。能源转换模块将以终端能源需求预测数据为基础，模拟能源转换过程，计算碳排放量。

（2）能源损失量

能源损失量，即一定时期内能源在输送、分配、储存过程中发生的，以及由其他客观原因造成的各种损失总量。

$$L_k = \frac{D_k}{ER_k} \times LR_k \tag{3}$$

$$ER_k = 1 - LR_k \tag{4}$$

其中：

D_k——第 k 种能源的终端需求量；

L_k——第 k 种能源的损失量；

ER_k——第 k 种能源的传输效率；

LR_k——第 k 种能源传输过程中的损失率。

能源传输过程中能源传输效率会影响能源传输过程中的能源损失量，进一步影响整个能源系统中的碳排放量。

（3）能源加工转换投入产出量

能源加工转换部门中不同加工转换过程中的各种能源投入之和与过程中各种能源产出之和的差值称为加工转换投入产出量。本研究中只考虑发电和炼油等能源消耗量较大的能源加工转换部门。能源加工转换情况如下所示：

$$T_k^m = IT_k^m - OT_k^m \tag{5}$$

$$T_k = \sum_m T_k^m \tag{6}$$

$$E^m = 1 - L^m \tag{7}$$

其中：

T_k^m——第 m 种加工转换过程中第 k 种能源加工转换投入产出量；

T_k——第 k 种能源加工转换投入产出量；

OT_k^m——第 m 种加工转换过程中第 k 种能源投入量之和；

E^m——第 m 种加工转换过程的能源加工转换效率；

L^m——第 m 种能源加工转换过程中能源加工转换及输送过程引起的损

失率。

能源加工转换效率直接影响到加工转换部门的用能量，进一步影响到整个能源系统的碳排放量，因此，加工转换部门进行技术创新和能源效率的提升也是部门减排路径之一。

（4）能源需求总量

能源需求总量包括一次能源和二次能源消费量 P_k，同时还要加上外部调入量 M_k，剔除调出量 EX_k，并充分考虑库存变化量 SC_k 等情况，最终计算得到能源系统的能源需求总量。

$$TD_k = P_k + M_k - EX_k + SC_k \tag{8}$$

（5）二氧化碳排放量

二氧化碳排放发生在加工转换部门和终端消费部门所消费的能源发生氧化作用时，对于终端消费部门碳排放计算公式如下（冯悦怡和张力小，2012）：

$$CEF_{it} = \sum_p cf_p \cdot \sum_j \sum_k AL_{kjit} \cdot EL_{kjit} \cdot EF_{kjip} \tag{9}$$

式中：

CEF_{it}——第 t 年部门 i 的终端能源需求造成的碳排放总量；

EF_{kjip}——部门 i 使用设备 j 消费第 k 种能源所排放的第 p 类温室气体量；

cf_p——第 p 类温室气体的全球变暖潜势值，用于将不同温室气体折算为碳当量。

加工转换部门碳排放计算公式如下：

$$CEF_t^m = \sum_m IT_{kt}^m \cdot EF_k^m \tag{10}$$

式中：

CEF_t^m——第 t 年第 m 种能源加工转换过程中产生的碳排放量；

IT_{kt}^m——第 t 年第 m 种能源加工转换过程中第 k 种能源产品投入量；

EF_k^m——第 m 种能源加工转换过程中第 k 种能源的排放因子。

（二）情景设计

本研究利用 LEAP 软件分析不同情景下成都市长期能源需求量和碳排放量，情景设置主要考虑 GDP 增长潜力、人口增长潜力及产业结构等宏观经济因素和成都市未来城市发展规划、"十四五"规划和 2035 年远景目标纲要、成都制造 2025 规划等政策因素。基于以上宏观经济因素和政策因素考量，本研究对成都市未来发展情况进行合理构想，并通过设置上述相关参数进行逐一量化，将成都市未来发展情况分为三种情景：基准情景、减排情景和碳中和情景。研究所使用的数据和情景设置指标主要来源于《成都市统计年鉴》（2009～2020）、2019 年成都市能源平衡表、成都市能源与碳排放相关政策和规划以及我国能源与碳排放相关政策和规划。

1. 基准情景

基准情景是基于 2009～2019 年的数据来推导 2020～2060 年成都市用能发展趋势，该情景假定只考虑成都市目前已出台的减排政策，能源需求在过去的基础上自然发展，各部门能源强度在基年的基础上参照 2009～2019 年和"十三五"期间的平均变化率以及已出台的减排政策顺势发展。GDP 增速、产业结构和能源结构按成都市"十三五"期间变化情况和"十四五"规划设定。基准情景是减排情景和碳中和情景的基础和参照，从成都市目前减排工作进程来看，基准情景在现实情况下发生的可能性是很小的，设置该情景的目的是方便与其他两种情景对比分析。具体地，基准情景各参数设置如下。

（1）人口规模

"十四五"期间随着全国"三孩"政策的出台，成都市未来人口增长率也会有所波动，从成都市 2009～2019 年人口规模情况、行政区划变化以及成都市人才吸引力等方面进行考虑，将 2020～2035 年年平均常住人口增长率设置为 2%，2035 年实现人口达峰，峰值为 2276.22 万人，同时将 2035～2060 年年平均常住人口增长率设置为 0%。

（2）GDP 水平

成都市 2009～2019 年 GDP 年平均增速为 9%，"十三五"期间 GDP 年平均增速为 7.92％。同时依据成都市"十四五"规划发展目标设定，2020年成都市 GDP 水平预测值为 1.77 万亿元，2025 年 GDP 目标值在 2.6 万～2.8 万亿元，同时，未来五年年均增速在 6％～8％。因此假定"十四五"期间成都市 GDP 以 6.5％年平均增长率不断上升，此后顺应经济发展规律，每五年年平均增长率下降 0.5 个百分点，2026～2030 年年平均增长率为6％，2031～2035 年年平均增长率为 5.5％，2036～2040 年年平均增长率为5％，2040 年后年平均增长率稳定在 3％。

（3）城镇化水平

根据历年来成都市城镇化进程，假设 2025 年成都市常住人口城镇化率为 80％，2060 年成都市常住人口城镇化率为 90％。

（4）产业结构

2020 年成都市第三产业比重已达到 65.7％，超越"十三五"规划目标值（54.5％），第三产业呈现高速稳定发展态势。顺应"十三五"期间三产结构发展趋势，2030 年成都市三大产业占 GDP 比重之比为 2.7：27.2：70.1，到 2060 年成都市三大产业占 GDP 比重之比为 1.4：18.6：80。

成都市能源发展"十三五"规划已指明对电、石化、钢铁、水泥、煤化工、有色金属冶炼、平板玻璃等高能耗产业实行能源消费总量控制强约束，假定未来对高能耗产业实现产能等量替代政策，高能耗产业产量不再增长。

（5）能源结构

2019 年成都市清洁能源消费比例为 61.5％，包括风能、水能、太阳能和零碳电力等能源。随着经济发展和社会进步，清洁能源开发和使用将进一步拓展，2025 年清洁能源消费比例将达到 65％左右，2060 年清洁能源消费比例为 80％。

（6）森林碳汇水平和碳捕集与封存（CCS）技术规模

按照成都市目前森林生态保护和碳汇提升工作的推进以及碳捕集与封存等技术的发展，假定在 2060 年，依靠成都市森林碳汇水平和碳捕集与封存（CCS）技术可吸收 500 万吨二氧化碳。

（7）加工转换效率

2019 年成都市火力发电部门能源加工转换效率为 37.25％，炼油部门能源加工转换效率为 74.13％，基准情景假定成都市火力发电、炼油等部门加工转换效率伴随经济发展和技术创新稍有提升，到 2060 年火力发电部门和炼油部门能源转换效率分别上升至 42％和 78％，输配电损失率由基年的 4.9％下降至 3.5％。

2. 减排情景

在依据成都市"十四五"规划基础上，参照成都市各项政策规划，综合考虑成都市经济社会可持续发展情况，并结合成都市能耗现状，分析节能减排潜力，针对成都市气候变化和我国 2030 年实现碳达峰目标要求采取相应的政策措施。减排情景各参数设置如下。

（1）人口规模

《成都市城市总体规划（2016～2035 年）》明确指出，至 2035 年市域常住人口规模控制在 2300 万人以内，至 2035 年中心城区城市人口规模控制在 1360 万人。在基准情景之上，考虑到成都市各项政策规划将 2020～2035 年年平均常住人口增长率设置为 1.5％，2035 年实现人口达峰。

（2）GDP 水平

假定"十四五"期间 GDP 水平以 6％年平均增长率不断上升，此后顺应经济发展规律，每五年年平均增长率下降 0.5 个百分点，2026～2030 年年平均增长率为 5.5％，2031～2035 年年平均增长率为 5％，2036～2040 年年平均增长率为 4.5％，2040 年后年平均增长率稳定在 2.5％。

（3）城镇化水平

依据成都市"十四五"规划和《成都市统筹城乡 2025 规划》，2025 年成都市常住人口城镇化率达到 80％，2060 年常住人口城镇化率将达到 95％。

（4）产业结构

《成都市服务业发展 2025 规划》指出，到本世纪中叶，成都经济将实现高度服务化，服务业成为成都面向全球服务、实现全球价值的主导产业。为配合城市减排工作的顺利进行和实现经济高质量可持续发展，未来成都市将继续优化产业结构，对高能耗第二产业进行总量控制，推动第二产业向第三产业逐步转换，第二产业占 GDP 比重将逐渐下降。2025 年成都市三大产业占 GDP 比重之比为 3.1：27.1：69.8，2050 年为 1.7：16.2：82.1，到 2060 年成都市三大产业占 GDP 比重之比为 1.4：13.2：85.4。

与此同时，为实现产业能耗排放与碳达峰碳中和目标相匹配，对于石油加工、炼焦和核燃料加工业，化学原料和化学制品制造业，非金属矿物制品业，以及电力、热力生产和供应业四大高能耗产业实行能源消费总量控制，"十四五"期间实现产量零增长，此后到 2060 年产量逐步下降，实现产能减量替代。

同基准情景，假定未来高能耗产业实现产能等量替代，即产量保持不变。

（5）能源结构

减排情景下，能源结构绿色低碳化转型成为成都市减排工作的重要抓手，清洁能源消费比例不断上升。在该情景下，2025 年清洁能源消费比例达到 65％以上，2060 年清洁能源消费比例超过 90％。同时，煤炭和石油等化石能源需求量大幅下降。

（6）森林碳汇水平和碳捕集与封存（CCS）技术规模

随着减排政策的推进，成都市森林覆盖率逐步提高，与此同时，碳捕集和封存技术也得到大力开发，因此，假定 2060 年依靠成都市森林碳汇水平和碳捕集与封存（CCS）技术，可吸收 1000 万吨二氧化碳。

（7）加工转换效率

为顺利推进城市减排工作的进行，减少碳排放量，成都市逐步淘汰低效率的燃煤电厂，改善燃煤发电技术，采用先进高效发电技术，降低发电过程内部损失，提高火力发电、炼油等的能源加工转换效率。2060 年火力发电部门能源转换效率由基年的 37.25％上升至 48％，输配电损失率由基年的 4.9％下降至 2％，炼油部门的能源转换效率由基年的 74.13％上升至 80％。

3. 碳中和情景

碳中和情景是指在完成成都市"十四五"规划下，以尽早实现低位碳达峰为导向，与 2050 年中国实现零碳图景同步发展，深入挖掘成都市节能减排潜力。在该情景下成都市深度优化产业结构和能源结构，使其与碳达峰碳中和目标的实现快速匹配，与此同时，碳减排技术和清洁能源开发利用不断加强，各部门能源清洁化转型加速推进。该情景具体参数设置如下。

（1）人口规模

同减排情景。

（2）GDP 水平

同减排情景。

（3）城镇化水平

同减排情景。

（4）产业结构

碳中和情景三产产业结构变化同减排情景。随着《成都市"两高"行业管控工作方案》的制定，"十四五"期间，成都市将依法依规制定存量产能优化目标计划，落实能源总量和强度双控要求，严格控制高能耗产业新增产能。成都市四大高能耗产业产值在"十四五"期间即呈现逐步下降趋势。

（5）能源结构

在减排情景基础上，加速清洁能源替代进程，加快电网建设和电力机制改革，清洁电力消费显著提升。绿色低碳技术不断创新，为各终端能源需求部门特别是工业部门、交通运输部门和服务业部门能源结构优化和能源总需求控制提供强有力支撑。2025 年清洁能源消费比例达到 65％以上，2050 年进一步上升至 90％，2060 年清洁能源消费比例为 95％。同时，煤炭、石油、天然气逐步有序退出能源系统。

（6）森林碳汇水平和碳捕集与封存（CCS）技术规模

森林碳汇水平和碳捕集与封存（CCS）技术规模进一步扩大，到 2060 年依靠成都市森林碳汇水平和碳捕集与封存（CCS）技术，可吸收 1100 万吨二氧化碳。

（7）加工转换效率

成都市为实现未来电力系统的近零碳排放，严格控制火力装机数量，不断提升风能和太阳能等发电比例，在不断提高火力发电和炼油能源加工转换过程能源加工转换效率的基础上，实现煤电的逐步退出。到 2060 年火力发电部门和炼油部门能源加工转换效率分别为 55％和 85％，输配电损失率下降至 1％。与此同时，火力发电占发电部门比重由基年 45％逐步下降至 5％左右。

表 2　情景设置及主要参数

参数		基准情景	减排情景	碳中和情景
人口增长速度		2020～2035 年 2％ 2035 年实现人口峰值	2020～2035 年 1.5％ 2035 年实现人口峰值	同减排情景
GDP		2020～2025 年年平均增长速度为 6.5％ 每五年下降 0.5 个百分点 2040 年后稳定在 3％	2020～2025 年年平均增长速度为 6％ 每五年下降 0.5 个百分点 2040 年后稳定在 2.5％	同减排情景
城镇化率		2025 年 80％ 2060 年 90％	2025 年 80％ 2060 年 95％	同减排情景
产业结构		2030 年三大产业结构为 2.7：27.2：70.1 2060 年三大产业结构为 1.4：18.6：80	2025 年三大产业结构为 3.1：27.1：69.8 2050 年三大产业结构为 1.7：16.2：82.1 2060 年三大产业结构为 1.4：13.2：85.4	同减排情景
能源结构		清洁能源消费比例 2025 年 65％ 2060 年 80％	清洁能源消费比例 2025 年 65％以上 2060 年 90％	清洁能源消费比例 2025 年 65％以上 2060 年 95％
森林碳汇水平和碳捕集与封存（CCS）技术规模		2020～2060 年 10 万～500 万吨	2020～2060 年 10 万～1000 万吨	2020～2060 年 10 万～1100 万吨
能源加工转换效率	输配电损失率	2060 年 3.5％	2060 年 2％	2060 年 1％
	发电部门火力发电效率	2030 年 39％ 2060 年 42％	2030 年 40％ 2060 年 48％	2030 年 45％ 2060 年 55％
	炼油能源转换效率	2030 年 75％ 2060 年 78％	2030 年 76％ 2060 年 80％	2030 年 78％ 2060 年 85％

4. 成都市各情景能源需求量

利用 LEAP 模型对成都市不同情景下长期能源需求进行预测，结果如图 9 所示。基准情景下，为了满足各部门未来发展需要，成都市能源需求量在未来将以较快速度一直增长，到 2060 年能源需求量由 2019 年的 5106 万吨标准煤增长至 11545 万吨标准煤。减排情景下，预测期前期成都市能源需求量变化情况也同基准情景一致，呈现上升趋势，但上升速度低于基准情景，在 2050 年能源需求量达到峰值为 7468 万吨标准煤，到 2060 年能源需求量为 7409 万吨标准煤。碳中和情景下，成都市长期能源需求量变化态势和减排情景类似，呈现先上升后下降的态势，至 2050 年实现达峰，峰值为 6596 万吨标准煤，且 2060 年能源需求量为 6132 万吨标准煤，接近基准情景的 55％。

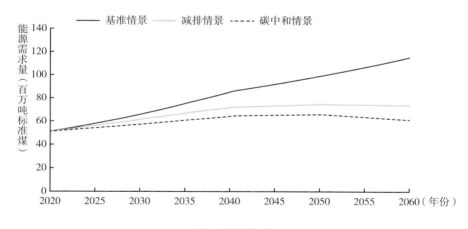

图 9　成都市各情景能源需求量

本研究中能源品种考虑化石能源煤、石油、天然气以及非化石能源。图 10 至图 12 给出了不同情景下分能源品种能源需求量，通过对比分析可以发现，三种情景下，煤、石油所占比重均逐年下降，且下降速度依次增大。基准情景下，按照现有政策，着力增加非化石能源消费比例，天然气消费比例在短期内适度增加，随后逐渐减少，到 2060 年能源需求结构中仍有 15％左右的化石能源需求。减排情景和碳中和情景下，煤和石油两种能源产品逐步退出能源系统，短期内为尽快降低碳排放量，采取"以气代油""以电代油"等政策，天然气能源需求量占比出现短暂上升，最终呈现下降趋势。由于新能源产业的开发和各部门电气化进程的加速，非化石能源需求占比逐步上升，到2060年，减排情景下非化石能源使用占比为93%，碳中和情景下非化石能源使用占比接近95%。能源结构的调整和转变是碳中和情景下成都市减排工作顺利进行和减排成果取得的重要原因。

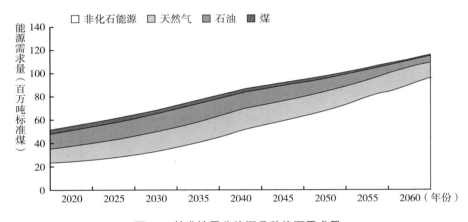

图10　基准情景分能源品种能源需求量

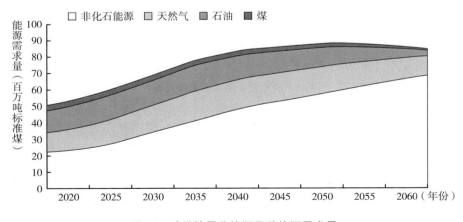

图11　减排情景分能源品种能源需求量

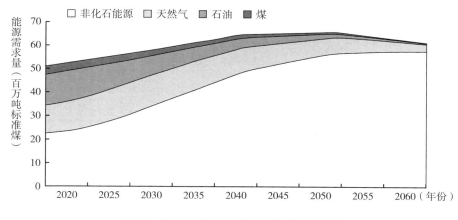

图 12 碳中和情景分能源品种能源需求量

碳中和情景下，电力系统中水电、风电、光伏发电等清洁能源发电方式逐步替代火力发电，得益于技术学习曲线和规模经济效应，未来清洁能源发电成本也将稳步下降，这为零碳电力的供应提供了技术和经济支撑。除此之外，随着零碳电力产量的逐步增加和成本的稳步下降，通过电解水制氢的方法非化石能源中氢能也会实现产量增加和成本下降。这些都为能源清洁化转型打下了良好的基础，是碳中和目标实现的前提。

5. 成都市各情景碳排放量

将三种情景下各种能源消费总量的预测结果分别与各种能源的碳排放因子相乘，得到成都市三种情景下长期碳排放情况。图 13 展示了不同情景下成都市长期碳排放情况。基准情景下，只考虑截止到目前所颁布的节能减排政策，成都市经济按照现有模式不断发展。未来，成都市碳排放总量先以较快速度增长，在 2035 年实现碳达峰，峰值为 9485 万吨，此后出现下降趋势。同时，在 2060 年碳排放量为 3002 万吨，处于较高水平，无法实现成都市"双碳"目标。减排情景下，成都市碳排放情况呈现先上升后迅速下降趋势，并且在 2025 年实现碳达峰，峰值二氧化碳排放量为 7980 万吨，完成了 2030 年碳达峰目标。同时，伴随绿色技术创新发展、能源需求总量控制以及能源结构清洁化转型等政策的实施和推进，以及森林碳汇增加和碳捕集与封存（CCS）技术的发展，到 2060 年碳排放量为－0.31 万吨，实现了 2060 年碳中和目标。碳中和情景下，成都市碳排放量经过短暂小幅上涨之后开始逐渐下降，在 2022 年实现碳达峰，峰值为7547 万吨，较基准情景下降了 20％之多，2060 年碳排放量为－4.72 万吨。该情景下，成都市能提前完成我国碳达峰目标，且碳排放峰值也处于较低水平，与此同时，森林碳汇水平和碳捕集与封存（CCS）技术在减排情景基础之上进一步发展，在 2056 年与 2057 年之间成都市就早于 2060 年实现碳中和目标。

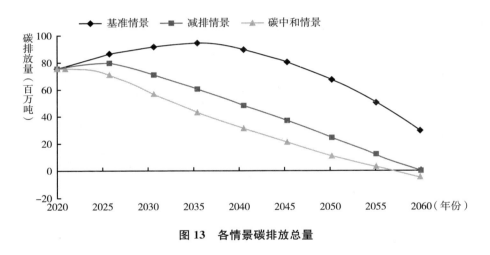

图 13　各情景碳排放总量

实现碳中和情景结果的前提是对高能耗产业产量和能源需求量的严格把控，大力优化能源结构和产业结构，实现能源结构清洁化转型的同时，还要加快电网建设，实现电力布局和结构的重大调整等政策部署。

从实现路径来看，预测期前期为实现碳排放总量在 2022 年达峰和 2060 年碳中和目标，按照未来年均 GDP 增长速度变化情况，就要求碳强度年均降幅在 2020～2025 年同步达到 6％，在 2026～2030 年碳强度降幅不低于5.5％。在 2022 年碳排放峰值控制在 7575 万吨左右，在 2030 年碳排放量进一步下降并控制在 5920 万吨左右。2020～2030 年，减排主要向提高能源使用效率、转换效率，加快碳减排制度与政策体系建设，积极壮大新能源产业等几个大方向推进。从部门角度看，工业部门要积极推动钢铁、化工等产业产能控制，同时加快工艺升级和技术创新，减少高能耗产业的碳排放量。除此之外，注重煤炭减量发展和高质量发展。2030年前，由于钢铁、化石、水泥等产业的发展、电力需求的上升以及交通运输部门航运船运运输量的不断增加，仍将存在一定量的煤炭需求，在加速清洁能源替代化石能源进程的同时更要注重煤炭的清洁高效利用，提高煤炭使用质量。推动非化石能源发展和"以气代油""以电代油"进程，使石油需求达峰尽早实现且尽可能将峰值稳定在可接受范围内。

2031～2040年碳排放量应以更高的年均降幅逐步下降，到2040年碳排放下降至3145万吨，较2030年下降46.9%。在努力提高能效、调整产业结构和优化能源结构的基础之上，成都市更应不断探索新能源的开发利用和碳减排技术的发展升级，进一步实现减排目标。具体地，零碳电力比例迅速上升，风电、水电、太阳能发电等发电方式得到拓展和利用。植树造林进入稳定发展阶段，2040年成都市森林覆盖率超过43%，森林碳汇能力逐步增加，为碳中和的实现打下基础。

到2050年，成都市碳排放量进一步下降至1085万吨。在工业、交通和建筑领域广泛使用低碳、零碳技术和材料。工业部门高能耗产业通过产量控制、技术提升以及绿色转型等方式实现碳排放量下降80%。此时，交通部门基本实现路面交通电气化，建筑业部门全面实现能源清洁化，发电部门也实现零碳排放。此外，在不断增强森林碳汇能力的基础之上逐步发展碳捕集与封存（CCS）技术和其他碳移除技术，对难以减控的二氧化碳进行处理，在技术层面上为碳中和的实现提供最后一道保障。

按照以上时间路径规划，成都市能够完成碳中和先锋城市建设目标，助推我国节能减排工作。

图14、图15分别对应三种情景下终端能源需求碳排放量以及能源加工转换部门碳排放量。三种情景下成都市终端能源需求碳排放量分别在2035年、2025年和2022年达到峰值，峰值分别为7065万吨、6001万吨和5794万吨。三种情景下能源加工转换部门碳排放量峰值分别在2036

年、2025 年和 2022 年取得，为 2447 万吨、1988 万吨和 1752 万吨。根据成都市政府规划，各情景下非化石能源在终端能源消费中所占比重不断上升，电力需求不断上涨，发电部门发电量逐渐上涨，加工转换部门碳排放量在预测期前期逐步上升。碳中和情景下，根据成都市各项节能减排政策和能源转型委员会发布的《中国 2050：一个全面实现现代化国家的零碳图景》报告要求以及 2060 年碳中和目标要求，成都市发电装机结构发生重大改变，水能、风能、太阳能发电成为主要发电方式，火力发电比例大幅度下降，到 2040 年，煤炭基本退出电力系统，少部分火力发电以天然气作为投入能源。与此同时，随着能源结构清洁化转型进程的推进，油品需求也大幅度下降，炼油部门转换效率逐步上升，因此，到 2050 年加工转换部门碳排放量下降至 132 万吨，分别为基准情景和减排情景的 10％和 35％。由此可见，为尽早实现成都市"双碳"目标，对能源加工转换部门碳排放量进行控制，尤其是转换效率的提升和对电力部门发电结构的调整十分重要。

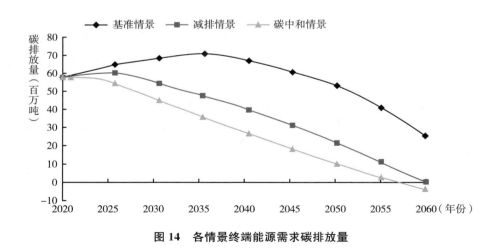

图 14　各情景终端能源需求碳排放量

6. 成都市各情景终端能源需求碳排放贡献情况

图 16 至图 18 分别对应三种情景下终端能源需求碳排放结构，表 3 进一步给出了不同情景下终端能源需求部门碳排放贡献率，从部门角度对不

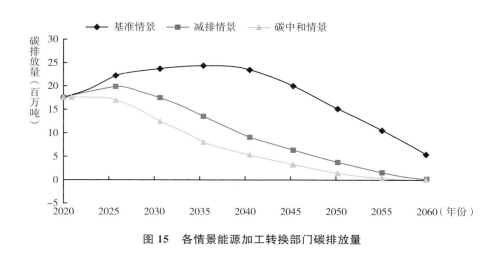

图 15　各情景能源加工转换部门碳排放量

同场景下成都市长期碳排放情况进行对比分析。可以看出，无论何种情景下，农业部门碳排放占比最小，其后是建筑业部门和服务业部门，两者碳排放量相当，居民生活部门碳排放量占比稍大，工业部门和交通运输部门贡献了成都市绝大部分碳排放量。各个部门在三种情景下基本上都呈现先上升后下降的趋势，不同情景下部门碳排放量在达峰时间和绝对值上存在差异。

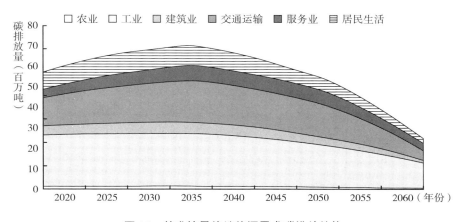

图 16　基准情景终端能源需求碳排放结构

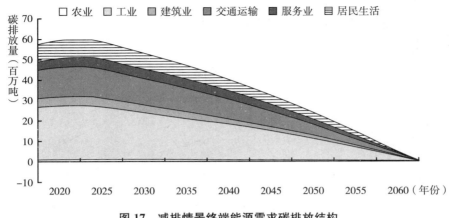

图 17　减排情景终端能源需求碳排放结构

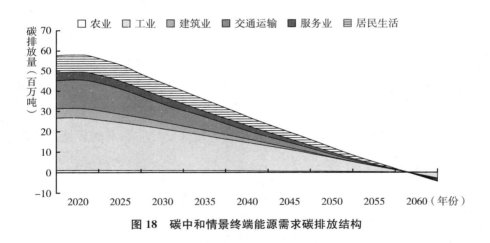

图 18　碳中和情景终端能源需求碳排放结构

　　对于农业部门来说，随着第三产业的迅速发展和高能耗第二产业向绿色第三产业的转型发展，成都市三产结构呈现第三产业占比逐渐上升，第一、第二产业占比逐渐下降的趋势，在该趋势下，农业部门的活动水平增长也逐渐放缓。基准情景下，农业部门维持现有减排政策而不进一步制定并实施具有针对性的减排政策，随着农业部门增加值的逐年上升，农业部门碳排放量也将持续上升较长一段时间，随着能源结构的缓慢转变出现峰值而后开始下降。减排情景和碳中和情景下，在农业生产模式自然演进之上，成都市推进节能机械的生产销售，淘汰部分老旧农业机械和落后生产技术，在提升农业

表3　不同情景下终端能源需求部门碳排放贡献率

单位：%

部门		基准年	基准情景			减排情景			碳中和情景		
		2019年	2025年	2035年	2060年	2025年	2035年	2060年	2025年	2035年	2060年
农业部门		1.6	1.7	1.6	0.9	1.7	1.7	—	1.7	2.0	—
工业部门	石油加工、炼焦和核燃料加工业	15.4	14.4	12.3	18.9	15.1	15.2	—	15.2	17.0	—
	化学原料和化学制品制造业	2.7	2.4	1.8	3.0	2.5	2.3	—	2.7	3.0	—
	非金属矿物制品业	8.1	7.2	5.8	8.1	7.6	6.9	—	7.4	7.7	—
	电力、热力生产和供应业	9.3	7.5	5.8	4.7	7.9	5.9	—	8.0	7.1	—
	其他工业	9.1	10.5	13.7	23.6	10.5	12.4	—	10.7	13.7	—
建筑业部门		7.6	7.7	7.9	5.0	7.6	7.2	—	7.9	7.2	—
交通运输部门		24.1	25.3	27.1	14.2	24.3	24.2	—	24.1	18.0	—
服务业部门		7.1	8.6	10.3	13.8	8.3	10.0	—	7.2	8.4	—
居民生活部门		15.0	14.7	13.9	7.8	14.4	14.2	—	15.1	16.0	—
总计		100	100	100	100	100	100	—	100	100	—

注：— 表示无相应结果数值。

生产效率的同时还提高了能源利用效率。除此之外，对于太阳能和生物质能等绿色能源的利用，进一步改进农业部门的能源需求结构，进而减少农业部门碳排放量。在活动水平、能源强度及能源结构三端发力的情况下，农业部门碳排放量经过短暂上升达到峰值后不断下降，总的来说不同情景下不同时间段内，农业部门碳排放量占比较低。

碳中和情景下，参照《中国2050：一个全面实现现代化国家的零碳图景》设定，中国建筑部门的电气化率将在2050年前逐步提高到75%，并将在本世纪中叶实现零碳排放，因此，假定成都市建筑部门与之同步发展，在2022年实现碳达峰后碳排放量以较快速度下降，并在2060年之前实现零碳排放。减排情景下建筑部门碳排放量在2024年实现碳达峰，峰值为459万吨，此后逐步下降，到2050年建筑部门还有108万吨左右的碳排放量。基准情景下，由于缺乏绿色建筑建设相关政策，建筑部门碳排放量较晚实现达峰且 2060 年碳排放贡献率为 5%，碳排放量为 140 万吨。

服务业部门不同情景下中长期碳排放量与建筑业变化趋势类似。随着成都市三产结构转变，服务业增加值迅速增加，为部门减排工作增添了一定压力。为应对服务业部门碳排放，成都市大力发展绿色低能耗服务业和生产性服务业，同时推动服务业与农业、工业部门等其他部门的融合发展。三种情景下，服务业分别在 2035 年、2025 年和 2022 年实现碳达峰，峰值分别为745 万吨、499 万吨、409 万吨。减排情景和碳中和情景下对服务业采取绿色发展、创新发展、高端发展等政策，调整服务业内部结构和整体能源使用效率，使其在实现碳达峰后碳排放量以较快速度下降，到 2060 年减排情景和碳中和情景下服务业部门碳排放量分别为 - 5 万和 - 10 万吨，提前实现2060 年碳中和目标，而基准情景下为 374 万吨。

居民生活部门碳排放量贡献率仅次于工业部门和交通运输部门，因此也是成都市节能减排工作的重点部门。从部门结构来看，城镇和乡村地区的基础设施和家电类型存在较大差异，同时，城镇居民和农村居民的生活方式也有所不同。例如在炊事能源使用上，城镇居民以燃气为主，而乡村地区除了燃气外仍存在以柴草为主要炊事能源的情况。因此，乡村地区能源强度要高于城镇地区。从部门活动水平来看，各情景都在 2035 年实现人口峰值，基准情景下人口增长率较减排情景和碳中和情景高，因此人口峰值高于减排情景和碳中和情景下人口峰值，所以，三种情景下居民生活部门活动水平存在差异。除此之外，三种情景下城镇化进程也不同，减排情景和碳中和情景较基准情景更快，因此，减排情景和碳中和情景下乡村居民生活部门活动量将进一步下降。随着技术创新和城镇化进程加快，各情景下居民生活部门的清洁电力、太阳能和生物质等清洁能源使用比例逐步上升，居民生活部门碳排放量呈现先上升后下降的趋势，且 2060 年三种情景下居民生活部门碳排放量分别为 215 万吨、- 6 万吨和 - 19 万吨。城镇居民生活子部门碳排放量同居民生活总部门一样呈现先上升后下降的趋势，而乡村居民生活子部门随着城镇化进程的加快和成都市新农村建设的深入发展，碳排放量呈现不断下降趋势，但三种情景下下降速度存在差异。

成都市未来交通运输量仍会持续上升以满足成都市经济发展与人口增长需要，因此，三种情景下交通运输部门碳排放量都呈现先上升后下降的趋势，且分别在 2035 年、2024 年、2022 年实现达峰，碳排放峰值分别为 1996 万吨、1469 万吨和 1404 万吨。不同情景下不同预测时点上，交通运输部门碳排放量都占终端能源需求碳排放量较大比重，但随着能源效率的提升和能源清洁化转型的推进所占比重逐渐下降。三种情景下，交通运输部门能源效率提升与能源结构调整的速度存在差异，因此，交通运输部门在碳达峰时间和碳排放量绝对值上也都存在差异。到 2060 年，碳中和情景下成都市已实现路面交通全面电气化，交通运输部门非化石能源使用占比达到 99%，在预测期后期交通运输部门碳排放量下降速度较减排情景和基准情景更快。

工业部门对成都市终端能源需求碳排放量的贡献也很大。如表 3 所示，工业部门中石油加工、炼焦和核燃料加工业，非金属矿物制品业，电力、热力生产和供应业，化学原料和化学制品制造业四大高能耗产业碳排放量合计约占工业部门总碳排放量 50%。三种情景下对于高能耗第二产业都实行了能源消耗总量控制，以及提高其能源使用效率、改善能源结构等减排政策，政策执行力度存在差异。政策执行力度越大，工业部门碳排放量越早实现达峰且达到峰值后的下降速度也越快，为 2060 年碳中和目标的实现贡献重要力量。但对于高能耗产业来说，煤品、油品等能源产品的替代较其他产业和部门来说存在困难，能源转型进程较慢，因此为减少工业部门碳排放量，对高能耗产业必须实行能源消费总量控制强约束，以能源消费总量控制倒逼产量控制，严格控制能源消费过快增长，同时加大减排政策执行力度，促进部门能源效率的提升和能源结构的转变。

（三）结论

本研究利用长期能源替代规划模型对成都市碳达峰碳中和进行情景分析，结合成都市各项发展规划和碳达峰碳中和目标设定，对成都市未来发展进行合理构想及参数化；建立三种情景，分别为基准情景、减排情景和碳中和情景，以 2019 年为基年、2020～2060 年为预测期来研究成都市长期能源消耗和碳排放情况，并进行对比分析，探究实现成都市碳达峰碳中和目标的可行路径，得出以下主要结论。

1. 成都市中短期内能源消费与碳排放仍将呈现增长态势

无论是不实行进一步减排政策的基准情景还是考虑成都市各项政策规划充分挖掘成都市减排潜能的减排情景和碳中和情景，碳排放量都将经历一段时间的上升达到峰值转而下降。

2. 成都市进一步节能减排工作推进和政策制定的必然性

在只考虑当前节能减排政策的基准情景下，成都市碳排放峰值在 2035 年前后达峰，为 9485 万吨，且 2060 年碳排放量为 3002 万吨，无法从城市层面达到《巴黎协定》承诺的 2030 年实现碳达峰和 2060 年实现碳中和的目标。因此，只依赖于目前已出台的减排政策无法实现成都市"双碳"目标，必须根据成都市经济发展和资源利用情况进一步实施合理的更有针对性的减排政策。

3. 从部门角度来看，能源加工转换部门、工业部门以及交通运输部门的节能减排潜力较大

三个情景之下，成都市能源加工转换部门碳排放贡献率都在 20％以上，终端能源需求部门中工业部门和交通运输部门碳排放贡献率最大，减排工作应以这些部门为重点逐步推进。

4. 从减排路径来看，能源结构转型减排潜力最大

碳中和情景下，成都市深度优化产业结构和能源结构，推动风电、水电、光伏等非化石能源发电产业及上下游产业快速发展。该情景下碳排放峰值较基准情景低超过 20％，且在三种情景下于 2022 年最早实现碳达峰。此外，碳中和情景在 2056 年和 2057 年之间实现碳中和目标，减排情景在 2059～2060 年实现碳中和目标，但在能源结构转型进程较为缓慢的基准情景下无法实现 2060 年碳中和目标。

第二篇　专题报告

第一章
能源转型助力成都打造碳中和先锋城市

2020 年 9 月,习近平主席在第七十五届联合国大会上提出我国力争 2030 年前实现碳达峰、争取 2060 年前实现碳中和。2021 年 3 月,中央财经委第 9 次会议上,总书记再次发声"要拿出抓铁有痕的劲头,如期实现 2030 年前碳达峰、2060 年前碳中和的目标"。2021 年 4 月,四川推出全国首个省级碳中和推广方案,明确将分阶段、有步骤推动各类社会活动实施碳中和。

城市是居民生活、产业发展以及能源消费的集中地,随着城镇化进程的持续推进,城市能源消费和碳排放将持续增长。城市应以全国碳中和目标为导向,推动能源变革与结构转型,承担中国能源革命的先锋责任,力争以能源变革发展典范的姿态引领全球能源大变革。成都作为公园城市的首提地和示范区,在新的发展阶段应统筹碳中和战略目标、公园城市建设和城市能源转型,深入探索三者之间潜在的天然耦合点,以城市能源转型为抓手,加快推进经济社会全面清洁低碳转型,助推公园城市建设和"双碳"目标的协同有效实现。

本研究基于成都能源消费与碳排放现状,挖掘影响能源消费碳排放的驱动因素,进一步构建成都能源转型的系统仿真模型,探索"双碳"目标下的成都能源绿色清洁转型方案,为成都公园城市建设和"双碳"目标的协同有效实现提供切实可行的能源转型建议。

一 成都能源消费与碳排放现状分析

2010～2020 年成都处于经济高速增长阶段（见图 1）。GDP 从 2010 年的 5889.46 亿元增长到 2020 年的 17716.70 亿元，年均增长率为 11.64％。同期人均 GDP 从 41925.04 元增长到 84615.86 元，增长 1 倍多。从产业角度分析，如图 1 所示，成都的产业结构也在不断优化，2020 年，第一产业实现增加值 655.20 亿元，占比为 3.70％；第二产业实现增加值 5418.50 亿元，占比为 30.58％；第三产业实现增加值 11643.0 亿元，占比达 65.72％，高于全国的平均水平（54.5％）。

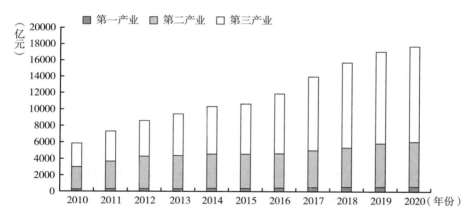

图 1 成都分产业地区生产总值演变趋势（2010～2020 年）

伴随着经济的快速增长，成都能源消费总量呈不断增长趋势，能源结构持续优化（见图 2）。全市能源消费总量从"十一五"末的 3753.33 万吨标准煤快速增长到"十三五"末的 5184.72 万吨标准煤，增长 38.14％。能源结构发生较大变化，煤炭、石油、天然气、一次电力及其他（即非化石能源）所占比重从 2010 年的 32.50％、17.58％、13.15％、36.77％调整为 2020 年的 6.42％、30.98％、18.45％、44.15％；清洁能源（即天然气和非化石能源）消费占比提升至 62.6％；"十二五"末全市石油消费量达到 1351.22 万吨，超过煤炭成为能源结构中占比最大的化石能种，近年来仍保持平稳增长趋势；此外，全市正积极推进液化天然气（Liquefied Natural Gas，LNG）应急调峰储配库建设，进一步提升天然气清洁能源消费比例。

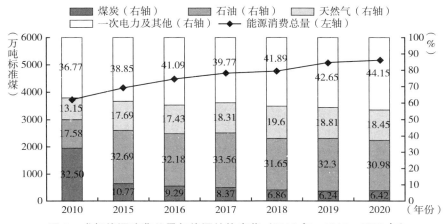

图2　成都能源消费总量与能源结构变化（2010年，2015～2020年）

依据我国生态环境部于2021年颁布的《省级二氧化碳排放达峰行动方案编制指南》中采用的最新国家温室气体清单数据，其中煤炭、石油、天然气碳排放因子分别为2.66吨二氧化碳/吨标准煤、1.73吨二氧化碳/吨标准煤、1.56吨二氧化碳/吨标准煤，调入调出电力采用四川电网供电排放因子0.1031kg/kWh，核算成都历年能源消费产生的二氧化碳排放，如图3所示。由图3可知，成都能源消费碳排放变化可分为两个阶段：第一阶段（2010～2015年），由2010年的5373.30万吨降至2015年的5051.08万吨，降低6%，主要由于煤炭消费碳排放比重大幅下降，从60%下降为24%；第二阶段（2015～2020年），首先从2015年的5051.08万吨快速增长到2017年的5592.83万吨，随后下降到2018年的5498.80万吨，之后增长到2020年的5763.46万吨，整体上升趋势较为平稳，波动主要是由石油和天然气消费碳排放增量导致。但上述分析尚无法刻画各波动现象背后的因素贡献率，难以支撑高效、有针对性的能源清洁化转型需求。因此，下文在此基础上进一步研究成都能源消费碳排放的驱动因素及其变化。

图3 成都能源消费产生的二氧化碳排放及结构（2010年，2015～2020年）

由成都能源消费与碳排放现状可知，伴随经济快速发展，成都能源消费量平稳增长，能源消费碳排放波动式上升，当前无法支撑碳中和与公园城市建设规划目标的高质量实现。因此，成都市切实完成能源清洁零碳转型，打造碳中和"先锋城市"，既是实现全国碳中和目标的重要组成部分，同时也是成都建设美丽宜居公园城市的内在需求，未来的成都将以能源转型城市典范的姿态引领全国能源变革。

二 能源转型是成都实现"双碳"目标的必由之路

（一）能源转型是成都市率先实现碳中和的内在需求

能源消费是碳排放的主要来源。2019年，全球温室气体排放量591亿吨，其中能源相关二氧化碳占65%。我国能源相关二氧化碳排放量占总温室气体排放量的78%，占二氧化碳排放量的88%（UNEP，2020）。其中，成都能源相关二氧化碳排放量占二氧化碳排放总量的90%。"双碳"目标的提出使各地面临更为严格的碳预算约束。能源系统的深度脱碳，对于成都"双碳"目标的实现至关重要。

2019 年，成都市能耗强度为 0.30 吨标准煤/万元 GDP，优于全国平均水平，但与发达国家相比，该能耗强度是美国的 1.29 倍，日本的 1.49 倍，德国和法国的 1.61 倍，仍有较大的节能减碳空间。从能源消费结构来看，当前成都已基本形成以清洁能源为主的能源消费结构，清洁能源消费占比达到 62.6%，远高于同期的全国水平（23.4%），但与发达国家如法国（64.7%）、加拿大（64.4%）等仍有一定差距；且由于天府国际机场的投运开航，机动车保有量的持续增长等原因，用油增量对碳排放增量贡献成为关键问题。因此，成都实现"双碳"目标不仅要保持加速去煤，而且必须重点聚焦石油，去油亟须被提上日程。

"双碳"目标的实现过程将是一场涉及领域广泛的大变革。这场大变革中，大幅降低高碳能源消费、建立起以非化石能源为主体的能源体系是实现碳中和的主体路径；加快优化能源结构，以能源绿色低碳发展为关键，推动能源清洁低碳安全高效利用，持续降低碳排放强度，从高碳能源向零碳能源的高效转型是成都实现"双碳"目标的必由之路。

（二）能源转型符合"双碳"目标的时代要求

2021 年 4 月，中央政治局生态文明建设第 29 次集体学习中，习近平总书记再次明确"各级党委和政府要拿出抓铁有痕、踏石留印的劲头，明确时间表、路线图、施工图"。

"双碳"目标提出以来，地方政府积极响应党中央、国务院战略部署。早在 2017 年 1 月，成都就已获批国家低碳城市试点，《成都市建设低碳城市推进绿色经济发展 2018 年度计划》更是将策划碳中和示范项目列为重点任务之一。2020 年 3 月，成都市人民政府发布《关于构建"碳惠天府"机制的实施意见》，指出对小微企业、社区、家庭和个人的减碳行为进行具体量化并赋予一定价值，建立以政策鼓励、商业激励和碳减排量交易相结合的政策引导机制。成都公园城市建设已经取得了令人鼓舞的阶段性重要成果，率先实现碳达峰的压力也要小于其他大城市。面向要求更高、压力更大的碳中和目标，成都低碳发展理念和方式进一步升级。2020 年 10 月，成都市生态环境局制定《成都市"碳惠天府"机制管理办法（试行）》，提出通过碳积分兑换的方式，对公众节能减排及相关环保行为予以奖励；并根据相关方法开发项目碳减排量，并通过碳中和的方式进行消纳。2021年4月，四川推出全国首个省级碳中和推广方案，明确将分阶段、有步骤推动各类社会活动实施碳中和。成都把握"双碳"目标的要求与机遇，抢抓编制碳达峰行动方案，努力打造碳中和"先锋城市"。

践行碳达峰、碳中和战略，能源是主战场。"双碳"目标的提出，开启了我国能源系统的深度脱碳之路，使能源转型边界更为清晰、能源转型速度明显提升、能源转型力度更为深入，对于新时代中国能源发展提出更高的要求。在新形势下，成都的能源转型要求更为迫切，能源转型需要进一步提速。

三 碳中和目标下成都公园城市建设与能源转型的内在协同性

城市作为居民、产业和能源消费的聚集地，应当是碳中和的先行者，也是能源转型的重中之重（林伯强，2021）。国内外已有诸多城市面向远期碳中和目标，依据自身发展特点积极提出能源结构调整方向与转型措施（见表1）。成都作为国家批准的低碳试点城市、公园城市首提地、践行新发展理念的公园城市示范区，公园城市建设与率先实现碳中和目标、完成能源清洁低碳转型具有潜在的高度协同性。

公园城市建设与碳中和目标实现在发展理念和行动实践上一脉相承，同向而行。在发展理念上，公园城市与碳中和都是在中国特色社会主义进入新时代、社会主要矛盾发生转变后提出的战略发展理念。充分解决人民日益增长的美好生活需要和不平衡不充分的发展之间的矛盾，已经成为新时代治国理政的目标导向。人民的美好生活需要不只是包括传统的物质文化需要，而是扩大到人的全面发展和社会的全面进步所需要的方方面面，其中包括生态环境需要及其与经济、政治、文化、社会之间的融合共生。公园城市与碳中和的提出，都是以满足人民的美好生活需要为基本出发点和根本目标点，都彰显了"以人民为中心"的治理理念。在行动实践上，公园城市锚固自然生态本底、坚持绿色低碳发展的众多"正负清单"措施，本身就是从增加碳汇和减少碳源两端实现碳中和的具体行动。实现碳中和必然要求加快优化能源结构、建立以非化石能源为主体的能源体系，切实推进能源转型。作为碳中和目标实现的最重要抓手，能源转型涉及用能模式、生产方式、生活方式等多个方面，与成都公园城市建设过程中经济、社会、科学技术、发展政策等多维要素具有很多天然的耦合点，能够形成协同效应。

公园城市作为一种城市发展新范式，区别于传统的工业化和城镇化发展路径，以生态优先为原则，充分尊重区域的生态本底，强调绿色生产和生活方式，不断探索绿色、低碳、循环、高效的发展模式，具有零污染、低密度、高效率特征，为城市发展提供源源不断的内在绿色动力。城市能源转型核心是由传统的以高碳化石能源为主的能源结构转向以清洁可再生能源为主的能源结构，提高清洁可再生能源的消费比例，形成以绿色和清洁能源供给为主要模式的能源消纳体系，逐步实现各行业能源消费以及居民用能的清洁化和低碳化。随着城市能源转型的不断深入，城市用能中清洁能源比例大幅提升，将有效改善目前城市发展过程中传统用能结构导致的生态环境问题，实现可再生能源大规模配置和利用，解决城市能源资源可持续利用问题，同时也是成都率先建成碳中和"先锋城市"、激活经济发展新动能、打造"零碳"产业生态圈的重要着力点。城市能源转型将进一步带动能源互联网、智能电网、能源金融业和信息业等战略产业的发展，推动制造业向智能化转型和升级，完全摆脱对传统粗放式增长路径的依赖，为城市经济发展提供内源性绿色新动能。因此，城市能源转型既能够加快实现全面构建清洁高效的绿色能源体系，满足城市发展的绿色用能需求，营造"公园＋"新经济与"公园＋"新消费，又能够满足人民群众对优良城市居住环境、优质生态产品的迫切需要，在城市环境保护、城市绿色可持续发展、居民清洁用能与生态宜居等方面与美丽宜居公园城市建设具有强烈的内在一致性与协同性。

表 1　城市能源转型实践探索

城市	能源结构调整重点
北京	• 1995～2000 年：以煤炭为主导的能源消费阶段，脱煤趋势逐渐显现； • 2001～2007 年：煤炭继续大幅下降，外来电力快速增加； • 2008～2020 年：脱煤取得显著成效，天然气快速发展，已基本建成"1＋4＋N＋X"的城市热网和区域热网相结合的城市清洁供热体系
上海	• 实行重点企业煤炭消费总量控制制度，到 2025 年煤炭消费总量占一次能源消费比重下降到 30％左右； • 推进天然气在上海能源结构中扮演更重要的角色，到 2025 年，天然气占一次能源消费比重提高到 17％左右； • 分行业、分领域实施光伏专项工程，稳步推进海上风电开发，到 2025 年可再生能源占全社会用电量比重提高到 8％左右； • 以构建"零碳社区"为目标，打造了全部采用可再生能源发电的智能微电网，采用"自发自用，余电上网"模式运行，建成了"风、光、储、充"一体化的智慧能源项目
苏州	• 控制煤炭消费总量，降低煤炭消耗，加强煤炭清洁利用，强化能耗和碳排放源头控制； • 大力发展清洁能源、可再生能源，加大推广分布式光伏发电，引进外来清洁水电，推进风能、氢能等清洁能源建设与调入，以能源供应清洁化、能源消费电气化、能源配置智能化、能源服务共享化为路径逐步实现能源转型，形成清洁低碳、安全高效的现代城市能源体系
张家口	• 2020 年，可再生能源消费占终端能源消费比重达到 30％，55％的电力消费、全部城市公共交通、40％的城镇居民生活用能、50％的商业及公共建筑用能来自可再生能源，40％的工业企业实现零碳排放； • 2030 年，可再生能源消费占终端能源消费比重达到 50％，80％的电力消费以及全部城镇公共交通、城乡居民生活用能、商业及公共建筑用能来自可再生能源，全部工业企业实现零碳排放，实现可再生能源经济社会领域全覆盖
华盛顿特区	• 到 2032 年温室气体排放量比 2006 年减少 50％，制定了"气候应对计划"、"清洁能源计划"以及"可持续发展计划"，采取了提升全市范围的建筑与住房能效、减少能源消费、转向使用更多的清洁与可再生能源、提供更多低碳绿色的交通出行选择等措施； • 通过提升天然气、太阳能与风电等清洁能源的供电比例，增强交通系统电气化水平，逐渐改变以化石燃料供能为主的能源系统
法兰克福	• 为了克服对外部电力的严重依赖，推动自身城市能源转型，法兰克福提出了"电力扩建区间"的发展目标，将可再生能源新增装机控制在每年 2.4～2.6GW，重点对电力、热力和交通三个重要领域进行改造和升级，促进可再生能源的建设和消纳，改变当地严重依赖外部电力输入的能源困境

四　成都能源消费碳排放驱动因素分解分析

（一）能源消费碳排放因素分解模型构建

目前，指数分解分析（Index Decomposition Analysis，IDA）（Zha et

al.，2019；Song et al.，2019)、结构分解分析 (Structural Decomposition Analysis，SDA) (Jiang et al.，2021；Xu et al.，2016) 是比较常用的碳排放影响分解分析方法，两者都是将总指标 (如碳排放等) 分解为几个因素相乘或者相加的形式。SDA 因高度依赖于投入产出系数，其在应用程度和使用频率上远不如 IDA。研究者常用的指数分解分析方法有拉式 (Laspeyres) 指数方法 (Sun，1998) 和迪氏 (Divisia) 指数方法 (Ang and Pandiyan，1997)。Ang (2004) 指出运用对数平均迪氏指数方法 (Logarithmic Mean Divisia Index，LMDI) 消除了不可分解的残差项，证明在综合考虑理论基础、适用性、易用性和结果表述四个因素后，LMDI 是最优的分解方法。LMDI 方法也是目前应用最广泛的碳排放分解分析方法 (Liu et al.，2021；Jiang et al.，2017)。因此，本文利用 LMDI 方法并基于扩展的 Kaya 恒等式研究成都市能源消费碳排放的主要驱动因素。

1. Kaya 恒等式

Kaya 恒等式是最为著名的指数分解分析方法之一，其将碳排放分解为 4 个影响因素，表达公式为 (Kaya，1989)：

$$C = P \times \left(\frac{G}{P}\right) \times \left(\frac{E}{G}\right) \times \left(\frac{C}{E}\right) \tag{1}$$

其中，P 为成都人口规模；G 为成都地区生产总值；E 为成都能源消费总量；C 为成都能源消费碳排放总量。

2. 扩展的 Kaya 恒等式

经典 Kaya 恒等式仅考虑了能源消费总量对碳排放的影响，鉴于当前能源结构多元化的发展趋势，高碳能源逐步向低碳能源转型，为更好地解析能源消费结构中非化石能源的替代作用，对 Kaya 恒等式进行进一步扩展，表达公式为：

$$C = P \times \left(\frac{G}{P}\right) \times \left(\frac{E}{G}\right) \times \left(\frac{FE}{E}\right) \times \left(\frac{C}{FE}\right) \tag{2}$$

其中，P、G、E 与公式 (1) 中含义一致，FE 为化石能源消费总量。

令 $p = P$，$g = G/P$，$q = E/G$，$j = FE/E$，$f = C/FE$，则模型可以

简化为：

$$C = p \times g \times q \times j \times f \tag{3}$$

其中，p 表示人口规模效应；g 表示经济增长效应；q 表示能源强度效应；j 表示非化石能源替代效应；f 表示化石能源结构效应。

3. LMDI 模型构建

在 Kaya 恒等式的基础上，LMDI 模型因其分解无残差被广泛应用于碳排放分解研究。定义 C_t 和 C_0 分别为第 t 年和第 0 年能源消费碳排放量，对式（3）进行分解可得能源消费碳排放综合效应表达式：

$$\Delta C = C_t - C_0 = \Delta C_p + \Delta C_g + \Delta C_q + \Delta C_j + \Delta C_f \tag{4}$$

其中：

$$\Delta C_p = \left(\frac{C_t - C_0}{\ln C_t - \ln C_0} \right) \times \ln\left(\frac{p_t}{p_0} \right) \tag{5}$$

$$\Delta C_g = \left(\frac{C_t - C_0}{\ln C_t - \ln C_0} \right) \times \ln\left(\frac{g_t}{g_0} \right) \tag{6}$$

$$\Delta C_q = \left(\frac{C_t - C_0}{\ln C_t - \ln C_0} \right) \times \ln\left(\frac{q_t}{q_0} \right) \tag{7}$$

$$\Delta C_j = \left(\frac{C_t - C_0}{\ln C_t - \ln C_0} \right) \times \ln\left(\frac{j_t}{j_0} \right) \tag{8}$$

$$\Delta C_f = \left(\frac{C_t - C_0}{\ln C_t - \ln C_0} \right) \times \ln\left(\frac{f_t}{f_0} \right) \tag{9}$$

（二）能源消费碳排放变动效应分析

运用基于扩展的 Kaya 恒等式的 LMDI 完全分解模型对成都市近十年（2010~2020 年）的能源消费碳排放驱动因素进行分析，计算出成都能源消费碳排放变动效应如图 4 所示。

2010~2015 年，成都能源消费碳排放量降低 322 万吨。"十二五"期间，人口规模对碳排放增长表现为正效应，引起碳排放增量 221 万吨；经济增长效应是这一时期碳排放增长的主要驱动因素，引起碳排放增量 2871 万吨；能源消费强度的大幅下降使能源强度效应成为这一阶段降低

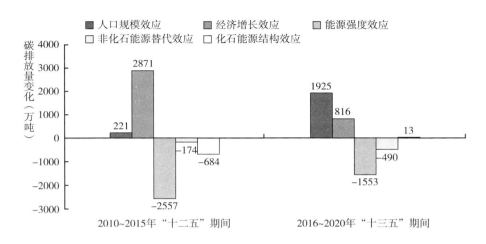

图 4 成都能源消费产生的二氧化碳排放变动效应

碳排放增长的最主要贡献因素,引起碳排放增量-2557万吨;"十二五"期间,非化石能源比例不断提升,由2010年的36.77%增长到2015年的38.85%,能源消费结构低碳化作用显现,非化石能源替代对碳排放的增长表现出负效应,引起碳排放增量-174万吨;煤炭比例由"十一五"末的32.50%降低到"十二五"末的10.77%,使化石能源碳排放有效降低,因此化石能源结构对碳排放的增长表现为负效应,引起碳排放增量-684万吨。

2016~2020年,成都能源消费碳排放量增长712万吨。"十三五"期间,成都人口吸引力和集聚度不断提升,2020年末成都常住人口达到2093.78万人,较2015年增长42.85%,使人口规模成为这一时期碳排放增长的最主要驱动因素,引起碳排放增量1925万吨;经济增长效应依然是这一时期碳排放增长的主要驱动因素,但较"十二五"期间有所降低,引起碳排放增量816万吨;能源强度效应仍是这一阶段降低碳排放增长的最主要贡献因素,引起碳排放增量为-1553万吨;非化石能源消费大幅增长,由2015年的38.85%增长到2020年的44.15%,非化石能源替代对碳排放增长的负效应有所增加,引起碳排放增量-490万吨;"十三五"期间虽然煤炭比例持续降低，由"十二五"末的 10.77％降低到"十三五"末的 6.42％，但石油消费量的增长使化石能源减排效应表现为正效应，引起碳排放增量 13 万吨。

2010～2020 年成都能源消费碳排放变动效应累计贡献量，如图 5 所示。可以看出，能源强度效应对能源消费碳排放变化贡献量最大，其后为经济增长效应。其中，经济增长、人口规模为正效应，能源强度、非化石能源替代及化石能源结构为负效应。

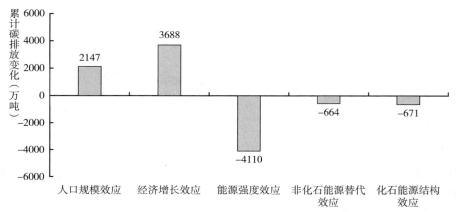

图 5　2010～2020 年成都能源消费产生的二氧化碳排放变动效应累计贡献量

经济增长累计效应对能源消费碳排放变动贡献量为 3688 万吨，是驱动碳排放增长的决定性因素。人口规模累计效应对能源消费碳排放变动贡献量为 2147 万吨，对能源消费碳排放有显著正面推动作用，累计效应强度略低于经济增长的影响，但"十三五"期间出现反转。能源强度累计效应对能源消费碳排放变动贡献量为-4110 万吨。近年来，随着成都产业结构的高端化发展，能源消耗产业逐步被电子信息产业等高新技术产业代替，2020 年成都市第三产业产值占地区生产总值比重高达 65.72％，能源消费强度不断下降，能源强度效应一度成为成都碳排放增长的最主要贡献因子。非化石能源替代累计效应和化石能源结构累计效应对能源消费碳排放变动贡献量分别为-664 万吨和-671 万吨，对碳排放总量变化贡献相对较低，能源消费结构的清洁低碳化仍有较大的提升空间。

五 成都能源转型方案的综合比选

(一) 成都能源转型的系统分析

能源转型涉及经济发展水平、人口、能源消费等多方面因素(马丽梅等,2018)。成都能源消费碳排放的 LMDI 分解识别了影响能源消费碳排放的主要因素并量化了其影响程度。本研究基于 LMDI 分解结果,考虑基础数据的可获得性、可操作性和代表性(周雄勇等,2018),构建了包含人口、经济、能源、环境子系统在内的成都能源转型系统动力学(SD)仿真模拟模型,进一步模拟了各主要因素在未来不同变化情景下的成都碳排放情况,从而寻找最优转型方案。

人口子系统和经济子系统作为投入子系统参与系统运行,经济飞速发展和人口增长带动了煤炭、石油、天然气、一次电力及其他能源消费的增加,化石能源消耗产生的碳排放加剧环境污染,对人口增长和经济发展产生了负面效应,同时经济发展带动了节能、减排等科技的进步,节能、减排等科技在降低能源消费、二氧化碳减排方面发挥着重要作用;能源子系统及环境子系统则作为系统模型的产出子系统,其发展趋势关乎成都市能源转型成效以及由能源消费导致的二氧化碳排放。地区政府通过实施各项有力政策分别作用在人口、经济、能源和环境子系统上,从而使整个系统在调控政策的作用下产生不同的动态演化路径,各子系统相互影响、相互制约的作用形成了动态复杂的系统仿真模型。各子系统作用关系如图 6 所示。

(二) 成都能源转型仿真的情景设置

"双碳"目标下,为加快建成碳中和"先锋城市",成都未来可加强落实能源替代、节能环保与科学技术投资,负碳技术研究与试验发展投资,切实全面推进能源清洁低碳转型,助力成都公园城市建设。本研究以成都已有政策发展趋势作为基准情景,仿真模拟成都基于当前发展趋势的碳排放与能源消费结构;同时,分别设置了一般转型情景和加速转型情景,仿

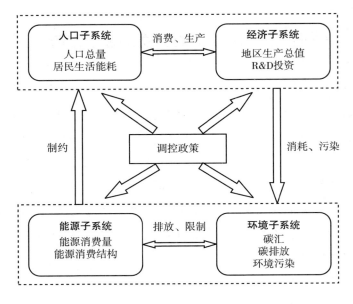

图6 各子系统作用关系

真模拟在不同转型程度下成都在碳中和年能源消费碳排放趋势与能源结构发展路径。

一般转型情景基于成都现有财政投资、技术发展趋势和能源清洁利用现状采取更为严格的清洁能源替代政策，分别以天然气和一次电力及其他能源替代煤炭、石油高碳化石能源，通过增加能源替代因子来仿真模拟未来成都实施更为有力的能源替代政策对实现"双碳"目标的有效性。为便于区分，本研究将天然气对煤炭、石油的替代界定为一般转型情景1，将一次电力及其他能源对煤炭、石油的替代界定为一般转型情景2。加速转型情景严格以"双碳"目标为约束，全面加大成都财政投资力度，加快负碳技术研发与应用，统筹规划天然气和一次电力及其他能源对高碳化石能源的替代幅度与关键时间节点，调控能源替代因子、节能环保投资占GDP比重、R&D投资占GDP比重、CCUS技术规模，仿真模拟成都在"双碳"目标约束下的能源消费碳排放趋势和能源结构发展路径。具体情景设置内容见表2。

表 2　情景设置

政策情景	调控因子			
	能源替代因子	节能环保投资占 GDP 比重	R&D 投资占 GDP 比重	CCUS 技术规模（万吨）
基准情景	0	0.0024	0.0249	2020～2060 年：10～200
一般转型情景 1	2020～2060 年：0～0.6	2020～2060 年：0.0024～0.003	2020～2060 年：0.0249～0.03	2020～2060 年：10～600
一般转型情景 2	2020～2060 年：0～0.8	2020～2060 年：0.0024～0.004	2020～2060 年：0.0249～0.045	2020～2060 年：10～600
加速转型情景	2020～2060 年：0～0.9	2020～2060 年：0.0024～0.005	2020～2060 年：0.0249～0.06	2020～2060 年：10～1100

（三）能源转型方案的模拟与优选

基于成都能源转型仿真模型与情景假设，本部分对不同政策情景实施后的碳排放和能源发展路径进行仿真模拟，综合对比未来不同发展情景对"双碳"目标实现的有效性，为成都率先实现"双碳"目标提供能源转型路径的科学支撑。

1. 基准情景

基准情景下，能源消费产生的二氧化碳排放先增后减，在 2036 年前后达峰，峰值水平为 7884.91 万吨，达峰前年均增长 2.17%，达峰后逐年下降至 2060 年的 3351.3 万吨，年均减少 3.5%，如图 7 所示。

能源消费总量从 2020 年的 5184.72 万吨标准煤增长至 2060 年的 11982.8 万吨标准煤，年均增长 2.12%；煤炭消费将从 2020 年的 332.66 万吨标准煤缓慢下降至 2060 年的 32.36 万吨标准煤，年均减少 5.66%；石油消费将从 2020 年的 1606.16 万吨标准煤增长至 2035 年的 2341.71 万吨标准煤（达峰），年均增长 2.55%，达峰后下降至 2060 年的 860.25 万吨标准煤，年均减少 3.93%；天然气消费增速先快后慢，从 2020 年的 956.67 万吨标准煤增长至 2060 年的 1852.59 万吨标准煤，年均增长 1.67%；非化石能源消费从 2020 年的 2289.23 万吨标准煤增长至 2060 年的 9237.64 万吨

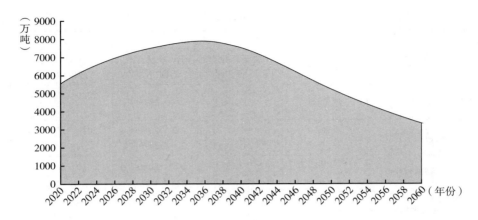

图7 基准情景下能源消费产生的二氧化碳排放

注：本研究碳排放核算边界仅包括化石能源消费产生的二氧化碳直接排放以及电力调入隐含的二氧化碳间接排放，尚不包括其他温室气体排放。

标准煤，年均增长3.55%。2030年，煤炭、石油、天然气、非化石能源在能源消费中所占比重分别为2.62%、26.79%、17.76%、52.83%；2060年，能源消费结构为0.27%、7.18%、15.46%、77.09%，清洁能源消费占92.55%。关键时间节点能源消费结构如图8所示。

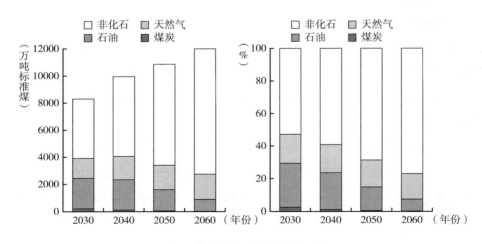

图8 基准情景下能源消费结构

2. 一般转型情景 1

一般转型情景 1 下，能源消费产生的二氧化碳排放在 2034 年前后达峰，峰值水平为 7149.84 万吨，达峰前年均增长 1.77%，达峰后逐年下降至 2060 年的 1995.88 万吨，年均减少 4.79%，比基准情景低 40.44%，如图 9 所示。

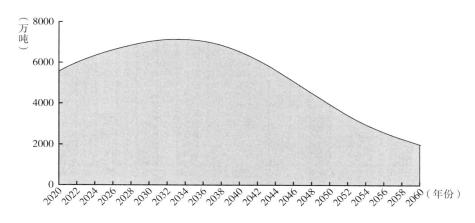

图 9　一般转型情景 1 下能源消费产生的二氧化碳排放

能源消费总量以年均 2.53% 的增速至 2040 年达峰，峰值水平为 8538.62 万吨标准煤，随着财政投资力度的增加与节能减排政策落实，能源消费总量缓慢下降至 2060 年的 8264.15 万吨标准煤，年均减少 0.16%，比基准情景减少 31.03%。其中，煤炭消费将从 2020 年的 332.66 万吨标准煤下降至 2060 年的 13.83 万吨标准煤，年均减少 7.64%，比基准情景低 57.26%；石油消费将从 2020 年的 1606.16 万吨标准煤增长至 2032 年的 2036.93 万吨标准煤（达峰），年均增长 2.00%，达峰后下降至 2060 年的 261.38 万吨标准煤，年均减少 7.07%，比基准情景低 69.62%；天然气消费从 2020 年的 956.67 万吨标准煤增长至 2060 年的 1778.21 万吨标准煤，年均增长 1.56%，比基准情景低 4.01%；非化石能源消费从 2020 年的 2289.23 万吨标准煤增长至 2060 年的 6210.72 万吨标准煤，年均增长 2.53%，比基准情景低 32.77%。2030 年，煤炭、石油、天然气、非化石能源在能源消费中所占比重分别为 2.45％、25.84％、18.34％、53.36％；2060 年，能源消费结构为 0.17％、3.16％、21.52％、75.15％，清洁能源消费占比提升至 96.67％。关键时间节点能源消费结构如图 10 所示。

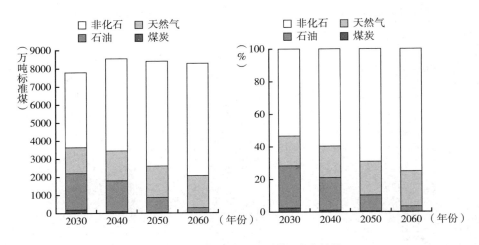

图 10 一般转型情景 1 下能源消费结构

整体而言，面向近期碳达峰目标，加强天然气对煤炭、石油的替代使碳达峰年由基准情景下的 2036 年提前至 2034 年，能源消费产生的二氧化碳排放有所下降；面向远期碳中和目标，由于天然气消费自身存在一定的碳排放，加强天然气替代所产生的二氧化碳减排效益逐渐降低，无法支撑碳中和目标的实现。

3. 一般转型情景 2

一般转型情景 2 下，能源消费产生的二氧化碳排放在 2030 年前后达峰，峰值水平为 6505.58 万吨，达峰前年均增长 1.53％，达峰后逐年下降至 2060 年的 834.73 万吨，年均减少 6.62％，比基准情景低 75.09％，如图 11 所示。

能源消费总量以年均 2.25％的增速至 2041 年达峰，峰值水平为 8269.12 万吨标准煤，随着节能环保政策实施力度的加大，能源消费总量缓慢下降至 2060 年的 8156.46 万吨标准煤，年均减少 0.07％，比基准情景减少

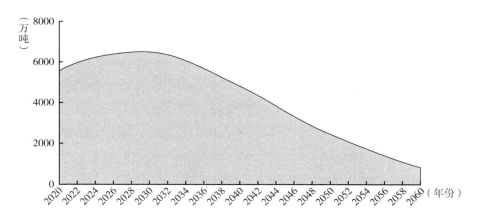

图 11　一般转型情景 2 下能源消费产生的二氧化碳排放

31.93%。其中，煤炭消费将从 2020 年的 332.66 万吨标准煤下降至 2060 年的 7.41 万吨标准煤，年均减少 9.07%，比基准情景低 77.1%；石油消费将从 2020 年的 1606.16 万吨标准煤增长至 2030 年的 1931.3 万吨标准煤（达峰），年均增长 1.86%，达峰后下降至 2060 年的 78.98 万吨标准煤，年均减少 10.11%，比基准情景低 90.82%；天然气消费从 2020 年的 956.67 万吨标准煤增长至 2040 年的 1449.99 万吨标准煤（达峰），随后缓慢下降至 2060 年的 1280.29 万吨标准煤，比基准情景低 30.89%；非化石能源消费从 2020 年的 2289.23 万吨标准煤逐渐增长至 2060 年的 6789.77 万吨标准煤，年均增长 2.76%，比基准情景低 26.5%。2030 年，煤炭、石油、天然气、非化石能源在能源消费中所占比重分别为 2.18%、24.98%、17.99%、54.85%；2060 年，能源消费结构为 0.09%、0.97%、15.70%、83.24%，清洁能源消费占 98.94%。关键时间节点能源消费结构如图 12 所示。

与一般转型情景 1 相比，加强非化石能源对煤炭、石油的替代具有更为明显的二氧化碳减排效益，碳达峰年提前至 2030 年。面向远期 2060 年，非化石能源的深度普及和广泛利用才是实现碳中和目标的重要转型方向。

4. 加速转型情景

加速转型情景下，能源消费产生的二氧化碳排放在 2025 年前后达峰，峰值水平为 5898.22 万吨，达峰前年均增长 1.08%，达峰后逐年下降，在

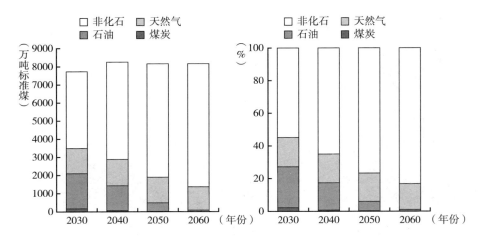

图 12　一般转型情景 2 下能源消费结构

2057 年提前实现碳中和目标，率先建成碳中和先锋城市。在能源加速转型进程中，同时加快布局负碳技术发展，持续增加森林蓄积，碳中和年力争实现 1500 万吨左右的碳吸收规模，2060 年能源消费产生的二氧化碳排放将达到 -580.98 万吨，如图 13 所示。

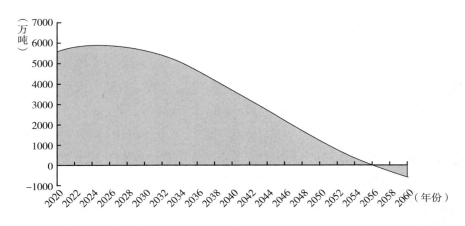

图 13　加速转型情景下能源消费碳排放

"双碳"目标下，能源消费总量以年均 2.4% 的增速至 2035 年达峰，峰值水平为 7401.11 万吨标准煤，随后下降至 2060 年的 6481.02 万吨标准煤，年均减少 0.53％，比基准情景减少 45.91％。其中，煤炭消费逐年下降，直到 2055 年完全退出；石油消费将从 2020 年的 1606.16 万吨标准煤增长至 2026 年的 1734.11 万吨标准煤（达峰），年均增长 1.29％，达峰后下降至 2060 年的 22.59 万吨标准煤，年均减少 11.99％，比基准情景低 97.37％；天然气消费在 2030 年达峰，峰值水平为 1278.84 万吨标准煤，达峰后下降至 2060 年的 601.67 万吨标准煤，年均减少 2.48％，比基准情景低 67.52％；非化石能源消费从 2020 年的 2289.23 万吨标准煤逐年增长至 2060 年的 5856.77 万吨标准煤，年均增长 2.38％，比基准情景低 36.6％。2030 年，煤炭、石油、天然气、非化石能源在能源消费中所占比重分别为 1.70％、23.65％、17.70％、56.95％；2060 年，能源消费结构为 0、0.35％、9.28％、90.37％，清洁能源消费占 99.65％。关键时间节点的能源消费结构如图 14 所示。

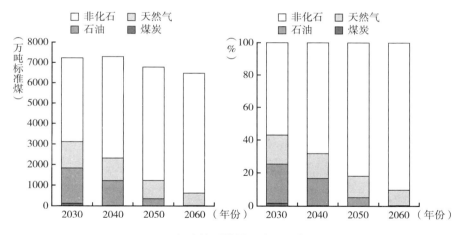

图 14 加速转型情景下能源消费结构

加速转型情景下，成都 2025 年实现碳达峰，2057 年实现碳中和，率先建成碳中和先锋城市。面向碳达峰目标，聚焦天然气对高碳化石能源的替代，以"减煤、控油、提气"为主要特征推进能源转型；面向碳中和目标，着力推进非化石能源对化石能源的替代，统筹系统实现化石能源"减法"和非化石能源"加法"，将"去煤、减油气、拓新"作为能源转型的重要着力点。

5. 分能源种类的多情景分析

图 15 至图 18 分别显示了煤炭、石油、天然气、非化石能源在多情景下的变化趋势。煤炭消费在所有情景中整体均表现为下降趋势，在加速转型情景中下降最快，2055 年下降至 0；多情景下，2060 年煤炭消费为 0～32.36 万吨标准煤。石油消费在四种情景下表现为不同程度的先增后减趋势，由于能源替代与财政政策实施力度的不同，不同情景下石油消费的峰值水平、峰值时间以及下降速度均有所不同。基准情景、一般转型情景 1、一般转型情景 2 和加速转型情景下石油消费分别在 2035 年、2032 年、2030 年和 2026 年达峰，达峰后呈现不同的下降趋势，直到 2060 年石油消费为 22.59 万～860.25 万吨标准煤。天然气消费在基准情景和一般转型情景 1 中均表现为先快后慢的上升趋势；在一般转型情景 2 和加速转型情景中先增后减。面向近期碳达峰目标，天然气可作为主要桥梁性替代能源；面向远期碳中和目标，天然气作为较为清洁的化石能源仍需要减量，非化石能源将成为碳中和目标下的主要替代能源。多情景下，2060 年天然气消费为 601.67 万～1852.59 万吨标准煤。非化石能源消费在不同政策效应的作用下表现为不同程度的增长趋势。在加速转型情景下，节能减排等财政政策落实力度最大，与基准情景相比表现出 36.6% 的节能效益。多情景下，2060 年非化石能源消费为 5856.77 万～9237.64 万吨标准煤。

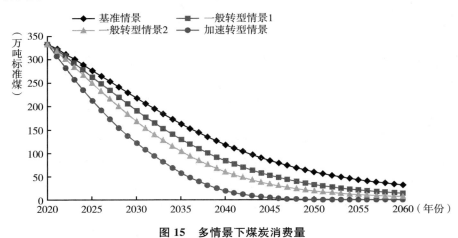

图 15　多情景下煤炭消费量

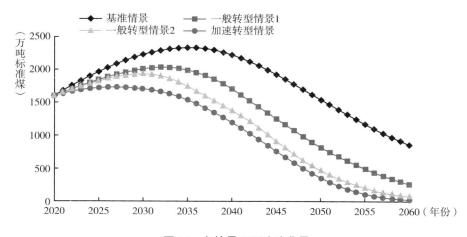

图 16　多情景下石油消费量

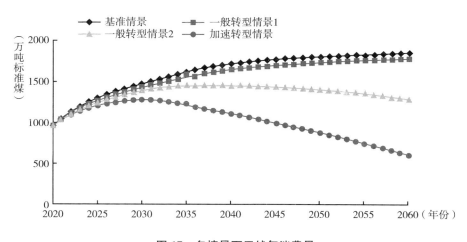

图 17　多情景下天然气消费量

注：本研究将煤炭、石油、天然气均折算为标准煤，折标准煤系数来自《中国能源统计年鉴》，分别为 0.7143 千克标准煤/千克、1.4286 千克标准煤/千克、1.215 千克标准煤/立方米。

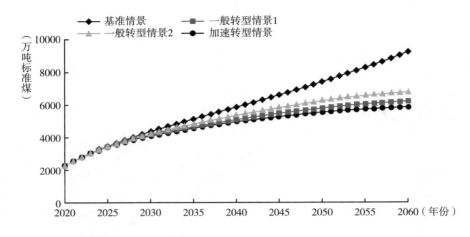

图18　多情景下一次电力及其他能源消费量

六　能源转型助力成都碳中和
先锋城市建设的政策建议

作为国家批准的低碳试点城市、公园城市首提地、践行新发展理念的公园城市示范区，成都基于"十三五"以来在产业、能源、城市、碳汇、消费和制度能力体系六大方面取得的绿色低碳成效，未来将"双碳"目标与美丽宜居公园城市建设相结合，把握碳中和要求与机遇，大力推进能源转型。本研究基于成都市能源转型多情景仿真模拟结果，同时借鉴国内外城市能源转型的实践经验，面向"双碳"目标，提出助力成都碳中和先锋城市建设的能源转型政策建议。

（一）面向近期碳达峰目标——减煤、控油、提气

2030年，统筹控制煤炭、石油高碳化石能源消费，聚焦电力、天然气对高碳化石能源的清洁替代。推进现役耗煤企业升级改造，减少煤电和供热煤耗，进一步将煤炭消费压缩至122.79万吨标准煤，年均减少9.49％，在能源消费总量中煤炭消费所占比重从6.42％下降至1.7％。严控工业、建筑业、交通运输业石油消费增量，力争实现石油消费在2026年达峰，2030年

石油消费所占比重从 30.98％下降至 23.65％。在控制高碳化石能源消费的同时，努力提升清洁能源消费。到 2030 年，天然气和一次电力及其他能源消费分别增长至 1278.84 万吨标准煤和 4115.01 万吨标准煤，在能源消费中所占比重分别增加至 17.7％和 56.95％。重点推广以天然气、清洁电力为主要能源的城市供热体系，实现工业、建筑业、交通运输业的油气转换，为非化石能源的规划发展提供必要支撑。

（二）面向远期碳中和目标——去煤、减油气、拓新

2060 年，充分利用成都自身可再生能源禀赋优势，加强统筹和系统设计化石能源"减法"和可再生能源"加法"。2055 年，煤炭完全退出能源消费体系；石油消费从 2030 年的 1708.95 万吨标准煤下降至 2060 年的 22.59 万吨标准煤，年均减少 13.43％，其消费所占比重从 23.65％下降至 0.35％；天然气作为较为清洁的化石能源，在能源转型的中短期内扮演着极为重要的桥梁角色，但天然气自身的碳排放无法完全支撑长期碳中和目标的实现，天然气消费在 2030 年达到峰值 1278.84 万吨标准煤后逐渐下降至 2060 年的 601.67 万吨标准煤，年均减少 2.48％，其消费所占比重从 17.7％下降至 9.28％。面向远期碳中和目标，成都应聚焦风能、太阳能、生物质能等零碳能源发展，加强新能源发电基础设施建设，逐步提高非化石能源的开发利用效率，使非化石能源消费从 2030 年的 4115.01 万吨标准煤增长至 5856.77 万吨标准煤，年均增长 1.18％，其消费所占比重从 56.95％大幅增加至 90.37％。

（三）加大财政政策实施力度，着力推动负碳技术创新

把握碳中和要求与机遇，持续优化财政资源配置，加大节能环保、科学技术财政投入，多措并举推动积极的财政政策在工业、建筑、交通运输领域的切实落地见效，促使高耗能高碳排放行业不断突破技术创新以及向清洁能源的低碳化转型；拓宽研究与试验发展（R&D）经费渠道，依托全国首家省级碳中和技术创新中心——四川省碳中和技术创新中心，重点培育成都新兴产业、促进传统产业转型升级，着力突破"碳减排""碳零排""碳负排"关键核心技术瓶颈，开展碳捕集、封存与利用（CCUS）技术和生态系统固碳增汇技术研究与示范，打造碳中和技术创新基地，实现负碳技术与生态碳

汇的双路径组合，力争在碳中和目标年实现 1500 万吨左右的碳吸收规模，保障成都碳中和先锋城市的高质量实现。

（四）加快非化石能源开发利用，打造以新能源为主的碳中和产业生态圈

研究结果显示，非化石能源的全面普及与利用是完成能源革命并实现碳中和目标的关键。成都应利用自身资源禀赋和区位优势大力发展水电，延拓风能、太阳能等可再生能源的开发与利用，在电力、交通运输、居民生活、商业、公共建筑等领域逐渐普及，并提升可再生能源消费占比，实现工业企业零碳排放，实现可再生能源经济社会领域全覆盖，逐步建设成为国家级可再生能源示范区。与此同时，成都应把握我国实现碳中和战略目标带来的新产业发展机遇，重点发展节能环保、新能源、清洁生产等产业，打造低碳能源、低碳建筑、低碳交通、低碳生活等多元应用场景，加快培育面向未来的新增长极和新动力源，形成以可再生能源为主的低碳经济产业链、价值链、生态链，为美丽宜居公园城市建设夯实产业基础，为成都经济发展提供内源性绿色新动能。

第二章
公园城市低碳交通系统助力
碳达峰与碳中和

气候变化是当今人类社会面临的共同挑战。为积极应对气候变化，中国明确提出 2030 年前二氧化碳排放达到峰值和 2060 年前实现碳中和的目标。交通运输行业是能源消耗及碳排放的重点行业之一，对"双碳"目标的实现具有重要意义。成都作为公园城市建设的示范区，近年来，围绕公园城市"以人民为中心、以生态文明为引领"的核心，从"促进城市与自然和谐共处"、"尊重生态本底"、"保障高效出行"和"营造美好生活出行体验"等交通目标入手，不断推进交通治理体系和治理能力现代化。具体而言，成都不断加大公交系统投入力度，以轨道交通引领综合开发，探索各类交通出行方式高效融合的交通策略方案，构建"轨道＋公交＋慢行"三网融合的绿色低碳交通体系，为在公园城市理念下实现碳达峰和碳中和目标提供了成都经验和成都案例。

一 低碳交通内涵及其对城市发展的意义

从世界范围看，交通既是能源消费和碳排放的大户，也是推动石油消费增长的主要因素，在各国节能减排中都占据重要地位。交通领域的碳排放主要涉及公路、铁路、航空、海运等多个部门，2016 年，这些部门的二氧化碳排放量占全球碳排放量的 1/4。从现有的情况看，随着人口的增加、交通基础设施的改善，不论是在发达经济体还是发展中经济体，交通部门的能源使用量还是会继续增加。国际道路联盟（IRF）预计，到 2050 年，与交通运输相关的能耗量比 2016 年将会增加 21%～25%，石油作为交通领域主要能源的地位难以撼动。

（一）低碳交通的概念与特点

根据世界范围内交通运输行业的碳排放和能耗增长情况，选择"低碳交通"发展模式，是阻止全球气候变暖、减少温室气体排放的重要环节之一。根据 IEA 预测，2030 年以后，交通运输部门 CO_2 减排潜力在整个能源利用中的比例会不断升高，最终成为第一减排大户，到 2050 年将占能源利用 CO_2 减排的 37%。

从狭义的范畴看，低碳交通是在绿色交通的基础上进一步强调减少温室气体排放，重点在于采取各种措施减少交通运输带来的二氧化碳排放量（陆化普等，2009）。从广义的范畴来看，低碳交通是在交通领域的各个环节全面关注能耗和温室气体排放问题，通过运输结构和运输效率的优化和提升，最大限度地实现节能减排。其核心在于交通运输能源利用效率的提高、用能结构的改善、发展方式的优化（卫蓝等，2011）。

综合来看，本文对低碳交通采取如下定义：以适应低碳经济模式为根本前提的，以实现交通可持续发展为基本理念的，以降低交通运输工具温室气体排放为直接目标的低能耗、低污染、低排放的交通发展模式；具有低排放、体系化和综合性等特点，具体如表 1 所示。

（二）低碳交通体系对城市绿色发展的意义

低碳交通体系对城市绿色发展具有重要意义。低碳型城市的建设离不开城市交通和道路的低碳化，越是碳排放低的城市，其在公共交通发展、绿色交通工具普及、政策法律鼓励、土地规划、交通设施管理等方面越完善。

1. 荷兰阿姆斯特丹：替代传统出行方式

荷兰首都阿姆斯特丹，是欧洲践行绿色低碳交通的典型城市。市政府于 2009 年启动了"阿姆斯特丹智能城市"项目，主要目标是减少二氧化碳排放

表 1　低碳交通的特点

特点	具体含义
低排放	交通运输发展是力求不断"减碳"的过程。由于运输工具必须依赖能耗,除非使用洁净能源(如太阳能等),否则交通运输难以实现无碳化,只能是不断低碳化的发展过程。此外,"节能"和"减排"都是交通运输低碳化的重要途径,既要重视"节能",更要把"减排"上升到应有的高度
体系化	低碳交通运输是一个体系化的概念,无论是交通运输系统的规划、建设、维护、运营、运输,还是交通工具的生产、使用、维护,乃至相关制度和技术保障措施、人们的出行方式或运输消费模式等,都需要用"低碳化"的理念予以改进和优化
综合性	一方面,低碳化的手段是多样的,既包括技术性减碳,也包括结构性减碳,还包括制度性减碳;另一方面,低碳化的途径是双向的,既包括"供给"或"生产"方面的政策,也包括"需求"或"消费"层面的减碳

资料来源：根据 MBA 智库百科整理。

并节约能源，该项目在交通领域的具体措施包括增加电动汽车和公共汽车服务、增加自行车路线和船舶港口的充电站等。截至 2020 年，该市拥有超过300 个电动汽车充电站。

2. 丹麦哥本哈根：大力促进自行车推广

哥本哈根被称为欧洲的"自行车之都"。政府高度重视交通低碳发展，坚定选择以公共交通与自行车为主导的城市交通发展策略，并在政策上予以支持，通过高额的汽车税降低人们拥有汽车的意愿，同时避免汽车的大量增长对城市空间结构的破坏。截至 2020 年，自行车道路网络已覆盖了整个城市，政府已经开始着手将自行车网络升级为"自行车高速路"，这种特殊高速公路时速可以达到 40 公里/小时，并设有交叉口及红绿灯。

3. 巴西库里蒂巴：高效城市交通系统

库里蒂巴是巴拉纳州的首府和巴西第三大城市，有世界"环保之都"之称，以城市交通系统的高效率、低污染和低耗能著称。该市所有的公交服务都采用统一的收费标准和管理规范，提升了市民选择公交服务的经济性和便利性。此外，公交系统由政府直接委托给 URBS 公司管理和运营，通过招投标的方式出让线路运营权，并实施监督。这样，URBS 公司使用统一票价和管理，公司根据各条线路的运营情况实施奖惩制度，获得收益回报。

二　公园城市理念下的交通系统

（一）公园城市与低碳交通理念的协同性

公园城市的理念描绘了成都未来发展的蓝图，明确了气候安全、低碳发展这一重要目标，为成都发展低碳经济提供了新的指引。对于公园城市内涵，成都在《成都市美丽宜居公园城市建设条例（草案）》《成都市美丽宜居公园城市规划（2018～2035）》《成都市美丽宜居公园城市规划建设导则（试行）》中进行了定义。公园城市核心是以人民为中心、以生态文明为引领，将公园形态与城市空间有机融合，形成生产生活生态空间相宜、自然经济社会人文相融、人城境业高度和谐统一的现代化城市，是一种全面体现新发展理念的城市发展高级形态，指引新时代城市建设的可持续发展。

成都公园城市示范区的建设，是以"创新、协调、绿色、开放、共享"新发展理念为统领，这与低碳交通建设的理念是和谐统一的。公园城市以可持续发展作为基本遵循，需要通过创新赋能城市的升级改造和培育全社会的生态环境文化氛围；同时强调生产、生活、生态系统之间的协调以及产城融合、职住融合、产业融合、人与自然融合、城乡融合；坚持节约资源和保护环境的基本国策，使城市发展呈现人民安居乐业、生态环境优美的突出特征；此外，公园城市肩负着开放发展、发展更高层次开放型经济的重任，需要增强国际资本、人才、技术等高端资源的吸附能力；还要能够为市民提供充足的就业机会、高质量的教育、良好的生态环境和便捷的公共基础设施，使市民共享城市的发展成果。落实到交通领域，就是要以人民为中心，从公平共享、安全可靠、便捷高效等切入点出发，建立人民满意的交通系统；以生态文明为引领，研究人、城、境、业等演变特征，考虑交通和城市用地、公共服务设施等协同发展（如开发 TOD 模式），构建符合人类永续发展要求的交通系统；依托新一代信息技术，综合运用"数据汇聚、现状感知、决策驱动"大数据平台，促进智慧道路、智慧公交、智慧停车等多方位升级，推动形成智慧交通系统。公园城市理念下的交通是人本化、绿色化和智能化一体的城市交通系统，是低碳的、可持续的。

（二）公园城市交通系统对实现"双碳"目标的支撑作用

基于公园城市理念发展起来的低碳交通系统具备支撑经济、促进人居环境持续发展、有效保护生态环境、助力资源能源持续利用和建立持续消费模式等作用，为公园城市低碳发展提供了源源不断的动力。建立基于公园城市理念的低碳交通系统是推动 2030 年前二氧化碳排放达到峰值和 2060 年前实现碳中和目标的重要举措。

公园城市交通系统的发展将生态文明、新发展理念等融入建设、管理、养护、运营等各个环节，摒弃制度上"重建设、轻管理"，建设上"重两头轻中间、重公路轻水路、重道路轻枢纽"等长期存在的思想误区。在节能减排、资源节约集约、生态保护、污染防治、人居和谐等方面采取有效措施，支撑起公园城市的绿色低碳发展。首先，公园城市理念下的交通系统强调技术上要减排，即通过改善交通运输工具的技术状况和提升技术水平来减少碳排放，以往的文献表明技术进步如采用天然气、生物燃料、氢燃料等替代能源（Deendarlianto et al.，2020；D'Adamo et al.，2019；Shafiei et al.，2017），交通运输装备电气化（Haasz et al.，2018；Talebian et al.，2018；Wolfram 和 Wiedmann，2017；Dhar，2017；Connolly，2017），采用智能信息技术（Alrawi，2017；Cheyne 和 Imran，2016；Rosqvist 和 Hiselius，2016）等将有效提升城市交通运输低碳发展水平，极大地减少城市的碳排放。其次，公园城市交通系统还要求结构上要减排，运输结构调整或交通运输模式转变是实现系统最优减排的措施之一。学者们认为，在交通物流领域，通过提高铁路、水路运输比例（Salvucci et al.，2019；Karkatsoulis et al.，2017；Gibbs et al.，2012），发展多式联运（Tsao 和 Linh，2018；Pizzol，2019，Nelldal 和 Andersson，2012），能极大地促进城市的低碳发展；在出行领域，大力发展公共交通、倡导自行车等出行方式都被认为可以有效减少城市碳排放（Ghate 和 Qamar，2020；Agarwal，2020）。此外，贯彻公园城市理念的交通系统，还重视管理上的减排，即通过财政政策和市场机制促进交通系统的低碳化，从而推进整个城市的低碳发展。有学者发现碳税、燃油税、财政补贴等财税政策在实现减排目标方面具有很好的效果（Gupta et al.，2019；Venturini et al.，2019；Danesin 和 Linares，2018；Tao et al.，2017）。碳减排交易（Scheelhaase et al.，2018；Han et al.，2017）、拥堵收费机制（Chen et al.，2018）等市场机制也有助于解决碳排放的外部性问题，实现交通领域的碳减排。

三　成都公园城市交通系统建设实践

成都近年来交通需求持续增长、交通供需矛盾突出，在建设践行新发展理念的公园城市，实现碳达峰与碳中和"双碳"目标的大背景下，城市交通治理既面临难得的机遇，也面临严峻的挑战。为此，成都一方面服务公园城市建设，构建"轨道＋公交＋慢行"三网融合的交通系统，促进轨道交通加密成网、常规公交服务持续提升、慢行交通覆盖不断扩大；另一方面，开发交通导向发展（TOD）模式，促进产城融合，重塑城市空间形态。

（一）"轨道＋公交＋慢行"三网融合的交通系统

以轨道交通为主体，成都不断增强自身的市域铁路枢纽能力，大力发展中心城区的轨道交通。截至 2020 年底，成都已经形成"1 环 10 射"铁路网络，铁路总里程达 930 公里，高快速铁路里程达 430 公里，以成都为中心的"148"高铁交通圈加速形成。市域内铁路公交化运营里程达 428 公里，成都至平原城市群及近郊新城日发动车 329 对，日均旅客到发量 25 万人；2020年铁路旅客周转量达到 46.8 亿人公里，约占全年旅客周转量的 6%，铁路运输货物周转量达到 97 亿吨公里，约占全年货物周转总量的 21%。与此同时，中心城区的轨道交通也加密成网。截至 2020 年底，成都市轨道交通开通运营里程达到 558 公里，成为继北京和上海之后的全国轨道交通第三城，轨道交通占公共交通分担率达到 50% 以上。在地铁建设方面，成都市已相继开通 1 号线、2 号线、3 号线、4 号线、5 号线、6 号线一二三期、7 号线、8 号线一期、9 号线一期、10 号线一二期、17 号线一期、18 号线等多条地铁线路以及有轨电车蓉 2 号线首开段，线网运营总里程达到 518 公里，平均每万人拥有 0.35 公里地铁。这一指标和世界轨道头部城市东京、香港基本接近；网络客运量累计突破 60 亿乘次，位居全国前列。

以常规公交、快速公交、特色公交为基础，日益完善多层次公交服务网络。截至 2020 年底，成都市公交线路长度达 17350.3 公里，公交线路达到 1171 条，公交营运车辆达 15452 辆，其中天然气公交车 10135 辆，新能源公交车近 6000 辆，中心城区"5＋1"区建成区内公交站点 500 米覆盖率 100%，公共交通机动化出行分担率达到 60%。此外，为引导市民自觉选择公交出行，成都不断优化地面公交服务，构建"环＋放射"绿色快速公交体系，补充覆盖轨道交通薄弱区域。截至 2020 年底，已开通运营二环快速公交、凤凰山高架快速公交以及 K11 快速公交；开通运营各类特色公交包括定制公交 54 条、跨区城际公交 5 条、机场专线 6 条（含夜间线）、旅游公交专线 7 条、就医公交专线 4 条、乡村特色公交 3 条、校园直通专线 6 条等，满足市民高品质、差异化的出行需求。

以慢行交通为补充，绿色出行改写城市生活，依托绿道建设，引领形成绿色低碳、简约高效的生活风尚。一方面，推广共享单车，解决居民出行最后一公里的问题，引导市民绿色出行、体验城市、体验生活。截至 2020 年底，成都市在运营共享单车企业有 3 家，"5＋1"区拥有在运营单车 45 万辆，其中哈啰 8 万辆、美团 24 万辆、青桔 13 万辆，日均骑行次数约 113 万次；"11＋2"区拥有在运营单车 102 万辆，日均骑行次数约 185 万次。另一方面，对道路进行提档升级、绿化改造，优化市民的出行体验。2020 年，成都市实施绿道建设 480 公里，绿道总长度达 4332 公里，建设具有美誉度、舒适度、温度、安全度的"上班的路（回家的路）"社区绿道 928 条，提升通勤效率的同时，让人们的绿色出行更加舒心美好。

（二）交通导向发展模式（TOD）

交通导向发展模式（TOD）是一种从全局层面规划的土地利用模式，为城市建设提供了一种交通建设与土地利用有机结合的新型发展模式。TOD 强调对土地进行全面规划，首先设地铁站，在地铁站辐射半径内的交通通过公交来实现，而公交站又能够与自行车道系统连接起来。把地铁与快速的公交回路、自行车线路叠加在一起，可以实现无缝换乘。

TOD 作为成都建设公园城市示范区的重要抓手，成都将聚力建设一批零碳负碳的 TOD 未来美好公园社区。按照"站城一体、产业优先、功能复合、综合运营"的理念，围绕轨道站点打造"商业中心、生活中心、产业中心、文化地标"。成都已规划 170 多个 TOD，包括陆肖、双凤桥、中环等 16 个城市级 TOD 规划，45 个片区级 TOD 规划，125 个组团级 TOD 规划。到 2025 年，将完整形成高品质居住中心和多元化消费极核；到 2028 年，将建设成为轨道交通引领产城发展的全球 TOD 示范城市。

截至 2021 年，陆肖、双凤桥、梓潼宫、二江寺和龙潭寺 TOD·龙潭九章 5 个项目正式入市亮相，推动形成以轨道站点为城市中心的高效、低碳、便捷的城市生活方式。陆肖 TOD 是成都 TOD 率先亮相的示范项目，以产业集中的陆肖站为中心，总建筑面积约 200 万平方米，周边的中和大道站、张家寺站、观东站、应龙站，分别承担国际交流、文化中心、健康医疗中心、体育中心等相应配套功能。在陆肖 TOD 的一体化设计范围内，各个功能组团的地下全部由公共步行系统连通，通过分散布置的下沉公园，与地面慢行系统立体相连，并通过公共通道直接连接地上建筑。此外，陆肖 TOD 附近还有环城生态带和锦江绿道等生态资源，具备良好的生态本底，通过串联新增绿道和原有绿道，可以构建起具有公园城市底色的生态网络和社区生活圈。

四 成都公园城市交通系统低碳建设经验

（一）完善低碳交通基础设施：充电桩布局

充电基础设施体系不断健全。成都陆续出台多项充电基础设施财政补贴政策，推动了充电桩快速普及。

1. 扩容

截至 2020 年底，全市新能源汽车充（含换）电站数量达到 701 座，充电桩数量达到了 2.8 万个，其中，公共充电桩 2.3 万个、私人充电桩近 0.5

万个。此外，由市交通运输局牵头推进的成都市新能源汽车及充电设施监测监管平台于 2018 年建成并投入运营，现处于数据持续接入和优化阶段。平台接入新能源汽车 88705 辆，占全市新能源汽车可接入量的 61.8%；接入充电桩 20077 个，占全市充电桩总数的 71.7%。适度超前、全面覆盖的充电基础设施网络体系初步形成，在公共充电领域始终保持供给适度大于需求的推动节奏，有力支撑了成都新能源汽车的推广与应用。

作为一种新能源交通工具，电动汽车具有能源利用效率高和清洁无废气的特点，是实现节能减排和能源安全的一个重要途径。目前电动汽车充电设施分为 4 类：换电设施、直流快充设施、交流慢充设施和家用充电设施。换电设施是指电动车在城内固定的换电站进行电池组的更换，需拆卸下电动汽车内部低电量的电池组，换上与其匹配的满电量电池组。由于有专业的技术队伍，整个过程需要 10～15 分钟。对换下的低电量电池组，换电站通常利用夜间用电低谷时段进行充电。直流快充设施是指利用大型大功率充电桩为电池组充电，充电电流按国家标准设计为 150～400A，充电时间为半小时至一小时。交流慢充设施是指提供 16A 小电流的交流充电桩，一般充电时间为6～8小时。家用充电设施是指私人建设的家用交流充电桩，采用 220V 单相交流电源，充电功率为 5kW 左右，充电时间为 6～8 小时。目前成都市以前三类设施为主，满足公共交通和市政用车电能需求。具体的电动汽车充电站分布情况如图 1 所示。

2. 激励

市场作为投资主体，政府出台相关的支持配套政策。成都市的充电桩市场已完全放开，鼓励社会资本投资建设充电基础设施。成都市对于企业和个人建设充电设备有相应的资金补贴。

在 2016 年出台的《关于成都市 2016 年新能源汽车充电设施市级补贴的通知》中提出，三类新能源汽车充电设施可申请补贴。第一类是在符合规划的前提下，投资新建并竣工投运的经营性集中式充电站（含换电、无线充电等）。第二类是个人消费者在本市购买新能源汽车并上牌后，在自用车位安装建设的充电桩。第三类是利用现有场地，投资新建充电桩群（充电桩数量不

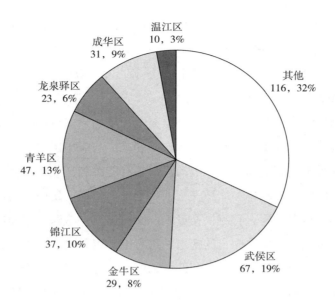

图1 成都市电动汽车充电站分布

资料来源：根据车主指南、百度地图整理。
注：部分地段如高速路的充电站未收录。

低于3个）并竣工投运的。为了更好地推进充电桩等电动汽车充电基础设施的建设，成都市近年来陆续出台补贴政策，具体的补贴情况如表2所示。充电桩作为新能源汽车的重要基础设施，中央统筹规划与地方奖补跟进相结合。2020年，成都对公用充电桩运营根据充电量进行分级补贴，1000万（含）千瓦时补贴0.1元/千瓦时，1000万～2000万（含）千瓦时补贴0.15元/千瓦时，2000万千瓦时以上补贴0.2元/千瓦时。总体来看，现已形成较为完善的奖补政策。

3. 改造

为切实解决当前居民区电动汽车充电设施建设难题，成都积极推进现有居民区停车位的电气化改造，确保满足居民区充电基础设施用电需求。对专用固定停车位，按"一表一车位"模式进行配套供电设施增容改造，每个停车位配置适当容量电能表。对新建小区，统一将供电线路敷设至专用固定停车位（或预留敷设条件），预留电表箱、充电设施安装位置和用电容量，并因

表 2　成都市新能源汽车充电基础设施补贴政策

年份	政策	充电桩设施补贴	运营补贴	政策变化
2016	《关于成都市2016年新能源汽车充电设施市级补贴的通知》	第一类,给予建设投资(不含土地费用)30%、最高500万元补贴。第二类,给予每个充电桩600元一次性补贴;一辆车只享受一次补贴。第三类,参照第二类标准执行,给予每个充电桩600元一次性补贴		建设补贴不变,新增运营补贴,按照充电量进行分级补贴,超过2000万千瓦时部分每千瓦时补贴0.2元
2019	《关于2019年申报充电基础设施建设补贴有关事项的通知》	对全市范围内公交车、出租车、网约车、分时租赁车、物流车、环卫车专用直流充电基础设施以及高速公路服务区公用直流充电基础设施,给予400元/千瓦建设补贴;其他为社会车辆服务的公用充电基础设施,以及为党政机关、企事业单位、社会团体、园区等内部停车位建设,为公务车辆、员工车辆等提供服务的专用充电基础设施(高速公路服务区充电桩不少于4个,其他充电桩数量不少于6个),给予直流300元/千瓦、交流100元/千瓦建设补贴		
2020	《关于组织成都市2020年第一批新能源汽车充电设施市级补贴申报工作的通知》	自(专)用充电桩(群),按照装机功率给予投资主体交流每千瓦100元、直流每千瓦200元的一次性补贴,单个充电桩(群)最高20万元。经营性集中式公(专)用充换电站(BOT充换电站除外),按照装机功率给予投资主体交流每千瓦150元、直流每千瓦400元,单个充换电站最高500万元的一次性补贴	充电运营补贴标准为1000万(含)千瓦时以内部分,每千瓦时补贴0.1元;1000万千瓦时至2000万(含)千瓦时部分,每千瓦时补贴0.15元;2000万千瓦时以上部分,每千瓦时补贴0.2元	

资料来源：成都市经济和信息化局。

因地制宜制定公共停车位的供电设施建设方案，为充电基础设施建设安装提供便利。此外，鼓励积极引入局部集中改造、智能充电管理、多用户分时共享等创新运营模式，探索居住区整体智能充电管理模式。

（二）推进交通智能化与信息化建设

加大新技术在交通领域的应用，利用 5G 等技术推动智能交通大发展，提高交通运行效率，是建设践行新发展理念的公园城市背景下，推进交通系统低碳化的又一重要举措。成都智能交通的建设目标，是借助物联网技术实现"六化"，即实时交通管理可视化、交通组织科学化、交通运行有序化、信号配时合理化、智慧救援一体化、交通出行信息化。

1. 数据融合应用，交通管理可视化

一方面，在已有的电子警察、智能综合监测设备、视频监控设备的基础上，引入图像识别、声源定位、光源监测等新技术，通过新型抓拍设备对不礼让行人、违法鸣笛、违法使用远光灯等不易识别的交通违法行为进行自动监测抓拍；另一方面，通过数据建模分析交通违法行为的异常特点，依托智能交通管理系统、稽查布控系统、视频图像信息综合应用平台、鹰眼系统，形成立体化防控和精准执法机制。

2. 研判交通态势，交通组织科学化

研发上线成都交通实时监测与研判分析平台，以平均车速监测、路网交通负荷研判、重点区域热点分析、交通拥堵路段排名、交通 OD 分析、异常交通分析等为重点，宏观把握城市交通运行态势，微观治理交通拥堵问题，提升交通组织的科学化水平。

3. 优化路网系统，交通运行有序化

截至 2020 年底，成都已在 82 个机非路口设置了"直行待行区"和"左转待转区"，通过路口交通渠化改造、时空资源重复配置，形成路网效率的规模效应，相当于新增道路资源 418.5 车道·公里。同时，针对成都通勤交通特点，综合设置了 3 条 HOV 车道，6 条潮汐单向交通、潮汐可变车道，提高重要交通走廊通行能力，最大限度满足时段性、方向性的不均衡交通流需求。

4. 消除延误痛点，信号配时合理化

推广应用智慧信号灯，通过人工智能、深度学习等先进技术，持续优化信号灯配时算法模型，制定信号灯智能联控方案，采取"干道优先，提高绿信比"的方法，在中心城区进出城主干道和重要环线构建了 50 余条信号绿波带，通过信号绿波带控制策略，提升信号运行协调性。截至 2020 年底，已经完成 130 个智慧信号灯路口改造、173 个信号灯联网控制，试点的交通延误下降了 11.2%。

5. 强化事故勘察，智慧救援一体化

建成公安交管指挥调度平台，实现基于 GIS 的信息采集、时间检查、警力调度、交通诱导等系统的综合集成，大大提高了交通事故的救援效率。

6. 开展精准诱导，交通出行信息化

依托百度地图全景路况采集车，全覆盖更新中小街道实景路况信息，优化调整百度导航，智慧避堵规划路径，引导群众利用中小街道绕行拥堵区域，盘活闲置的路网资源，均衡路网流量，提升路网整体运行效率。此外，建设智慧停车信息平台，加速实现泊位共享的信息匹配，打破信息不对称带来的资源浪费。2018 年底，成都市智慧停车信息平台接入天府市民云，目前已实现车牌识别、泊位查询、反向寻车、无感支付等功能，平台已覆盖成都 1.6 万个停车场、近 200 万个泊位。2020 年底，"成都停车"客户端正式上线运营，将停车与人工智能、5G、物联网、大数据、智慧社区和城市等热点技术及应用领域融合，壮大"停车＋互联网"产业，创建智慧停车场景应用。截至 2020 年底，平台已接入全市范围内 2400 余个停车场、近 52 万个泊位。

五　成都公园城市交通系统减排成效及发展方向

（一）成都交通系统减排成效

总体来看，成都市清洁能源占比从 2015 年的 56.5% 提升至 61.5%，2020 年成都单位 GDP 能耗降低 2.375%，"十三五"累计下降 14.24%，具体如下。

2020 年，成都新开通 5 条地铁线路，运营里程突破 500 公里，天府通覆盖范围更广泛、智慧出行更高效，市民平均单程通勤时间仅需 33 分钟。成都市民每日使用天府通产品出行，全年减少碳排放量 8.9 万吨，相当于 1192 万棵树一年的二氧化碳吸收量，这些树木可以形成 2384 公顷的公园绿化。

随着公交系统的不断完善和移动支付等便捷支付方式的出现，市民越来越多地选择公交出行。每天乘公共交通出行人次达 546 万，相当于每日减少 130 万辆私家车出行量。从全年来看，减少碳排放量约 12.5 万吨。

相比于油气公交车，每辆电动公交车每天 0.12 吨碳排放，依照这个数据，5800 余辆电动公交车一天就能减少 696 吨碳排放。

自行车出行比例由原来的 3.7% 增加至 11.6%，相当于每天替代 36 万辆小汽车出行，年减排二氧化碳约 2 万吨。

火车是一种低碳高效的出行方式，按 1 人出行 100 公里测算，乘坐火车约排放二氧化碳 0.86 千克，是公共汽车的 2/3、低耗油小汽车的 1/30。成都已实现与德阳、眉山、资阳、攀枝花、遂宁、阿坝等区域铁路互通，2020 年累计服务上述区域用户 4890 万人次，极大地减少了碳排放。

（二）成都交通系统未来发展举措

1. 统筹区域交通整体布局，构建高效联通的现代交通圈

根据成都"十四五"规划，下一个五年将进一步实施城市通勤效率提升工程。以轨道交通助推"轨道＋公交＋慢行"三网融合交通体系建设，构建布局合理、绿色高效的城市交通体系。持续推进建设成都铁路枢纽环线改造、成都外环铁路、成都至德眉资 3 市市域（郊）铁路等，构建"两环三射"都市圈轨道交通骨架。统筹布局以成都为中心枢纽的多层次轨道交通网络，推进干线铁路、城际铁路、市域（郊）铁路、城市轨道交通"四网"融合。探索成都地铁以多种方式向毗邻区域延伸，构建以成都站、成都东站、天府站、东部新区站、德阳北站、眉山东站、资阳西站为核心节点，多种轨道交通方式有机衔接的都市圈轨道交通"一小时"通勤圈。力争在未来五年，实现城市轨道交通运营及在建里程达 850 公里以上，力争轨道交通（地铁＋市域铁路＋有轨电车）在建及运营里程达到 1000 公里以上。轨道交通占公共交通分担率达 65%。

2. 实施"充电桩进小区"示范项目，推动建设集中式充换电站

实现小区车位充电桩应装尽装。《成都市居民小区电动汽车充电设施建设管理实施细则（征求意见稿）》（简称《征求意见稿》）提到，政府要组织、引导、推进存量小区公用桩建设改造。2021 年，聚焦"11＋2"中心城区实施一批存量小区公用桩建设项目；2022 年，实现"11＋2"中心城区具备建设条件的存量小区公用桩全覆盖；2025 年，实现全市具备建设条件的存量小区公用桩全覆盖。2025 年，力争存量小区固定车位实现自用桩"应装尽装"。此外，相较于传统分散式充电桩，集中式新能源充换电站具有同时为 200 辆以上电动车充电，且采用直流充电等优点，《四川省加快推进新型基础设施建设行动方案（2020—2022 年)》中明确提出，要加快推动集中式充换电站建设，解决成都市民电动汽车充电难题。

3. 扩大低碳交通技术应用范围，提高城市低碳发展能力

进一步优化能源消费结构，未来五年还将进一步提高可再生能源（非化石能源）使用比例。坚持行人、非机动车和公交车优先的低碳交通理念，大力推广新能源汽车，推动货运集约高效发展。不断扩大低碳交通技术应用范围，应用人工智能、大数据等技术开展智能路网改造，推动传统基础设施转型升级为融合基础设施，加快构建"绿畅并举、快慢相宜"的智慧低碳交通运输体系。积极倡导市民绿色出行、绿色消费，构建绿色低碳生活圈。加强气候变化风险评估和监测，全面推进低碳技术创新、低碳试点示范、低碳数据支撑和低碳理念普及，提升城市基础设施适应气候变化的能力。

第三章
"双碳" 目标下成都市建筑节能
策略与路径研究

公园城市是强调经济、社会、环境作用的公园系统，是以绿色价值理念为指导，以资源共享为前提，打造人与自然和谐相处的新型城市治理形态。从建筑部门来讲，公园城市的核心是减少温室气体排放、更有效地利用资源、保护生物多样性和自然环境三个目标与低碳绿色建筑发展的整合。从整体出发，城市在应对气候变化中具有举足轻重的地位和作用。从局部出发，城市是由一幢幢单体建筑构成的，一方面钢筋混凝土建筑改变了城市下垫面，影响了城市微气候，另一方面，建筑中暖通空调、照明等方面能源消耗直接影响了城市碳排放水平。可以说，建筑领域的低碳发展将直接影响公园城市碳实力。2020年，我国建筑运行阶段碳排放超过20亿吨，占全社会总碳排放22％，如计算建材生产和运输碳排放，则建筑物全寿命期碳排放占全社会总碳排放37％；且我国建筑领域碳排放受建筑面积不断增加和人民生活水平快速提高的双重推动，还在不断增长。对标欧美发达国家（建筑运行碳排放占社会总碳排放30％以上），我国建筑能耗和碳排放还有持续上涨的空间。推动节能建筑迈向低碳建筑、零碳建筑，是建筑领域积极响应国家号召，应对气候变化、推动能源结构调整、保障能源安全的重要技术手段，对我国实现"双碳"目标具有重要支撑作用。本章将从更高建筑节能目标入手，探索成都公园城市建筑领域低碳发展路径。

一　成都市建筑部门碳排放基本情况

（一）四川省建筑领域碳排放

从建筑碳排放总量来看，2018 年我国各省（区、市）建筑领域碳排放数值悬殊。排名前三位的分别为山东、河北、广东，排名后三位的分别为海南、青海、宁夏，其中山东省的建筑碳排放总量约是海南省的 22 倍。四川省建筑领域碳排放量为 5882 万吨，排名第 17 位。公共建筑、城镇居住建筑以及农村居住建筑碳排放占比分别为 35.1%、36.8%以及 28.1%。

从单位建筑面积碳排放强度来看，受冬季采暖影响，北方地区的单位建筑面积碳排放强度普遍高于南方地区，总排名在前五位的省（区、市）分别为青海、北京、天津、黑龙江、吉林。在没有集中采暖的南方地区，受经济发展程度影响，广东省、上海市单位建筑面积碳排放强度较高，甚至超过部分北方省份。四川省单位建筑面积碳排放处于较低水平。

（二）成都市建筑领域碳排放

根据碳排放特征，成都市建筑运行相关碳排放可分为：①直接碳排放：在建筑部门发生的化石燃料燃烧过程产生的碳排放，包含为满足发生在建筑里的炊事、生活热水、采暖以及特殊用途（如医院蒸汽）而产生的碳排放；②间接电力碳排放：外界输入的电力带来的碳排放。成都市建筑部门电气化率远超全国平均水平，这主要是因为成都市地处夏热冬冷气候区，没有集中采暖需求，煤炭和天然气等化石能源消耗远低于北方地区，建筑终端能源消耗以电力为主，碳排放主要来自电力消耗。由于电力消耗引起的碳排放与电力部门的能源结构密切相关，因此本章仅计算建筑部门运行相关的直接碳排放。建筑用能强度与用能结构等数据综合考虑成都市能源平衡表与《中国建筑节能年度发展研究报告》中给出的夏热冬冷地区平均值。

从建筑部门能耗和碳排放总量来看，成都市建筑部门运行阶段化石能源能耗约 400 万 tce。由化石能源引起的直接碳排放约 644.26 万 tCO_2，其中，城镇居住建筑、农村居住建筑和公共建筑碳排放比例分别为 67%、12%、21%。

从建筑能源消费结构来看，成都市建筑部门化石能源以天然气和液化石油气为主，农村地区同样因为夏热冬冷气候区的特点，较北方减少了散煤燃烧导致的碳排放。因此，整体而言，成都市建筑部门因其较高的电气化率，较低的化石能源需求，直接碳排放处于较低水平。然而近年来夏热冬冷地区燃气壁挂炉、小区集中供热等采暖方式呈现上升趋势，未来可能进一步上升，且会对建筑能源结构产生影响。

二 适用于成都市建筑部门低碳发展的主要途径

在碳达峰和碳中和的目标下，建筑部门节能减排的主要途径为提升建筑能效水平、提高建筑电气化水平。研究显示，对于实现 2060 年碳中和目标，建筑领域节能标准提升至超低能耗、近零能耗和零能耗建筑的贡献率约为50%，剩余碳排放由绿电贡献（Zhang et al.，2021）。

（一）夏热冬冷地区新建建筑标准提升

1. 居住建筑节能标准

（1）行业标准修订

四川省处于我国夏热冬冷气候区。2010 年颁布的《夏热冬冷地区居住建筑节能设计标准》（JGJ134－2010）节能率为 50%，其针对夏热冬冷地区提出了建筑围护结构相关热工性能指标要求，并明确了两种节能判定方法——规定性指标法和权衡判断法。当建筑设计指标不完全满足标准要求的规定性指标时，可采用权衡判断法进行节能优化设计与节能达标评判。表 1 为标准 JGJ134－2010 对建筑外墙和屋面热工性能要求。

表 1 JGJ134－2010 关于居住建筑外墙和屋面热工性能要求

围护结构			传热系数限值[K，W/(m² · K)]
外墙	体形系数≤0.40	热惰性指标 D≤2.5	1.0
		热惰性指标 D>2.5	1.5
屋面	体形系数≤0.40	热惰性指标 D≤2.5	0.8
		热惰性指标 D>2.5	1.0

资料来源：《夏热冬冷地区居住建筑节能设计标准》（JG134－2010）。

2019年4月28日，工程建设行业标准《夏热冬冷地区居住建筑节能设计标准》(JGJ134—2010)修订工作正式启动，目标为在2010年标准的基础上再提升30％，达到65％节能水平。目前夏热冬冷地区普遍设置供暖设备，反映了当地居民对室内环境热提升的要求，该标准的修订可以充分考虑舒适和节能的要求。通过本次修订，在协调和处理好本标准与国家全文强制规范和其他气候区标准的基础上，提升夏热冬冷地区居住建筑的节能设计，有助于改善该地区居民的居住环境质量，有利于进一步推动该地区建筑节能行业的进步与健康发展。

（2）各省市标准修订计划

在夏热冬冷地区正式颁布的标准中，除江苏省外，其余省市建筑节能设计标准都是采用过程控制指标，如建筑围护结构热工性能指标、采暖空调系统（设备）性能指标等性能评价指标，而非建筑的能耗绝对值限额指标无法完全量化实际的建筑节能效果。"十四五"时期该地区建筑节能标准提升的最大特点，即约束性指标从过程控制指标向能耗绝对值指标的转变，是建筑节能从措施控制向目标控制的转变。

表2　夏热冬冷地区部分省市建筑节能标准制/修订计划

标准名称	制/修订阶段	提升亮点
行业标准《夏热冬冷地区居住建筑节能设计标准》(JGJ134—2010)	编制初稿	节能率从50％提升至65％
四川省地标《四川省居住建筑节能设计标准》(DB51/5027—2019)	已发布	按照节能65％的要求编制
上海市地标《居住建筑节能设计标准》(DGJ08—205—2015)	征求意见稿	标准将提出能耗绝对值指标要求
江苏省地标《江苏省居住建筑热环境和节能设计标准》(DB32/4066—2021)	已发布	节能率从65％提升至75％；将户式空调和集中空调供暖/供冷耗热量、耗电量绝对值指标进一步降低
湖北省《低能耗居住建筑节能设计标准》	征求意见稿	—

资料来源：作者整理。

2. 公共建筑节能标准

（1）国家标准

国家标准《公共建筑节能设计标准》（GB50189—2015）是我国第一部

针对公共建筑的节能专项标准，建立了从建筑室内热环境到建筑热工性能，再到暖通空调等用能系统的一套相对完整的公共建筑节能设计指标体系，对我国公共建筑节能工作起到了关键的指引作用。

《公共建筑节能设计标准》实施于 2005 年，2012 年对 2005 版进行修订，历时 3 年于 2015 年正式发布。本次修订的出发点是满足国家对建筑节能的要求，全面提升公共建筑节能设计各项性能指标。标准的后台编制过程：建立科学的节能标准编制方法，通过定量计算确定各项量化参数指标。扩展标准的覆盖范围：专业技术领域方面在原有供暖空调照明能耗规定的基础上，增加对给排水系统和电气系统的用能要求；补充温和地区相关规定，实现《公共建筑节能设计标准》对我国气候区的全面覆盖。对围护结构热工性能权衡判断等操作过程较复杂的技术点，加强操作细节规定，减少由操作者理解不同带来的结果差异。

2015 版《公共建筑节能设计标准》参考了发达国家建筑节能标准编制的经验，建立了代表我国公共建筑使用特点和分布特征的典型公共建筑模型数据库，并在此基础上开发了建筑能耗分析模型及节能技术经济分析模型；根据各项节能措施的技术可行性，以单一节能措施的年收益投资比（简称 SIR 值）为分析指标，确定不同节能措施选用的优先级，将不同节能措施组合成多种节能方案；以节能方案的全寿命周期净现值（NPV）大于零为指标对节能方案进行筛选分析，进而确定各类公共建筑模型在既定条件下的最优投资与收益关系曲线，在此基础上，确定最优节能方案。根据最优节能方案中的各项节能措施的 SIR 值，确定本标准对围护结构、供暖空调系统以及照明系统各相关指标的要求。这种通过对基准建筑模型进行优化设计，确定节能目标并进行分解的方法，我们定义为年收益投资比组合优化筛选法（简称 SIR 组合优选法）。

（2）四川省公共建筑节能标准

经四川省住房和城乡建设厅组织专家审查通过，《四川省公共建筑节能设计标准》（DBJ51/143－2020）自 2020 年 10 月 1 日起在全省实施。该标准综合考虑气候特点、建筑特征、能源结构和经济技术发展水平，实现建筑能耗和机电系统能效双控的目标。基于《公共建筑节能设计标准》（GB50189－2015）要求，同时结合四川地区自身情况，更具可操作性。

《公共建筑节能设计标准》鼓励采用以结果为导向的建筑节能整体性能化设计。公共建筑节能设计的目标是降低建筑能耗，鼓励采用以结果为导向的建筑节能整体性能化设计，充分发挥设计人员的主动性及技术能力，将适宜的节能技术应用于合适的工程中，真正实现因地制宜，使设计建筑的能耗满足现行国家标准《民用建筑能耗标准》（GB/T 51161）及相关标准的要求。

《公共建筑节能设计标准》提倡建筑设计中采用"被动优先、主动优化"的节能设计原则。使建筑能源利用实现开源节流，切实降低建筑能耗。开源，即充分利用项目所在地的天然能源禀赋，减少建筑对化石类能源及电能的消耗；节流，即通过合理的建筑设计和被动技术、高效机电系统的应用，降低建筑用能的需求。

四川省严寒、寒冷地区气候的主要影响因素是"海拔高度"，气候特点是长冬无夏、冬季与旱季吻合、太阳辐射量大、日照时数多，与我国传统北方地区的气候具有明显的差异。因此，建筑节能工作从建筑设计、能源利用、供暖方式等方面应有别于传统北方供暖地区，为体现气候与相应节能技术的差异，提出了"高寒地区"的气候分区概念及建筑节能设计指标，明确了高寒地区的清洁供暖技术路线。

（二）成都市超低/近零能耗建筑发展

1. "十三五"时期我国近零能耗建筑发展情况

我国近零能耗建筑经过近 10 年的发展，从引入欧美国家技术标准的早期探索，到现阶段世界首部国家标准《近零能耗建筑技术标准》（GB/T 51350－2019）的正式实施，经历了从无到有、从少到多、从北到南的阶段，从借鉴发达国家经验到建立适合本国国情标准体系的过程。《近零能耗建筑技术标准》紧密结合我国气候特点、建筑类型、用能特性和发展趋势，首次界定了我国超低能耗建筑、近零能耗建筑、零能耗建筑等相关概念，明确了室内环境参数和建筑能耗指标的约束性控制指标，提出了相应的技术性能指标、技术措施和评价方法，开发了近零能耗建筑计算和评价工具。提出的室内环境参数、建筑能耗控制指标、围护结构和能源设备与系统等技术指标，较国内现行标准大幅提升，整体上达到了国际先进水平。

截至 2020 年 6 月，10 个省（自治区）和 17 个城市出台了超低能耗建筑政策共 47 项。河北、河南和山东省及各市政策数量最多，既有政策主要分布在寒冷地区。超低能耗建筑政策体系已初步形成，并且政策在级别、范围、奖励力度和发展目标等方面均有提升。针对超低能耗建筑项目的激励政策主要涵盖明确发展目标、资金奖励补贴、容积率奖励、用地保障等 15 项内容，按照其激励模式和鼓励力度可分为流程支持类、间接经济效益类和直接经济效益类三类。

"十三五"时期，我国在建及建成超低能耗建筑总面积破 1000 万平方米，试点示范案例节能减排效果显著。通过对"十三五"期间收集到的 64 个示范项目技术参数的比对研究可以得到，严寒和寒冷地区示范项目外墙保温性能较现行节能标准提升 65%～80%，外窗保温性能较现行节能标准提升 58%～60%。夏热冬冷和夏热冬暖地区外窗传热系数也控制在 $1.2W/(m^2 \cdot a)$ 以下，较现行节能标准提升 40%。跟踪示范项目增量成本变化可以发现，我国超低能耗示范项目的增量成本呈逐年下降的趋势。其中居住建筑由于技术和市场逐渐成熟，增量成本从 1300 元/m^2 降至 600 元/m^2，降幅达 53.8%，办公建筑增量成本从 2500 元/m^2 降至 800 元/m^2，降幅达 68%，学校类建筑增量成本从 1900 元/m^2 降至 1000 元/m^2，降幅达 47.3%。

随着技术体系的逐渐成熟，以及"双碳"目标的提出，我国近零能耗建筑呈现以下特点：项目节能减排目标持续提升，零能耗建筑越来越多；项目以能碳"双控"为目标，对建筑碳减排效果进行核算；项目覆盖区域逐步扩大，近零能耗建筑的发展呈现明显南下趋势；区域推广项目渐成热点，居住建筑连片建设是近零能耗建筑从试点示范向实际应用的一大跨越；"近零能耗＋多元技术体系"推动高质量发展，近零能耗建筑与装配式技术、木结构、玻璃幕墙等技术成功结合，建筑类型从居住建筑和普通办公建筑扩展到展览馆、博物馆、产业园等，呈现多元化发展趋势。

2. 四川省超低/近零能耗建筑发展情况

当前我国已经出台的超低能耗建筑相关标准规范、激励政策，以及建设的超低能耗建筑示范工程，主要集中在北方严寒及寒冷地区。与北方和欧洲地区相比，上海、成都等夏热冬冷地区在气候特征和用能习惯上有较为明显的差异，在应用超低能耗建筑理念时，应该有差异化的技术路径和指标。为了建立适应夏热冬冷地区特征的超低能耗建筑技术体系，更好地指导超低能耗建筑在本地区的示范应用，四川省做出了积极探索。

2020 年 11 月 1 日，《四川省被动式超低能耗建筑技术标准》（DBJ51/T149－2020）经四川省住房和城乡建设厅批准，正式实施。本标准对居住建筑能耗采用绝对指标控制，对公共建筑能耗采用相对指标控制，与 GB/T51350－2019 中对夏热冬冷地区的超低能耗建筑要求一致，具体控制指标如表 3、表 4 所示。

表 3　四川省超低能耗居住建筑能耗控制指标

气候分区	高海拔严寒地区	高海拔寒冷地区	夏热冬冷地区	温和地区
供暖年耗热量[kWh/(m² · a)]	≤30	≤20	≤10	
供冷年耗冷量[kWh/(m² · a)]	$\leq 3.5+2.0\times WDH_{20}+2.2\times DDH_{28}$			
年供暖空调、照明、生活热水、电梯一次能源消耗量[kWh/(m² · a)]	≤60			
可再生能源利用率(%)	≥10			

资料来源：《四川省被动式超低能耗建筑技术标准》（DBJ51/T149－2020）

表 4　四川省超低能耗公共建筑能耗控制指标

单位：％

气候分区	高海拔严寒地区	高海拔寒冷地区	夏热冬冷地区	温和地区	基准建筑
建筑综合节能率	≥50				国家标准《公共建筑节能设计标准》(GB50189－2015)
可再生能源利用率	≥10			—	

资料来源：同表 3。

2020 年 12 月 29 日，为贯彻落实习近平生态文明思想和党的十九大精神，依据《关于印发绿色建筑创建行动方案的通知》（建标〔2020〕65 号）

要求，四川省住房和城乡建设厅等九部门发布了《关于印发〈四川省绿色建筑创建行动实施方案〉的通知》（川建行规〔2020〕17号），其中重点提及了近零能耗建筑，具体内容包括鼓励开展零能耗、近零能耗项目建设，鼓励开展近零能耗建筑、区域集中供能，建筑以电代气，建筑垃圾资源化利用，信息技术融合发展等项目（或技术）试点建设。

2021年5月27日，为贯彻落实《关于印发绿色建筑创建行动方案的通知》（建标〔2020〕65号）、《关于印发〈四川省绿色建筑创建行动实施方案〉的通知》（川建行规〔2020〕17号）有关要求，成都市结合实际，在学习借鉴其他省市经验做法并反复征求多方意见建议后，形成了《关于印发〈成都市绿色建筑创建行动实施计划〉的通知》（成住建发〔2021〕121号），并由市住建局、市发改委、市经信局、市教育局、市司法局、市市场监管局、市机关事务局等7部门联合印发。其中明确，"十四五"期间重点任务包括选择适宜项目开展超低能耗建筑、近零能耗建筑试点示范，总结实施经验，推广适宜技术措施。

3. 成都市近零能耗建筑实践

三医创新中心近零能耗示范建筑位于温江区三医创新中心四期，园区总建筑面积达13.6万平方米，充分借鉴了瑞士绿色、低碳、节能的先进理念及技术。三医创新中心近零能耗示范建筑为整个园区的亮点，建筑面积5582平方米，同时满足了瑞士节能建筑标准、中国绿色建筑三星认证标准、中国近零能耗建筑标准。

园区充分遵循了瑞士节能、环保、舒适的建筑设计理念。示范建筑在满足用户使用需求的前提下，从三个方面实现节能：首先，建筑围护结构采用封闭设计，在冬夏两季维持恒定的温度与湿度；其次，所有的暖通空调设备都为高效数字化管理；最后，采用可再生能源如地源热泵和光伏等技术进一步降低运行能耗。示范建筑将能耗降低到每年每平方米仅11千瓦时，整体可实现每年减少二氧化碳排放150吨，与同类型建筑相比，暖通和照明系统节省能耗50%，总能耗减少80%。

示范建筑有舒适的室内环境。瑞士标准的近零能耗建筑满足居住高度舒适的要求：空气清新干净，全年温度在 20～26℃，空气湿度为 40％～60％，室外景色和自然光占主导地位，外部噪声小于 30 分贝。这一切都创造了一个健康、舒适且能激发灵感的工作环境。

与传统建筑相比，三医创新中心近零能耗示范建筑的性价比更高，会带来物超所值的投资回报。即使只关注建筑成本，瑞士标准的近零能耗建筑造价与那些可持续性差得多的建筑相差无几。如果再考虑运行成本，即降低能耗 80％，瑞士标准的绿色建筑远远超过了传统建筑的性价比。

该建筑的成功设计与建设得益于中瑞双方专家技术人员的通力合作，充分体现了瑞士建筑设计理念在中国的适用性。今后，瑞士发展合作署将继续在建筑节能领域积极与中国政府机构开展合作，助力中国实现 2030 年碳达峰和 2060 年碳中和的目标，共同为应对全球气候变化做出贡献。

三　成都市建筑部门减排潜力与展望

（一）研究方法与工具

本文提出的模型旨在科学合理预测建筑部门的碳排放发展趋势，结合"3060""双碳"目标，量化成都市建筑节能减排目标，并提出对应的技术措施。建筑类型包含公共建筑、城镇居住建筑和农村居住建筑，建筑类别又分为新建建筑与既有建筑。能耗和碳排放计算范围包括建筑物内为居住者或使用者提供供暖、空调、通风、照明、生活热水、各类电器和炊事等建筑功能而带来的能耗和碳排放。

建筑运行过程中的直接（煤、石油、天然气）和间接（电力、热力）消费的能源碳排放之和，可根据建筑部门消费的各类能源与碳排放系数计算得到：

$$C_{\text{building}} = \sum EC_j F_j \tag{1}$$

C_{building} 为建筑领域碳排放量（$kgCO_2$）；EC 为分类能源消费量（kgce）；F 为碳排放因子（$kgCO_2/kgce$）。

建筑领域的能源消费需求可以根据能源活动强度与能源活动水平计算得

到，活动强度指建筑的单位面积用能或户均用能，活动水平则是指建筑面积的总拥有量或户数。

$$EC_{建筑} = \sum_i \sum_j \sum_k (e_{i,j,煤} + e_{i,j,电} + e_{i,j,其他}) AL_{i,j} \qquad (2)$$

其中，e 代表建筑用能强度，AL 为活动水平（i ＝ 城镇居住建筑，农村居住建筑，公共建筑；j ＝ 新建，既有）。

由上式可以看出，计算建筑用能量需要得到不同气候区、不同建筑类型、不同建筑分类以及不同形式能耗的用能强度及其对应的建筑面积，对于以户为单位增长的能源消耗，则还需要对人口数据进行分析。

（二）关键因素分析与基准情景假设

本部分分析影响我国建筑领域能耗和碳排放的关键因素，并对基准情境（Business As Usual，BAU）下未来各项关键因素的发展趋势进行预测。根据式（1）～（2），建筑领域碳排放和人口与城镇化率、建筑面积、建筑用能强度、建筑用能结构四个因素紧密相关。

1. 人口与城镇化率

人口数量和分布是影响能源排放最基本、最核心的影响因素，人口数量的增长必然带来对住房和公共服务设施的需求。第七次人口普查结果表明，成都市常住人口 2093.78 万人，与 2010 年相比，增长了 38.49%，年平均增速达到 3.31%，人口增长迅速。成都市的城镇化水平较高，已经从 2000 年的 53.72% 上升到了 2019 年的 74.41%。随着城镇化率逐年上升，农村人口向城市转移，用能结构和用能方式也会发生改变。根据世界整体及各国家城镇化率增长规律，预计成都未来城镇化率将达到 90%，与发达国家持平。

2. 建筑面积

建筑面积是建筑能耗和碳排放的重要影响因素，建筑部门低碳发展也与建筑面积密切相关。在此，采用人均建筑面积与人口相乘得到成都市民用建筑总面积。经过测算，"十三五"末成都市建筑面积在 11.3 亿平方米左右。面向 2050 年至 2060 年，成都市建筑面积总体将在未来较长一段时间内保持增长态势。本文根据统计数据中给出的历年人均城镇住宅面积、公共建筑面积和农村住宅面积，同时按人均建筑面积线性增长趋势对建筑面积进行校验（成都市 2060 年人均住宅建筑面积为 50㎡/人，公共建筑约为 18㎡/人，农村人均住宅建筑面积维持 52㎡/人不变）。结果表明，成都市建筑总量将在 2050 年前后达到峰值 12.8 亿平方米，并稳中有降，2060 年成都市建筑总量约为 12.4 亿平方米。

3. 建筑用能强度

本研究结合历史发展趋势（清华大学建筑节能研究中心，2018，2019）、经济发展水平、已有研究成果、国际发展经验等多个因素与限定条件，对未来趋势进行阐述，具体设定见表 5。

表 5 基准情景建筑能耗强度与发展预测（中国建筑科学研究院有限公司，2021）

项目	单位	2011 年	2015 年	2035 年	2060 年
分散采暖	kgce/㎡		1.84	3.77	5.96
区域集中采暖	kgce/㎡		10~15	10~15	10~15
照明	kWh/㎡	6.1	5.6	4.5	4
空调	kWh/㎡	2.27	3	6.65	7.56
生活热水	kWh/户	60.3	102	310	310
家用电器	kWh/㎡	460	470	903	1000
炊事	kgce/户	198	211	201	190
公共建筑	kgce/㎡	21.4	22.5	30.8	32.7
农村居住建筑商品能	kgce/㎡	8.3	8.9	14.43	14.43

城镇居住建筑能耗强度的增长主要是由于生活热水、空调、家电等用能需求的增长，成都市供暖问题也逐步显现，尤其是近两年开始出现小区区域集中供暖。对于公共建筑，2001~2018 年我国公共建筑能耗强度从 17.2kgce/㎡ 上升到 26kgce/㎡，呈现逐年上升趋势。能耗强度的增长和建筑面积的增长促进了建筑能耗快速上升，但能耗强度的增长存在临界值，随着能效水平提升，消费需求的增长将会被抵消。结合美国、日本等发达国家能耗发展经验，建筑能耗强度并不会随着人均 GDP 增长持续增长，我国单位 GDP 能耗水平 2030~2040 年前后达到峰值（国网能源研究院，2020）。

农村商品能耗强度快速增长，2019 年相比 2001 年上涨了 1 倍，主要是因为生物质能总能耗比例下降。农村收入及生活水平的提升，及传统的生物质能使用过程中存在采集较为烦琐，燃烧装置、传统炉灶较为落后等问题，导致农村生物质能可能会逐步被取代，商品能持续上升。

4. 建筑用能结构

表6给出了各终端用能项的能源供应结构，未来发展趋势基于对历史数据趋势的分析和我国建筑用能特点、居民用能习惯进行综合设定。我国能源结构以电、燃气、燃煤和液化石油气为主，燃煤主要集中在农村。成都市农村地区能源消费以电为主，相比全国农村地区"以煤为主"的能源结构相对清洁。燃气主要集中在城市炊事、生活热水及公共建筑的设备用能。近年来，随着炊事电气化率的提升，由炊事引起的直接碳排放已经呈现下降趋势，根据炊事电气化接受度调查，仅为37.8%（深圳建筑科学研究院，2021），基础情景下炊事电气化率不会超过50%。生活热水用能以电力、燃气和太阳能为主，在电热水器和燃气热水器中，分别占比77%和23%，由于我国天然气资源的稀缺，基础情景设定将维持这一比例。夏热冬冷地区的小区集中供热和燃气壁挂炉采暖方式近几年从无增至近10%，未来还会持续增长。

表6 基准情景建筑用能结构发展预测

单位：%

项目		2015年	2035年	2060年
炊事	电炊事	24	35	50
	天然气	56	45	30
	液化石油气	20	20	20
生活热水	液化石油气	20	20	20
	电力	77	77	77
	天然气	23	23	23
采暖	分散电力	91.8	80	60
	燃气壁挂炉	4.1	10	20
	区域集中采暖	4.1	10	20
公共建筑	电力	95	93.7	92
	天然气	5	6.3	8
公共建筑其他用能设备	电力	46	35	40
	天然气	53	65	60

（三）建筑部门碳达峰控制目标研究

要实现由能源活动引起的碳排放达峰控制目标，需要对建筑能耗进行控制。人口与城镇化率均属于影响碳排放的宏观社会因素，建筑部门的控制目标应从建筑面积、建筑用能强度和建筑用能结构方面入手。本部分提出了我国建筑部门降低建筑碳排放的主要技术措施，并通过技术方案组合的方式，提出在碳达峰目标约束条件下的实施路径。

1. 减碳技术措施

第一，新建建筑能效提升。2019 年国家标准《近零能耗建筑技术标准》颁布，2019 年严寒、寒冷地区已经率先强制执行 75％的节能率标准，2021年江苏省住房和城乡建设厅率先提出，2025 年新建建筑全面按照超低能耗建筑设计建造的政策，逐步提升建筑节能标准至超低近零能耗建筑指标要求是未来工作重点之一。

第二，既有建筑低碳改造。我国既有建筑存量巨大，虽然节能建筑已超过城市建筑 50％以上，但仍有大量建筑具有节能低碳改造潜力。

第三，建筑终端用能电气化。需求侧电气化是低碳发展的重要路径，建筑作为城市能源的消费主体，也是最容易提升电气化率的部门，应该积极推进用能电气化以及可再生能源的建筑应用。

第四，农村可再生能源大比例应用。农村地区丰富的可再生资源，如太阳能、风能和生物质能等清洁能源，为农宅的低碳化运行提供了支撑。建立合理的低成本可再生能源利用模式，是实现农村住宅用能低碳化的关键。

第五，建筑柔性用电系统。未来在建筑可再生能源供能规模化和电气化的趋势下，电源和负载的直流比例越来越高。随着具有波动性和随机性的风光电的高比例渗透，灵活性将成为电力系统的必备条件。

2. 减排情景设置

综合考虑建筑部门碳排放形式、碳达峰碳中和的国家战略目标以及低碳零碳建筑技术基础与发展趋势，本研究设置了两种综合技术情景，分别为政策加速情景和达峰控制情景。其中政策加速情景以最大实施力度发展并推广上述低碳建筑技术，而达峰控制情景考虑经济水平、政策实施难度与技术推广等潜在障碍，对各项技术的推广有所放缓。但两种情景均以不晚于 2030 年达峰、2060 年深度脱碳为约束条件。

综合考虑建筑部门碳排放形式、碳达峰碳中和的国家战略目标以及低碳零碳建筑技术基础与发展趋势，本研究设置了 5 个技术情景进行逐级叠加，分别为 S1 新建建筑能效提升、S2 既有建筑低碳改造、S3 农村建筑光伏应用、S4 建筑用能电气化、S5 电网清洁化。上述情景以不晚于 2030 年达峰、2060 年深度脱碳为约束条件，通过多种技术措施的组合实施，实现建筑部门深度脱碳。

表 7　达峰控制情景和政策加速情景的主要边界条件设置

技术情景	2025 年	2030 年	2035 年	2060 年
S1 新建建筑能效提升	100％ 超低能耗	100％ 近零能耗	100％ 零能耗	100％ 零能耗
S2 既有建筑低碳改造	0.5％/年	1％/年	1％/年	1％/年
S3 农村建筑光伏应用	50kW	100kW	150kW	300kW
S4 建筑用能电气化	70％	75％	80％	95％
S5 电网清洁化	$0.522kgCO_2/kWh$	$0.47kgCO_2/kWh$	$0.417kgCO_2/kWh$	$0.072kgCO_2/kWh$

政策加速情景：该情景以全面提升建筑节能标准为基础，结合低碳建筑技术发展方向，通过组合技术方案，实现建筑部门的碳达峰与碳中和目标，具体设定如下。

（1）"十四五"期间修订提升一次建筑节能强制性标准达到超低能耗建筑能效指标水平，2030 年前再修订提升一次，达到近零能耗建筑能效指标水平，2035 年后，新建建筑全面执行零能耗建筑标准。

（2）建筑行业由大规模建设开始向翻新改造过渡，每年对"十四五"末既有建筑总量的 1％（具有改造价值）进行深度改造，达到超低/近零/零能耗建筑标准。

（3）农村地区大规模推广可再生能源利用，截至 2060 年累计安装光伏 300 万 kW（对应 1 亿平方米建筑面积，0.33 亿平方米屋顶面积）。

（4）加速建筑用能电气化。采用电能对建筑终端用能进行替代，到 2060 年，建筑领域电气化率至 90％以上。

3. 计算结果分析

通过叠加多个技术情景，建筑部门运行阶段碳排放将于 2030 年达峰，峰值为 618.66 万 tCO_2，较基准情景达峰时间提前 10 年，峰值降低近 43%。自 2021 年至 2060 年，可累计减少 21969 万 tCO_2。其中新建建筑能效和既有建筑低碳改造对碳中和的贡献率分别为 20.32% 和 13.5%，可见提升建筑能效是实现建筑部门碳减排的重要技术措施。

四 建筑领域碳减排：国际经验

各个国家为降低建筑部门碳排放水平，都制定了零能耗建筑、零碳建筑发展规划；各个国家根据各自国情，给出了适合自己国情的零能耗建筑定义，并确定各个阶段目标；在推进零能耗建筑发展的同时，逐步将研究重点转移至零能耗社区，实现由单体向区域的转变。

欧盟于 2002 年颁布《建筑能源绩效指令》（*Energy Performance in Buildings Directive*，EPBD），并在 2010 年对该指令进行了修订，其总体目标是在 2020 年实现二氧化碳排放减少 20%，可再生能源应用占比达到 20%，一次能源消耗降低 20%。对于新建公共建筑，要求 2019 年达到近零能耗建筑，并要求所有新建建筑于 2021 年之前达到近零能耗水平。欧盟在刺激欧洲能源转型的"全欧洲清洁能源"计划中再次提出，2030 年温室气体排放相比 1990 年下降 40%，能源消费中可再生能源比例至少要达到 32%，2050 年温室气体排放下降 80%。欧盟还与 8 个欧洲试点城市合作，旨在设立长期目标以实现 2050 年所有建筑存量净零碳排放。欧洲其他几个主要城市（哥本哈根、海德堡、赫尔辛基等）签署了"净零碳建筑承诺"，承诺在 2030 年前实现所有新建建筑净零碳标准，在 2050 年前实现所有建筑净零碳标准。

英国是最先在建筑领域提出相应政策的国家，对零碳建筑发展做出了重要贡献。为了达到 2050 年温室气体排放降低 80% 的目标，英国政府碳排放计划（UK Government's Carbon Plan）提供了建筑领域碳排放规划，在 2006 年于《可持续发展住宅规范》中提出，新建住宅建筑要在 2016 年达到零碳要求，所有新建建筑在 2019 年实现零碳。该规范在 2010 年进行修订，对建筑运行碳排放、建材、水资源、垃圾等做出了相应规定。虽然该规范在后期由于种种原因在全国范围内无法实现而被废止，但其依然作为伦敦市建筑政策被继续实施。

美国是较早提出发展零能耗建筑的国家，近年来发展迅速，技术体系成熟并有其自身特点，已经形成了"科研先导－试点验证－政策扶持－市场推广"的良性循环模式。美国暖通学会发布 ASHRAE Vision 2020，其中提出到 2030 年，实现净零能耗建筑市场化运作。同年，美国能源部宣布制定"到 2020 年实现零能耗居住建筑市场化，到 2025 年实现商业建筑市场化"的战略目标，并于 2015 年正式发布零能耗建筑的官方定义。近几年，社区层面低碳规划作为承接建筑与城市低碳发展的中间纽带而受到越来越多的关注。在各州层面上，加州在美国净零能耗建筑政策实践中处于领先地位，制定了"净零碳行动计划"，旨在 2020 年所有新建住宅建筑实行净零能耗标准。这一计划促成了加州一些更加积极的地方政策，例如伯克利和其他城市颁布的天然气安装禁令。加州政府也通过公共示范项目引领政策发展。同时美国多个城市签署了世界绿色建筑委员会发起的"净零碳建筑承诺"，承诺于 2030 年所有新建建筑实现 100％净零碳标准。

澳大利亚可持续建筑环境委员会（ASBEC）的零排放住宅工作组于 2012 年提出了零碳建筑的定义和路线图，并建议建立一个长期有效且可控的时间表，以实现行业商定的目标。亚洲地区的日本也制定了相应的战略能源计划，要求在 2020 年实现新建公共建筑零能耗，2030 年实现新建公共、私人建筑零能耗。热带地区由于气候条件原因，零碳建筑的实现更加复杂，新加坡经过长期研究，其建筑和建设管理局在 2016 年分享了其实现"热带地区低层建筑产能、中层建筑零能耗和高层建筑低能耗"的长期愿望，并致力于制定建筑领域技术路线图。

五　成都公园城市建筑领域政策建议

随着社会发展和人民生活水平不断提高，我国建筑能耗总量及其中的电力消耗量均大幅增长。2015 年 12 月的联合国气候变化大会首次提出到 2050 年使建筑物达到碳中和的发展目标。现阶段全球一半的人口居住在城市,预计 2050 年城市将承载 70％以上的人口。建筑领域由于高排放、高能耗等特点备受关注,零碳建筑、社区建设成为建筑领域减少化石能源使用的新方式。

结合成都市建筑未来碳排放水平及节能技术水平现状,以实现碳达峰和碳中和为目标,成都市建筑部门应以能效提升和低碳能源转型为主攻技术方向,同时兼顾建筑智慧运维、非二温室气体替代等技术需求,制定零碳建筑发展重点任务。

一是亟须构建适宜成都地区气候条件以及建筑节能发展水平的零碳建筑标准体系。零碳建筑相比零能耗建筑,对碳排放要求更明确,在执行强制性节能标准的基础上,引入零碳建筑、零碳社区等概念,制定全过程、全类型的零碳建筑与社区/城区标准体系。通过编制《成都市零碳建筑技术标准》,支撑建筑领域减碳任务分解、逐步迈向能碳双控,支撑建筑领域达峰路线图和时间表的确认。要加速构建零碳建筑技术标准体系,提出相关计算方法,规范零碳建筑定义、计算边界、评价指标,引导建筑节能减碳,增强建筑相关企业碳排放核算、核查意识,为未来建筑参与碳排放交易、预测建筑领域中长期碳排放等工作提供技术支持。

二是全面推动可再生能源大规模应用。研究建筑光伏一体化集成与多能互补系统解决方案、太阳能供能及冷热电联供综合解决方案,农村生物质成型与高效转化技术、分布式零碳能源供应与监测管理技术。

三是加速推动建筑电气化。提升终端用能产品和设备能效水平、降低使用过程中电能消耗,同时,积极推动供给侧清洁化和需求侧电气化,实现生活热水、炊事的电能替代,是建筑领域实现降碳目标的最重要和最经济的技术途径之一。用能设备的减碳能力主要体现在其设备的能效提升上,因此能效是判断用能设备节能潜力的核心指标。以制冷空调、照明产品、电梯、办公电子设备、通风机、压缩机、水泵等主要用能产品和设备作为研究对象,从提升设备/产品本体能效、减少制冷剂温室气体排放、系统节能运行控制、新能源替代电能四条路径开展关键节能技术研究、标准研制和应用示范。

　　四是研发新型低碳结构体系和建材。针对建筑领域建材产生的排放问题，要加快技术层面的创新。其一是在建筑节能材料的研发过程中尽量不用或少用不可再生资源以减少资源能源的消耗，尤其是注重节能技术的研发，要在资金和人才方面给予最充分的支持。其二是在确保基础功能的前提下通过技术层面的创新来不断提高材料性能，尤其是在建筑结构材料的强度和耐久度上不能打折扣，要确保房屋建筑主体结构性能优良并延长其生命周期。其三是在可回收循环利用生产技术创新上进行全面创新，通过提高循环利用效率不仅能降低能耗，而且能实现成本控制。

　　五是全面开展零碳建筑与社区技术集成与示范。构建零碳建筑与社区基础理论与关键技术指标体系、零碳建筑与社区规划设计方法，开展弹性能源系统关键技术和零碳建筑与社区技术集成与示范研究。

第四章
成都市空间结构与碳代谢空间分析

目前，气候变化已经成为全球关注的焦点，人类生活和生产造成的能源安全和全球变暖问题引起了广泛关注。降低人类活动碳排放不仅是顺应当今世界低碳经济发展潮流、积极应对全球气候变化的正确战略选择，也是深入推进生态文明建设，应对复杂多变国际环境，实现经济社会可持续发展目标，进而提升国际竞争力的重大战略举措。

2018 年 2 月，习近平总书记在视察成都天府新区时，首次提出"公园城市"理念，指出要突出公园城市特点，把生态价值考虑进去，努力打造新的增长极，建设内陆开放经济高地。从此，公园城市理念逐渐为众人知晓并在实践中不断丰富和发展。反思城市现有的发展模式，探索建设低碳公园城市，已经成为全世界的共识。城市是碳减排的关键，而城市空间结构作为建设城市和管理城市的基本依据，必然肩负着建设低碳公园城市的重担。本研究在厘清成都市空间结构演变过程的基础上，引入空间显式碳代谢分析，开展成都市空间结构与碳代谢空间分析。

一 成都创建碳中和先锋城市将有力推动城市
三生空间优化，推动形成碳中和发展新格局

（一）持续增加城市生态空间总量，提升森林、湿地生态系统碳汇功能

近年来，成都市以实现"双增长"为目标，通过加强森林督查，强化森

林资源保护管理，严格控制森林资源消耗，实现了森林面积持续增加。2019年，成都市新增森林面积 9.24 万亩，新增森林蓄积 85.85 万立方米，森林覆盖率增加 0.43 个百分点；全市森林面积达到 858.59 万亩，森林蓄积量达到 3592.33 万立方米，森林覆盖率达到 39.93%，为建设公园城市夯实生态基座。2020 年成都市进一步启动实施林盘生态管护与修复工作，实施国有林管护 172.37 万亩，开展集体公益林生态补偿和森林管护 117.44 万亩，巩固退耕还林成果 57.95 万亩。根据成都市公园城市建设管理局等单位测算，成都市森林生态系统服务功能总价值达 1972.74 亿元。其中，在调节服务方面，2020 年成都的森林生态系统固定二氧化碳 205.31 万吨，释放氧气 442.38 万吨，固碳释氧效益达 68.87 亿元。

（二）大力推进城市生活空间绿化绿色发展，降低居民生活碳排放

以加强城市建成区绿地建设为基础，以公园城市示范街区建设为重点，成都市统筹推进行道树增量提质等工作，均衡布局各类城市绿地。2019 年度成都市新增城市绿地 1900 万平方米，新建成各级绿道 1097 公里，累计建成 3704 公里。在居民生活碳排放方面，成都市大力推广低碳出行和智慧停车；整合共享车位超过 40 万个。在绿色出行方面，累计推广应用新能源汽车 6.91 万辆，建成充（换）电站 418 座、充电桩 1.4 万个；累计投放共享单车 145 万辆，日均骑行次数约 300 万人次，骑行减排量居全球 12 个样板城市第 3 位；"蓉 e 行"低碳出行平台累计申报私家车停驶车辆 1.6 万台次，减排二氧化碳 3000 余吨。在绿色办公方面，加快建设"虚拟公务舱"，强化资源节约高效利用，成都市公共机构综合能耗、人均综合能耗、单位建筑面积能耗、人均用水量分别下降 2.84%、2.86%、2.91% 和 3.12%。在绿色生活方面，全面推行生活垃圾分类，着力解决垃圾分类"前分后混"难题，居民生活垃圾分类覆盖率达 35.2%。

（三）优化产业结构，降低能源消费碳排放强度

成都市碳排放强度持续下降，2016~2019 年，成都市年均增长碳排放量 165 万吨左右，单位 GDP 二氧化碳排放量累计降低 17.21%，降至 2019 年的 0.34 吨/万元，成都市碳排放总量位居北京、上海、广州、深圳等十大

城市第九，单位 GDP 碳排放量位居第八，人均碳排放量位居第十。"十三五"期间，成都市对火力发电、钢铁、水泥等传统高能耗高排放产业实行了产能总量控制，成都单位 GDP 能耗累计下降 14.24％。"十三五"期间，成都高端新兴战略产业集群加速发展，电子信息、装备制造、医药健康、新型材料、绿色食品五大新兴产业营业收入突破 2 万亿元，有效推动碳排放总量持续下降。同时，清洁高效的低碳能源体系持续优化，清洁能源占比从2015 年的 56.5％提升至 61.5％，"十三五"期间成都单位 GDP 能耗累计下降 14.24％。

（四）构筑"人—自然"网络化空间结构，提升城市低碳发展品质

从全球城市发展来看，城市从"单中心"向"多中心"转变是城市空间结构发展的普遍趋势。已有城市结构研究表明，城市一般由单中心辐射发展模式向多个城市功能组团的地域竞争与协同发展模式转变，进而实现整体网络化发展。传统语境下，城市网络化发展多依靠交通等基础设施，在产业链等方面形成共生网络，依靠降低运输距离和成本等方式降低碳排放水平。在公园城市建设语境下，城市空间结构与生态环境协调发展为实现城市低碳发展提供了生态保障，强化了城市社会经济功能作为"碳源"和生态用地"碳汇"功能之间的共生耦合。城市系统内部的社会经济、生态环境等空间要素之间整体协同，共同推动了城市空间系统向低碳目标演化发展的过程。因此，多中心组团的网络化协同发展成为城市降低碳排放的关键。

目前，成都市构建"大都市区—区域城市—功能区—新型社区"四级空间体系，旨在打破行政区划与传统城乡结构，建设网络化大都市区。推动区域城市网络联系建设，探索推动经济关联度高、地域相连的区（市）县共同构建区域城市，健全内部产业发展、生态保护、基础设施等协同机制，提升区域城市网络化协同水平。在城市功能方面，继续推动功能区建设，以TOD 建设引领片区综合开发，打造交通圈、商业圈、生活圈"多圈合一"的城市功能区，加快形成全域功能区体系。推动新型社区建设，细化"社区—街区—地块—建筑"空间尺度管控策略，在低碳发展目标下满足各类人群行为方式，筑牢公园城市低碳发展空间形态底部支撑。

未来，成都市着力形成"一心两翼三轴多中心"的网络化市域空间结构，推动城市发展格局由"两山夹一城"向"一山连两翼"演变，重视生态空间在城市功能空间组团中的穿针引线作用，蕴含着"碳源"与"碳汇"协同共生、双向发力促进形成碳中和局面的空间结构优化思想，提升了城市发展品质。

二　公园城市空间格局优化与碳中和交互耦合的理论与分析框架

（一）公园城市空间布局与碳中和发展路径交互耦合

城市空间结构由物质形态和要素耦合构成，城市空间组团内部和外部之间联系密切，通过要素之间耦合作用是提升社会经济活力、降低碳排放强度从而实现碳中和目标的关键途径。

城市空间结构与碳排放，二者并不是直接发生联系，而是通过相应的生产空间、生活空间、生态空间的空间要素规划及其连带关系产生关联。城市空间结构形态是城市自然环境、经济布局以及社会关系在空间的投影，其空间组合与分布模式影响空间要素及其之间的联系，以及由此对经济、社会活动产生决定性影响。城市碳排放总量直接与土地利用模式和交通方式的选择有密切关系（Chen 和 Chen，2015；Lin et al.，2015）。城市土地利用的有效组织和优化影响城市的交通需求和碳排放量。一个城市的低碳发展能力和发展潜力以及低碳发展的推进速度都构成了推进城市"低碳发展"的动力表征，在一定程度上也能反馈到城市系统及各个空间要素之间，评估它们之间是否建立了彼此协同、关联的高效发展模式，是刻画整合城市空间要素彼此关联水平、网络化空间结构向低碳目标迈进的关键（Sun et al.，2021）。

为了在全球变暖的背景下促进城市可持续发展，新陈代谢的概念被引入城市碳核算和管理的研究中。Wolman（1965）、Baccini（1996）首次提出城市代谢概念后发展了城市碳代谢，主要关注城市区域的可持续发展，指出通过计算每种商品的碳通量和碳浓度可以分析城市系统的主要特征。本研究中的城市碳代谢是指生物体的新陈代谢概念，定义为城市不同空间结构组成之间发生的碳输入、转化、交换、储存和排放的全过程（Xia et al.，2019；Chen et al.，2020）。城市空间发展依赖资源消耗、能源利用等，考量城市空间系统在新陈代谢的输入系统中各类"流"（能源流、信息流、物质流）的输入作用下城市产生碳排放的效能，以及对环境的影响。通过厘清城市输入系统与输出系统所产生的碳排放能效结果，能反映城市空间发展模式是否低碳（Han et al.，2018；Ye et al.，2018）。

城市空间形态是公园城市实现碳中和目标下高效运行的物质形态基础，也是构成低碳城市空间系统的主体内容。从城市空间发展特征来看，城市规模、密度、紧凑性以及用地混合性等多维层面上都表现出不同的空间形态，而低碳城市的空间结构发展就是要从这些不同层面上选择更能促进城市低碳节能并高效发展的城市功能定位。低碳导向功能演替下的城市空间形态发展，必然走向功能与空间协同发展的路线，如城市职住关系，必须依据高效、低耗、空间关联的原则进行布局和调控。又如城市生态绿地系统建设中必须以增强碳汇和促进城市生态网络及城市健康发展为宗旨。梳理城市空间结构形态与碳排放关系的分析研究发现，单中心圈层式空间格局是城市减碳效果最差的空间形态（Ye et al.，2015）。因此，必须构建以减碳为目标的城市空间发展模式，引导城市空间组团式发展，既为城市空间提升和功能区扩大提供发展空间，同时又能有效促进各功能区高效协作。

（二）国外低碳城市空间格局优化经验

在应对全球气候变化的背景下，为实现碳中和目标，英国提出生态城镇建设目标，探索零碳排放的开发和建设运营模式（刘星光等，2014）。英国出台的生态城镇规划政策分别从碳排放、应对气候变化、住房、就业、交通、生活方式、服务设施、绿色基础设施、景观与历史环境、生物多样性、水、防洪、废弃物处理、总体规划、实施交付和社区管制等方面提出了具体的要求，如在能源方面，要求建立全覆盖的可再生能源系统，实现城镇的零碳或更低的碳排放（邢佰英，2015）；在交通方面，建设功能混合的社区，提高步行、骑车和公交出行比例，使居民在十分钟内能到发车间隔短的公交站点或社区服务设施；在绿色基础设施方面，要建设高质量的绿色开放空间网络，保证绿色空间面积大于40％。

新加坡是亚洲著名的花园城市，连续多年被评为全球宜居城市，十次当选亚洲人最适宜居住城市。新加坡生态城市建设特点主要表现为以下三方面。一是在城市生态建设方面，建设连接各公园的廊道系统，建设绿色基础设施。二是在公共交通发展方面，新加坡2040年的愿景是逐步淘汰内燃机车辆，让所有车辆都以清洁能源运行。为此，新加坡计划从2030年起，要求所有新注册的汽车必须是清洁能源车型。为了支持电动汽车的发展，新加坡计划把电动汽车充电点的目标增加1倍以上，从目前的2.8万个增加到2030年的6万个。三是在绿色建筑方面，城镇将通过广泛使用智能LED灯和太阳能等措施，减少15％的能源消耗，并且新加坡计划在未来十年内绿化80％的组屋建筑。

总体来看，在物质空间规划方面，重点对土地利用与功能布局、能源利用与可再生能源开发、生态保护与绿色基础设施管控、绿色建筑与生态住区建设、废弃物处理和资源化利用、交通引导开发与绿色交通体系等领域进行规划设计。规划形成用地集约、结构紧凑、功能混合的空间布局，高效低碳、循环再生的资源能源利用体系，行人优先、通畅便捷的绿色交通体系，布局均匀、互相连接的绿色基础设施，绿色环保、宜居舒适的绿色建筑与社区。

在生态技术应用层面，重点关注可再生能源利用、供水排水、污水处理与再生利用、垃圾处理与资源化利用、交通系统与车辆技术、信息网络技术，并集成应用到城市开发建设过程。在规划建设管理层面，从法律法规标准制定、决策支持平台搭建、规划实施激励机制等方面形成系列的配套政策。

（三）公园城市"碳流"空间核算体系构建

"碳流"核算首先要划定系统的边界。本研究的成都"碳硫"计算由人类活动所引起的土地利用变化的碳排放效应，主要涉及耕地、林地、草地、水域、未利用地和建设用地的碳排放（碳源）与碳吸收（碳汇），据此求得不同土地利用的碳排放量。在研究边界设计上，本文参考根据世界资源委员会（WRI）以及世界可持续发展工商理事会（WBCSD）相关研究，采用混合分析方法将成都市"碳流"核算分为三个层次：①城市内工业、交通、居民生活、农林牧渔业等部门的终端消耗引起的碳排放，属于层次 1；②跨界交通引起的碳排放，包括地面、海上和空中运输的排放，用空间分配跨边界的此类运输的排放，属于层次 2；③不同生态功能用地的"碳汇"与"碳源"系数核算属于层次 3。出于对数据可得性的考虑，本文对于城市主要考虑在行政边界上而非建成区概念上的城市（现有统计资料大多以行政边界为准）。由于本文计算涉及具体地类，为统一核算口径，本文碳排放计算仅涵盖 CO_2、CH_4 与 N_2O 三种温室气体通过转换后获取的二氧化碳当量（carbon dioxide equivalent，CO_2e）。本文"碳汇"指 CO_2 的"汇"，是指生态系统吸收大气中的 CO_2，减缓大气中的 CO_2 浓度升高的过程、活动或机制，本文关于生态系统碳汇的讨论则主要包涵森林、草地、湿地，涵盖了地上生物量、地下生物量、枯死木、凋落物、土壤有机碳等。本文生态系统核算城市碳代谢自然分室和人工分室的主要"碳源"和"碳汇"：林地分室、水域与湿地分室（包括湿地、湖泊和河流）、耕地分室、城市用地分室、农村用地分室、工交用地分室。城市"碳汇"计算公式如下：

$$V_S = \sum kS \tag{1}$$

式中，S 是土地利用类型面积，k 是"碳汇"系数（见表 1）。

表 1　分室碳汇系数

土地利用类型		系数		单位	来源
耕地		0.0007			王礼茂等（2008）
林地		0.0657			方精云等（2007）
水域与湿地	湿地	0.0402	0.0567	$kgC\ m^{-2}a^{-1}$	段晓男等（2008）
	河流	0.025			Walsh 和 John（1991）
	湖泊	0.039			Meybeck（1993）

本文计算的碳排放仅仅考虑各个地类的直接碳排放，不考虑各个地类生产生活中的间接碳排放，比如工业用地分室的碳排放仅考虑工业过程中直接能源消耗碳排放，不考虑水泥等原料生产过程的碳排放。由于本文研究对象精确到各个地类，为了避免双重计算不再考虑间接碳排放。所以本文的城市"碳源"主要包括耕地分室的农业生产过程直接碳排放和牲畜直接碳排放，城市用地分室的居民生活直接碳排放，农村用地分室的农村居民生活直接碳排放，工交用地分室的交通碳排放以及工业生产直接碳排放。其中，工交用地分室的交通碳排放参考夏楚瑜等对杭州碳足迹分析的处理方法，将交通碳排放分为境内交通碳排放和跨界运输碳排放两个部分。其中，在处理跨界运输客车、货车和铁路的碳排放责任分配时，假设从成都出发和到达成都车辆行驶里程相同，因此只考虑成都始发的长途客车、货车和铁路的柴油、汽油燃烧的碳排放。由于客运、货运、铁运和水运在地级市层面缺少单独能源消耗数据，本文参考前人研究成果和统计公报数据进行计算。另外，对于航空碳排放，虽然起飞和降落时有部分航空碳排放直接作用于机场用地上，但是航空大部分燃料是消耗在飞行过程中并不直接作用于机场用地，所以航空碳排放这一部分不予考虑。具体计算公式如下：

$$V_u = \sum E_1 f_i + K_1 P \tag{2}$$

$$V_i = \sum E_i f_i \tag{3}$$

$$V_c = V_A + V_L + V_R = K_2 M + K_3 S_i + K_4 D + K_5 D + K_6 P_i + K_7 C_a \tag{4}$$

$$V_{RR} = V_{in} + V_{out} = K_{11} M_P + K_{12} M_B + K_{13} M_T + K_{14} M_m + T_i F_i \tag{5}$$

$$V_w = T_w F_3 \tag{6}$$

式中，V_u 是城市用地碳排放；V_i 是工业用地碳排放；V_c 是耕地碳排放（V_A 表示农业活动碳排放；V_L 表示牲畜代谢碳排放；V_R 表示水稻呼吸碳排放）；V_{RR} 是公路与铁路碳排放（V_{in} 是境内交通排放，V_{out} 是跨界运输碳排放）；V_w 是内河运输交通碳排放，由于成都没有内河运输，本文取值为零。E_1 是居民生活能耗总量（标准煤）；P 是城市非农人口；E_i 是工业能耗总量（标准煤）；f_i 是各种能源的碳排放系数；M 是农机总量；S_i 是灌溉面积；D 是农业柴油消耗；R 是全年水稻总量；P_i 和 C_a 分别是全年猪和牛的饲养量；M_P、M_B、M_T 和 M_m 分别是私家车、公交车、出租车和摩托车的运行公里。公交车、出租车的运行公里来自《中国交通运输统计年鉴》；根据估算，中国私人汽车年均行驶 1.5 万公里/辆，摩托车年均行驶 4000 公里/辆；T_i 表示第 i 种跨界运输的交通量，来自《成都统计年鉴》，F_i 为该种运输的碳排放系数；T_w 是港口始发吞吐量，来自《中国交通运输统计年鉴》。所有 k 和 F 值见表 2（本文碳排放系数是指每单位能源物质消耗和动物代谢等活动所排放的二氧化碳数量）。

表 2　分室碳排放系数

类型 Item	系数 Coefficient	式中代号 Type code	类型 Item	系数 Coefficient
原煤 Raw coal	0.7559	K_1	人类呼吸 Human breath/（kg a^{-1}人$^{-1}$）	79.0
洗煤 Washed coal	0.7559	K_2	农用机械 Agricultural machinery/（kg/kW）	0.18
焦炭煤 Coke	0.8550	K_3	灌溉 Irrigation/（kg/hm^2）	266.48
汽油 Gasoline	0.5538	K_4	农用柴油 Agricultural diesel/（kg）	0.5927
煤油 Kerosene	0.5714	K_5	早稻 Early rice/（g/m^2） 晚稻 Late rice/（g/m^2）	14.37 34.5
柴油 Diesel oil	0.5921	K_6	猪呼吸 Breath of pig/（kg a^{-1} h^{-1}）	82.0
燃料油 Fuel oil	0.6185		猪排泄 Excretion of cattle/（kg a^{-1} h^{-1}）	3.5
液化石油气 Liquefied petroleum gas	0.5042	K_7	牛呼吸 Breath of cattle/（kg a^{-1} h^{-1}）	796.0
			牛排泄 Excretion of cattle/（kg a^{-1} h^{-1}）	1.0
天然气 Natural gas	0.4483		跨界排放 Transboundary emission	

类型 Item	系数 Coefficient	式中代号 Type code	类型 Item	系数 Coefficient
其他石油制品 Other petroleum products	0.5857	F_1	公路客货运 Passenger transport and freight transport of Highway/（kg t^{-1}km^{-1}）	0.0556
境内排放 Domestic emissions		F_2	铁路客货运 Passenger and freight transport of railway/（kg t^{-1} km^{-1}）	0.0217
私人汽车 Private car/（kg/100km）	22.3 K_{11}	F_3	内河客货运 Passenger and freight transport of river/（t/10 万 t）	5.6t
摩托车 Motorcycle/（kg/100km）	6.7 K_{12}	CO_2 与碳转换系数	0.27	
公交车 Bus/（kg/100km）	88.1 K_{13}	CH_4 与碳转换系数	0.75	
出租车 Taxi/（kg/100km）	28.3 K_{14}			

碳代谢密度计算公式如下：

$$\Delta w = w_i - w_j = \frac{v_i}{s_i} - \frac{v_j}{s_j}$$
$$f_{ij} = \Delta W \times \Delta S \tag{7}$$

式中，i 和 j 表示分室，f_{ij} 表示从 j 流向 i 的"碳流"，w_i 代表 i 分室的净"碳流"密度，w_j 代表 j 分室的净"碳流"密度，v_i 代表 i 分室的净"碳流"，v_j 代表 j 分室的净"碳流"，s_i 和 s_j 分别代表分室 i 和 j 的面积；ΔS 代表土地利用转移面积。如果 $\Delta w > 0$，说明"碳汇"增加，表明是一个正"碳流"，有助于实现城市碳代谢平衡；如果 $\Delta w < 0$，说明"碳汇"减少或者碳排放增加，表明是负"碳流"，不利于实现碳代谢平衡。

（四）生态网络效用分析模型及生态关系判定方法

Finn（1976）和 Patten（1975）等首次提出了生态网络效应分析方法，生态网络通过模拟生物网络的分室和路径来定量描述生态系统不同分室之间物质能量流动。分室是基本的生态系统功能单位，路径是分室之间物质能量传递的道路。利用生态网络效用分析方法能够定量分析城市碳代谢网络中的两个分室在整体网络作用下互相作用的过程和强度。但这个方法有一定的局限性，即只能分析静态的系统（输入＝输出），但是现实中更多的是动态开放系统。而后，Finn 通过提出平衡变量 X_K 的概念扩展了生态网络效应分析方法的应用范围。积极平衡变量 X_{K+} 代表一个从系统移动能量池的损失（系统能量增加），消极平衡变量 X_{K-} 代表一个从系统移动能量池的获取（系统能量减少）。Zhang et al.（2016）在研究北京城市碳循环时把 X_{K+} 定义为城市 k 分室的碳储量变化。所有分室都可能从环境中得到碳储存，也会排放碳到环境：以林地向城市用地转移了 Δs 面积为例，林地流出 $\Delta s w_{林}$ 的碳储存，城市用地也增加 $\Delta s w_{城}$ 的碳排放。T_k 等于所有流入或者流出 k 的流减去或者加上 x_k。如果 $x_k < 0$，T_k 等于所有流入 k 的流减去 x_k；如果 $x_k > 0$，T_k 等于所有流出 k 的流加上 x_k。根据质量守恒定律，总流入等于总流出。具体公式如下：

$$T_{in} = \sum f_{kj} + \sum z_k - \sum x_{k-} \tag{8}$$

$$T_{out} = \sum f_{ik} + \sum z_k - \sum x_{k+} \tag{9}$$

式中，f_{kj} 和 f_{ik} 分别代表 j 流向 k 的"碳流"和 k 流向 i 的"碳流"。x_{k-} 代表碳汇减少或者碳排增加，x_{k+} 代表碳汇增加或者碳排减少。

有效利用矩阵（D）可以反映各"碳流"的直接作用，d_{ij} 表示各分室间"碳流"的有效利用率，根据 D 可以得到到无量纲的整体效用矩阵 $U = (u_{ij})$，具体计算公式如下：

$$d_{ij} = (f_{ij} - f_{ji})/T_i \tag{10}$$

$$D_{ij} = \begin{bmatrix} \dfrac{f_{jj} - f_{jj}}{T_j} & \dfrac{f_{ji} - f_{ij}}{T_j} \\ \dfrac{f_{ij} - f_{ji}}{T_i} & \dfrac{f_{ii} - f_{ii}}{T_i} \end{bmatrix} \tag{11}$$

$$U = (u_{ij}) = D^0 + D^1 + D^2 + \cdots + D^n = (1 - D)^{-1} \tag{12}$$

式中，D 的上标表示"碳流"交换的分室个数，单位矩阵 I 表示各分室流量产生的自我反馈。

通过整体效用矩阵（U）可以得到生态网络中分室之间的积分作用（integral interaction），积分作用能够有效解释两个分室在整体网络作用下的综合作用。如两个分室之间即使没有直接作用，但是它们在第三个分室作用下会产生一个隐藏的生态关系。如图 1 所示，虽然 x_2 与 x_3 之间没有直接的作用，但都从 x_1 获取能量，所以它们存在一个间接的竞争作用。

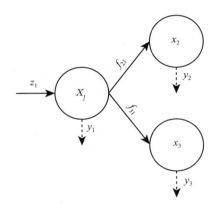

图 1　间接竞争生态示意

利用整体效用矩阵（U）研究城市代谢能更好掌握各个分室的积分综合作用关系。表 3 总结了整体效用矩阵（U）所有可能存在的生态关系。

表 3　生态关系分类

矩阵符号	积极	中立	消极
积极＋	（＋，＋）互惠共生	（＋，0）共栖	（＋，－）掠夺
中立 0	（0，＋）共生	（0，0）中立	（0，－）偏害
消极－	（－，＋）限制	（－，0）主导	（－，－）竞争

可见，在理论上有 9 种生态关系，常见的只有 4 种（掠夺、限制、互惠共生、竞争）：掠夺和限制关系说明一个分室利用了另一个分室，结果导致一个分室得到了效用转移而另一个分室损失了效用；竞争关系说明两个分室之间相互竞争导致两者效用损失；互惠共生关系则是说明两个分室在互相作

用过程中均增加了效用。显然，掠夺关系和限制关系的实质是相同的，因此合并这两种关系为掠夺限制关系。掠夺限制生态关系在城镇化过程中最常见，比如城市在增加建设用地的同时减少了耕地。竞争关系和互惠共生关系只能在网络积分的综合作用下产生，并不能通过直接流产生，反映了在流的相对大小下各个分室之间的关系。

三　公园城市空间布局与碳减排的时空交互效应分析

（一）公园城市空间结构时空格局演变特征分析

从 Landsat8 影像获取 2010 年、2015 年、2020 年成都市三期土地利用现状遥感监测数据集，统一分类为耕地、林地、草地、水域、城镇用地、农村居民点、工业和交通用地、未利用地 8 个土地利用类型。成都市的土地利用以耕地为主，占总面积的 50% 以上，主要分布在城市东部、南部和中部；中部地区多为小农经营，耕地和农村居民点交杂情况明显，而东部地区的耕地多为大面积耕作。林地和草地大多分布在成都市北部和西部，水域和未利用地较少，仅占总面积的 2% 左右。成都市土地利用在空间上变化不大，主要是工业和交通用地的扩张现象较为明显，例如成都市于 2015 年开始修建、2021 年正式通航的天府国际机场等。从数据上看，成都市在 2010~2020 年的变化主要表现为包括城镇用地、农村居民点及工业和交通用地在内的建设用地明显上升，十年间增长 23.90%，年均扩张 4405.44 公顷；在建设用地中，农村居民点占比最大，但其比例以年均减少 1.96 个百分点的速度呈下降趋势，而面积增速最快的是工业和交通用地，十年间增长 186.94%；耕地呈现逐年下降的趋势，十年间减少 5.15%，年均缩减 4305.87 公顷；其他土地利用类型的变化幅度很小，不超过 1%。

应用 2010 年和 2020 年两期土地利用分类产品进行转移矩阵运算，得到成都市土地利用类型的转移变化情况。由表 4、表 5 可见，2010~2020 年成都市土地转移面积达 164068.83 公顷，其中耕地的转移面积最大，其后是林地和建设用地，草地、水域和未利用地的转移面积相对较小。从土地转出情况来看，耕地转移为其他土地类型的面积达 87108.66 公顷，主要表现为向农村居民点、工业和交通用地以及林地转移；林地转移面积为 28342.89 公顷，表现为向耕地和草地转移；建设用地主要表现为向耕地转移，转移面积占建设用地总转出面积 80% 以上；草地转移面积达 6378.12 公顷，主要转化为林地和耕地；水域转出面积为 3947.13 公顷，向耕地以及建设用地转移居多；在建设用地中，城镇用地与工业和交通用地存在较为明显的相互转化情况，二者相互转化的面积达到 4239.27 公顷，而农村居民点主要表现为向耕地转化，转移的土地面积达到 19387.89 公顷；未利用地转出面积为 632.97 公顷，主要向林地转移。从土地转入情况来看，耕地的转入面积最多，达到 44049.96 公顷，主要是靠林地和建设用地的转入；工业和交通用地的转入面积次之，为 33857.01 公顷，主要依赖耕地的转入；林地的转入面积为 24962.40 公顷，耕地和草地对其贡献最大；转入草地的主要土地利用类型是林地，贡献了 67.79% 的转入面积；水域的转入面积为 6005.70 公顷，其中耕地转入面积最大；转入未利用地的面积为 613.98 公顷，主要依靠林地转入。

表 4　2010～2020 年成都市土地利用结构

单位：公顷，%

土地利用类型	耕地	林地	草地	水域	城镇用地	农村居民点	工业和交通用地	未利用地
2010 年	836093.88	328176.81	52830.72	22706.37	70219.44	98648.73	15477.3	2660.76
比例	58.60	23.00	3.70	1.59	4.92	6.91	1.08	0.19
2015 年	817069.23	327349.17	52778.16	22634.64	72196.11	99535.41	32617.44	2633.85
比例	57.27	22.94	3.70	1.59	5.06	6.98	2.29	0.18
2020 年	793035.18	324796.32	53175.96	24764.94	83735.28	100254.24	44410.32	2641.77
比例	55.58	22.76	3.73	1.74	5.87	7.03	3.11	0.19

（二）土地利用"碳流"的时空格局演变特征分析

根据碳排放计算方法、2010～2020 年成都市土地利用数据以及能源消耗统计数据，计算得出成都市土地利用碳排放量。由表 6 可知，2010～2020 年成都市碳排放处于逐年上升状态，碳排放量由 2010 年的 16574976.02 吨上

表5 2010~2020年成都市土地利用转移矩阵

单位：公顷

	耕地	林地	草地	水域	城镇用地	农村居民点	工业和交通用地	未利用地	2010年合计	转出
耕地	748985.22	18899.19	1545.12	3155.85	9198.36	26295.30	27993.06	21.78	836093.88	87108.66
林地	18460.62	299833.92	4557.78	1999.26	552.78	836.82	1407.24	528.39	328176.81	28342.89
草地	1315.53	4361.49	46452.60	53.01	284.67	249.93	63.45	50.04	52830.72	6378.12
水域	2452.41	317.16	46.26	18759.24	320.49	434.25	366.30	10.26	22706.37	3947.13
城镇用地	1561.95	161.46	100.53	185.85	65736.00	748.26	1725.39	0.00	70219.44	4483.44
农村居民点	19387.89	592.56	333.90	514.44	5129.10	70397.10	2293.74	0.00	98648.73	28251.63
工业和交通用地	858.60	103.68	62.46	90.99	2513.88	1290.87	10553.31	3.51	15477.30	4923.99
未利用地	12.96	526.86	77.31	6.30	0.00	1.71	7.83	2027.79	2660.76	632.97
2020年合计	793035.18	324796.32	53175.96	24764.94	83735.28	100254.24	44410.32	2641.77	1426814.01	
转入	44049.96	24962.40	6723.36	6005.70	17999.28	29857.14	33857.01	613.98		
减少/增加	-43058.70	-3380.49	345.24	2058.57	13515.84	1605.51	28933.02	-18.99		

升到 2020 年的 21846736.27 吨，共增加碳排放 5271760.25 吨，年均增长
2.80％。土地利用的碳排放受碳源与碳汇的综合影响。成都市的碳源主要来
源于城镇用地、农村居民点、工业和交通用地等建设用地与耕地。其中建设
用地占总碳源排放量的 95％以上，其变化趋势与区域碳排放关系密切，尤
其以工业和交通用地的影响最为明显，十年间工业和交通用地的碳排放量增
加 35.55％。耕地面积的减少，导致耕地碳排放呈现下降趋势，十年间耕地
碳排放量减少 330243.10 吨，年均减少 4.59％。

表 6　2010～2020 年成都市土地利用碳排放

单位：吨

年份	耕地	林地	草地	水域	城镇用地
2010	880883.15	−215612.16	−10883.13	−5744.71	514220.32
2015	712097.30	−215068.40	−10872.30	−5726.56	654969.57
2020	550640.04	−213391.18	−10954.25	−6265.53	741187.16
年份	农村居民点	工业和交通用地	未利用地	总排放量	
2010	429338.90	14982786.96	−13.30	16574976.02	
2015	346334.37	16748382.09	−13.12	18230102.93	
2020	476053.29	20309479.94	−13.21	21846736.27	

　　成都市碳排放量主要集中于中部和西南部，西北部山区和东南部平原
碳排放较少。2010 年成都市分行政区碳排放量最高达 151.27 万吨，最低
为 18.40 万吨，主要集中在邛崃市、新津县，二者排放量占总排放的 1/5；
而中心城区中，温江区和新都区碳排放量最高，排放量均在 120 万吨以
上，青羊区、武侯区、高新区、双流区碳排放量次之。2015 年成都市碳排
放量最高达 188.26 万吨，最低为 10.76 万吨，较 2010 年相比，最高值增
长了 36.99 万吨，最低值下降 7.64 万吨，碳排放格局的不均衡性又进一
步扩大；新都区和新津县仍然是成都市碳排放量最高的地区，碳排放量高
达 180 万吨以上，邛崃市的碳排放程度有所缓解，减少了约 34 万吨，青羊
区、武侯区、双流区和天府新区的碳排放量较高，碳排放量均在 100 万吨

以上。2020年成都市碳排放量最高值达 152.55 万吨，最低值达 3.23 万吨，较 2015 年相比均有所下降，虽然总排放量在上升，但是空间格局在向均衡化趋势发展（见图 2）。

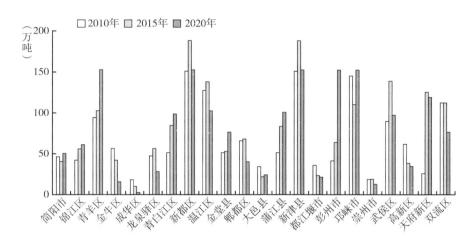

图 2　成都市各区县碳排放量（2010～2020 年）

　　成都市碳排放量大多来自工业和交通用地，占碳排放总量的 90% 以上。由于城市开发建设，土地利用类型的不断变化，耕地、城镇用地、农村居民点等用地类型不断向工业和交通用地类型转化，因此成都市的工业和交通用地部门向耕地、城镇用地、农村居民点等部门输送了大量碳排放。2010～2020 年，工业和交通用地向城镇用地输送的碳排放明显增加；向耕地输送的碳排放增加，但所占比重有所减少；向林地、草地、水域等部门输送的碳排放最少且基本保持不变（见图 3、图 4）

　　（三）"碳流"生态关系空间格局演变特征分析

　　成都市各分室之间碳代谢的生态关系主要分为掠夺限制、互惠共生和竞争关系。根据表 7 至表 9，竞争关系主要存在于高负碳代谢分室，其中农村居民点、城镇用地、工业和交通用地等建设用地占主导地位，三者共占竞争关系的 43.18%，耕地和未利用地的竞争关系也较强，二者均占 13.63%。这说明在系统作用下，高负碳代谢分室与其他分室存在强烈的碳储量竞争，

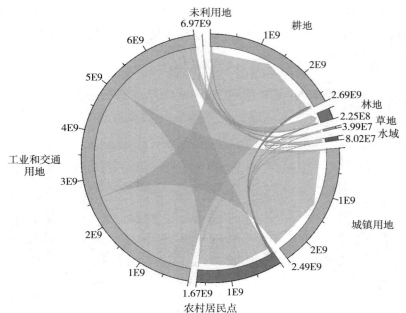

图3　2010～2015年土地利用类型碳排放流转情况

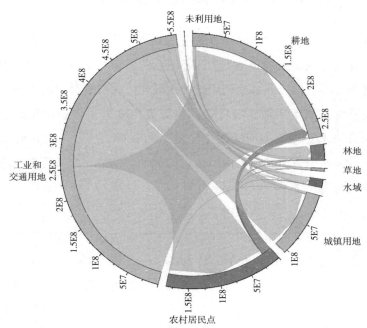

图4　2015～2020年土地利用类型碳排放流转情况

影响城市代谢系统平衡。由于工业和交通用地的布局会严重影响人口、产业等城市化发展关键要素的流动，因此城市规划中工业用地和交通路网的合理配置非常重要。掠夺限制关系是各分室内部存在的主要生态关系，其中耕地、工业和交通用地以及未利用地是非常重要的掠夺分室，虽然耕地面积在缩减，但存在以开荒林地、草地、填补水域等方式进行农业活动的情况，说明积极整治土地、合理开发未利用地、改变城市扩张方式、注重城市内涵式发展对提高城市碳代谢能力具有重大意义。互惠共生关系主要存在于正碳代谢分室，集中集聚在水域分室（占比50%），其后是草地分室（33.33%）和林地分室（16.67%），水域和林地、草地的关系都表现为互惠共生关系，积极开展林地、草地和水域等生态空间保护，可以促进净碳汇功能的提升。

表7　2010～2015年成都市生态关系变化

项目	耕地	林地	草地	水域	城镇用地	农村居民点	工业和交通用地	未利用地
耕地		+	+	+	−	−	−	−
林地	−			+		−	−	−
草地	−	−		+	+	+	−	−
水域	−	+	+		+		−	−
城镇用地	−	+		−			−	
农村居民点				+				−
工业和交通用地	−	+	+	+				−
未利用地	+	−	−	−	+	+	+	

注：■表示掠夺；□表示限制；■表示竞争；■表示互惠。

表8　2015～2020年成都市生态关系变化

项目	耕地	林地	草地	水域	城镇用地	农村居民点	工业和交通用地	未利用地
耕地		+	+	+	−	−	−	−
林地	−			−	−	−	−	−
草地	−	−		+	+			
水域	−	−	+		−	−	−	−
城镇用地	−	+		+				
农村居民点		+		+				
工业和交通用地		+	+	−				
未利用地	+	−			+	+	+	

注：■ 表示掠夺；□ 表示限制；▨ 表示竞争；▦ 表示互惠。

表9　生态关系分布

土地利用类型	耕地	林地	草地	水域	城镇用地	农村居民点	工业和交通用地	未利用地
竞争关系	6	5	5	3	6	7	6	6
掠夺限制	8	8	7	8	8	7	8	8
互惠共生	0	1	2	3	0	0	0	0

　　分析2010～2020年成都市碳代谢生态关系空间分布和变化表明，2010～2015年到2015～2020年没有土地利用变化转移区间减少，说明土地利用格局变化较大，土地利用带来的"碳流"增加，其生态关系分布也随之增加。2010～2015年，成都市生态关系以竞争关系为主，空间上主要分布在城市中部，竞争关系主要体现在耕地和城镇用地、农村居民点以及工业和交通用地的转换。2015～2020年，掠夺限制关系在空间上的分布大量增加，大多分布在城市周边地区，而中部的竞争关系也有明显增加。

四　碳中和导向下的公园城市空间结构组织与协同发展模式

（一）持续优化公园城市三生空间，提升空间布局优化与碳减排协同效应

1. 生态空间优化重点方向与关键举措

低碳公园城市的空间规划是注重城市与生态环境平衡发展，全面保护流域的生态空间和功能。成都规划布局尽可能减少对气候、资源、区域环境的影响，不改变原有流域的生态系统功能，而且建立城市生态廊道与自然生态系统的"共生链"。通过生态规划设计，强化城市生态连廊网络化发展，扩大生态界面与城市界面的交叉，从而使城市开发建设对自然生态系统的影响达到"零碳或低碳"的发展情景。为达到这一目标，成都市生态环境建设应树立一定的层次性，具体从城市宏观总体布局到城市地块的微观发展的各个层次上形成彼此衔接的生态网络。城市总体布局是要保护自然生态流域的各类生态要素，利用自然生态屏障形成有利于改善区域的生态基底，具体通过生态网络将农田、林地、河流、山体、城市生态绿地彼此连接，创造多样性的生态环境。未来，成都公园城市建设要重点打造生态走廊，连接各个功能区，同时合理布局城市生态基础设施，促进生态网络的有效连接。在城市国土空间规划中要延长城市地块与生态界面的边缘长度，提供多元化的生态接触空间，减少人为活动对生态环境的破坏，在城市街区尺度上形成人与自然共生的"生态单元"。

2. 生活空间优化重点方向与关键举措

自然资源的有限性和能源终端高消耗性，促进社会经济向以低消耗、低污染、低排放为基础的经济模式转型。低碳经济在各行业的竞争与运行正在大范围地影响城市各个角落，与其经济模式相适应的建筑领域正在大力推广低碳生态建筑；调整成都市中心城区交通系统运行模式，强化公共交通、轨道交通及步行系统的立体化交通模式，推进低碳清洁能源汽车的大范围推广和使用；优化边缘区县社会公共服务设施布局，减少居民日常跨区通勤；促

进具有生态高效性的多样化生活方式选择，促进现代文化与巴蜀历史传统的完整结合。

3. 生产空间优化重点方向与关键举措

低碳城市的空间整体协同发展，首先是城市整体功能的协同，而作为城市流通途径的交通系统应立足于引导城市土地、产业、基础设施、居住体系和生态碳汇系统等要素的优化配置，实现各要素间功能的互补性与多维协同联动发展模式。产业布局的拓展是推动城市用地扩张的重要因素，因此要建立产业、基础设施及居住互为联动且有弹性的协同发展单元，并以城市短路径出行目标为指导，从而在低碳基底面上进行合理布局。从国外大多数城市工业发展的经验来看，城市工业向技术密集型和新兴战略产业转移，传统制造业逐渐退出城市核心区，向传统生产要素具有优势（劳动力充足、土地价格低等）的相对落后的边缘区域转移，形成生产要素的分离。结合减碳和环保的要求，成都要坚持集聚发展，调整优化产业布局，结合产业集聚区和新城建设，大力推进核心区退二进三、优二兴三，加快市区工业企业搬迁工作，鼓励企业在搬迁转移过程中提高工艺水平和产品档次，促进产业低碳转型升级。此外，合理开发利用地下空间资源扩充城市容量，促使城市地下空间向三位立体集约化发展，提高城市土地利用率，节约土地资源，合理限制城市外延，控制城市用地扩张造成的碳汇功能下降。

（二）加快推进城乡空间格局优化，构建减碳联动发展空间格局

规划以强化特大城市发展为契机，以空间整合为重点，以一体化建设为支撑，以成都平原和成渝城市群发展为背景，建构减碳联动发展的城镇体系，推进城乡统筹发展。规划进一步完善城市（镇）内部空间结构和城镇群组空间结构，提升产业素质，逐步建立以主导产业链为基础的低碳产业集群；在规划期内重点将新青、龙泉、东升和华阳新城培育成为较为独立的碳中和先锋试点城市，并选择一批区域性重点镇，促进小城镇低碳发展；依据区域发展条件，将低碳技术、清洁生产技术重点引入中心城区及扩展型发展地区新城、重点镇等发展条件较好的区域，通过优化配置低碳技术，推动城乡一体化减碳进程；将碳捕获与封存列为城乡新基建重要组成部分，统筹安

排区域性碳固存与碳封存基础设施，在有条件的地区建立一批碳捕获与封存示范工程。

（三）公园城市生态韧性建设助力公园城市空间布局优化，推动碳减排韧性提质增效

全球城市正面临着很多气候因素和非气候因素的多重挑战，城市的安全和城市生活品质受到严重影响。当前的城市在面对这些挑战时，只能采取紧急的补救措施，严重缺乏调节和保护的机制、策略以及相应的手段，因而建立能适应城市内外部环境变化的具有韧性发展空间的城市是应对挑战的有效模式。近年来，城市安全受到全球的关注，欧美等国家更是将城市安全放在发展的重要战略层面上。低碳城市不仅是消减城市"碳"的危机，更是从区域层面上全面考虑城市安全危机，这就需要建立一个能调节和保护城市安全的韧性战略体系。公园城市规划和建设实践中首先要从宏观发展上建立应对风险的目标体系，对城市及区域层面潜在的风险因素进行有效评估，制定有效的应对策略，从而制定有效的可操作措施。同时，成都市在国土空间布局时要根据韧性战略体系，严格控制城市增长边界，划定城市高碳风险区，这有助于因地制宜、因地施策地出台差异化低碳发展政策，规避不可预期的潜在高碳风险，为成都实现碳中和提供保障。

第五章
成都零碳发展
及金融支持：现状与对策

    《成都市美丽宜居公园城市建设条例》明确指出，公园城市就是指以人民为中心、以生态文明为引领，将公园形态与城市空间有机融合，生产生活生态空间相宜、自然经济社会人文相融、人城境业高度和谐统一的现代化城市，是开辟未来城市发展新境界、全面体现新发展理念的城市发展高级形态和新时代可持续发展城市建设的新模式。其中关键之处在于，通过践行新发展理念，以社会经济高质量建设与发展来更好满足人民群众对幸福美好生活的向往与需要。为此，在国家提出"2030年碳达峰2060年碳中和"零碳发展目标的背景下，成都理应将公园城市建设进一步与社会经济的零碳发展相融合，一是以更高的绿色低碳循环发展定位与标准来指导公园城市建设实践，二是将城市零碳发展的主要新兴领域与公园城市建设相结合，三是通过绿色金融的发展，同步为零碳发展与公园城市建设输送"资本"血液，提高金融服务实体经济发展的能力。为此，本文通过构建城市零碳发展指标体系，对成都的零碳发展水平进行评估和比较分析，在此基础上，着重从金融视角分析了目前成都绿色金融服务支持城市零碳发展的现状，并提出相关对策与建议。

一　成都零碳发展的现状评价

（一）城市零碳发展的评价

1. 文献综述

20 世纪 80 年代以来，随着全球环境问题被提出，学界也开始关注国家和城市碳排放的影响因素。日本学者 Kaya Y. 于 1989 年提出对国家层面碳排放总量驱动因素分解的 Kaya 恒等式，他将碳排放总量分为 4 个驱动因素——能源碳强度、单位 GDP 能源强度、人均 GDP 以及人口规模；我国学者林伯强等（2010）在 Kaya 恒等式的基础上，提出将总人口因子替换为城市化率，探究影响我国碳排放总量的影响因素排序；胡初枝等（2008）利用主要指标法，即选取对城市碳排放表征意义强、便于统计的一些指标，计算 1980 年至 2005 年的碳排放总量及各行业的碳排放量；付允等（2010）利用复合指标法，即选取与城市低碳发展相关的多重指标，从经济、社会和环境三方面构建了一套能够描述城市低碳状态的指标体系；连玉明（2012）以城市价值最大化为核心、以 Delphi 法为各级指标权重的计算基础，提出了低碳城市的评价指标体系。

近年来，许多研究碳排放、碳达峰的文献使用迪氏指数分解法（AMDI、LMDI、GMDI 等）、IPAT 和 STIRPAT 模型等方法判断并筛选影响碳排放的因素，这些文献研究显示一个城市的碳排放水平与城市的富裕程度、人口总量、技术水平、城镇化水平、产业结构、能源消费等因素有关。刘骏等（2015）运用 DPSIR 模型，从驱动力、压力、状态、影响以及响应 5 个方面构建欠发达地区低碳城市发展评估体系；杨放（2016）应用平衡计分卡的基本思想，从顾客、财务等层面出发，结合低碳政府建设的战略目标，设计出低碳政府的评价指标体系；李超骕、田莉（2018）利用"压力—状态—响应"（PSR）模型，利用低碳经济、城市可持续发展等指标体系中符合低碳城市内涵的指标，对城市能源、城市产业、城市交通等 8 个维度进行综合比选。此外，庄贵阳等（2011）提出城市低碳经济转型的核心在于四个方面——资源禀赋、技术进步、消费模式和发展阶段，并提出应当从低碳产出、低碳消费、低碳资源和低碳政策四个方面评估一个城市的经济是否为低碳经济。

2. 城市零碳发展指标体系

基于参考文献并考虑到数据的可得性，本文提出城市碳中和能力的综合评价体系——城市零碳发展指标体系。本文认为，在实现碳中和的目标下，基于内部的"碳减排"和外部的"碳抵消"，城市发展将最终实现"净零排放"状态，由此，零碳发展无疑是城市发展的最终归宿，而零碳发展水平也可以作为度量一个城市在实现碳中和过程中发展能力的重要指标。

首先，城市的经济与人口情况是影响城市碳排放的基本因素。人口规模增长是碳排放增加的主要因素之一，本文选取"（年末）常住人口"作为衡量人口规模的指标，人口规模越大，碳排放量越多，故为负向零碳指标；经济规模也是影响碳排放的重要指标，本文以"人均 GDP"作为衡量经济规模的指标，以工业 GDP 占 GDP 比重作为产业结构的衡量指标，一个城市的产业结构中工业占比越大，城市化水平越高，碳排放越多，于是"工业 GDP 占比"和"城镇化率"是零碳城市的负向指标。

其次，在此基础上再考虑科技研发的影响，技术进步是碳减排的关键因素。"R&D 内部支出相当于 GDP 比例"和"科技支出占财政支出比例"，分别从社会和政府两个角度衡量一个城市的科技研发强度；产出能源强度，即"单位 GDP 能耗"，则衡量了一个城市的现阶段技术水平。科技研发强度为正向指标，产出能源强度为负向指标。

然后，城市现阶段的碳排放水平对于达到碳中和所需要的时间也会产生重要的影响。"单位 GDP 排放"和"人均 GDP 排放"分别从产出和消费角度衡量了城市的碳排放水平。这两个指标均为负向指标。

再次，评估一个城市的碳达峰、碳中和能力还需要考察其低碳禀赋。本文从三个角度考察一个城市的低碳禀赋——绿化资源、交通设施和绿色金融。绿化资源是一个城市碳减排的自然禀赋，本文选取"人均公园绿地面积"和"城市森林覆盖率"作为自然禀赋的衡量；交通设施也不失为城市的一种资源禀赋，它在很大程度上影响城市居民的交通出行，而交通车辆所产生的碳排放是城市碳排放的重要来源，本文选取"每万人拥有公共汽车（标台）数"作为交通设施禀赋的衡量；绿色金融是金融禀赋，一个有活力的绿色金融市场可以促进城市经济的绿色转型，于是本文也将"绿色金融市场活力指数"[①] 纳入"零碳指标体系"。以上低碳禀赋指标均为正向指标。

最后，城市的社会环境治理努力也对碳减排有不小的作用。本文将环境治理分为非碳相关、碳相关环境治理和综合环境治理进行考察。具体地，使用"城市垃圾处理率"和"城市污水处理率"作为非碳相关环境治理的代理指标；使用当地政府"是否有碳达峰/中和承诺""有无低碳减排政策"和"是否为低碳试点城市"作为碳相关环境治理的代理指标；"节能环保支出占财政支出比重"则体现了当地政府对于环境治理的整体努力。以上社会环境治理指标均为正向指标。综上，共选取 5 个一级指标、14 个二级指标和 19 个三级指标（指标列表和来源见附表 1）。

（二）成都零碳发展的现状及比较分析

1. 数据处理与相关性检验

本文选取了南昌、成都、重庆、武汉、贵阳、合肥、昆明、南京、长沙、上海、杭州等长江经济带 11 个省会城市（包括直辖市）作为研究对象，应用上述零碳发展指标体系进行了整体评估。其中非数值性指标（环境治理中的碳相关治理）使用 0～1 赋分处理，有"碳中和/达峰承诺"则此项观测值取 1，没有取 0，另两项同理。本文对于前文选出的 19 个指标变量进行相关性检验，结果表明：各个指标间的独立性较强，可以使用变异系数法进行指标权重的确定。其中虽然单位 GDP 碳排放和人均碳排放观测值相关性较为明显，但两个指标的经济含义不同，考察的角度也不同：单位 GDP 碳排放考察了一个城市产出的碳排放效率，人均碳排放则关注一个城市人均的碳消费水平。于是，尽管这两个指标之间在数值上呈现比较强的相关性，本文依然将它们全部纳入指标体系以保证评价维度的

---

① 详见复旦大学长三角绿色发展研究课题组发布的《长三角绿色发展现状评估分析（2020）》，未评分城市按照平均水平赋值。

综合性和完整性。

2. 变异系数法权重确定

变异系数法属于客观多指标综合评价赋权法。其原理是根据各个指标观测值的变异程度大小对该指标赋权，具体过程如下：

首先，计算各指标标准差 σ_i：

$$\sigma_i = \sqrt{\frac{\sum_{k=1}^{n}(x_{ik} - \overline{x}_i)^2}{n}}$$

其中：x_{ik} 即第 k 个城市第 i 个指标的观测值（对于正向指标，直接取原观测值；对于负向指标，对原观测值取倒数）；$\overline{x}_i$ 即第 i 个指标观测值的算数平均数；n 为城市数量，也即观测值数量。

其次，计算各指标的变异系数 v_i，也即指标的相对变异程度：

$$v_i = \frac{\sigma_i}{\overline{x}_i}$$

最后，对各个指标的变异系数进行归一化处理，得到各个指标的权重 w_i：

$$w_i = \frac{v_i}{\sum_{i=1}^{n} v_i}$$

由于指标"人均 GDP"在强脱钩组为正向指标，而在其他组则为负向指标，于是本文将分为两组分别进行变异系数权重确定并打分。

3. "城市零碳发展"评分生成

"城市零碳发展"评分计算方式如下：

$$score_k = \sum_{i=1}^{19} w_i [20 + 80(x_{ik} - Min\{x_{ik}\})/(Max\{x_{ik}\} - Min\{x_{ik}\})] \in [20, 100]$$

其中，k 代表第 k 个城市，x_{ik} 即第 k 个城市第 i 个指标的观测值，$Min\{x_{ik}\}$ 和 $Max\{x_{ik}\}$ 分别表示 k 个城市的第 i 个指标中的最小值和最大值。城市 k 的综合评分 $Score_k$ 是将每一个指标映射到 20 至 100 之间（含 20 和 100）后，按照变异系数法确定的权重的加权总和。

4. 评分结果

评分权重中，"经济与人口"指标约占 17%（强脱钩）和 19.3%（其他），"科技研发"指标约占 15%（强脱钩）和 19.8%（其他），"碳排放"指标约占 12%（强脱钩）和 11.9%（其他），"低碳禀赋"指标约占 19%（强脱钩）和 17.2%（其他），"环境治理"指标约占 37%（强脱钩）和31.7%（其他）。

长江经济带 11 个省会城市的"零碳发展"水平得分如图 1 所示。

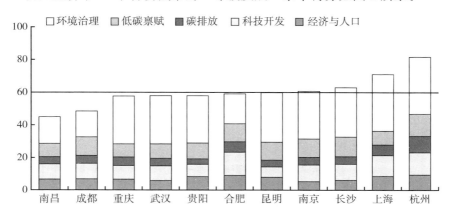

图 1　长江经济带 11 个省会城市零碳发展指标体系一级指标得分堆积柱状图

5. 成都市评分结果分析

成都市在"经济与人口"、"科技研发"、"碳排放"、"低碳禀赋"和"环境治理"五个维度的评分结果与 11 个省会城市平均水平对比如图 2 所示。

由图 2 可以看出，成都市在"环境治理"维度的得分显著低于 11 个省会城市平均水平，与其他省会城市差距较大；而在"低碳禀赋"维度上，成都市得分较显著地高于 11 个省会城市平均水平；在其他三个维度，成都市得分略低于平均水平，差距不显著。

更加具体地，在"环境治理"维度，长江经济带 11 个省会城市中有 9 个城市明确了碳达峰或碳中和实现年份或时间段，给出了城市碳排放承诺，但是成都市暂未给出具体时间；除此之外，成都市城市垃圾处理率、城市污水处理率和节能环保支出占财政支出比重三个指标得分均是长江经济带 11 个省会城市中最低的。

在"低碳禀赋"维度，成都市人均公园绿地面积指标在长江经济带 11

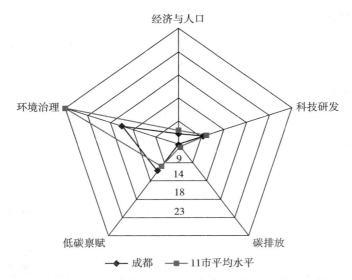

图 2 成都与 11 个省会城市平均水平各一级指标得分情况

个省会城市中处于领先的位置；成都市每万人拥有公共汽车（标台）数也显
著高于 11 个省会城市平均水平。

二 绿色金融支持零碳发展的理论与实践

（一）绿色金融支持零碳发展的理论分析

2021 年 7 月 31 日，中国人民银行公布《中国人民银行召开 2021 年下
半年工作会议》公告，提出"三大功能""五大支柱"的绿色金融发展政策
路线。"三大功能"即充分发挥金融支持绿色发展的资源配置、风险管理和
市场定价三大功能，"五大支柱"即完善绿色金融标准体系、强化金融机构
监管和信息披露要求、逐步完善激励约束机制、不断丰富绿色金融产品和市
场体系、积极拓展绿色金融国际合作空间。由此可以看出，金融市场是城市
绿色发展不可或缺的一环，为城市绿色发展提供重要支撑。具体而言，绿色
金融可从经济与人口、科技研发、碳排放、低碳禀赋和环境治理五个维度支
持零碳发展。

1. 金融推助经济发展

金融是影响经济发展的重要因素。King 和 Levine（1993）使用面板数据回归，得出金融发展促进经济增长的结论；Calderon 和 Liu（2003）使用 109 个发展中国家和发达工业国家 1960 年到 1994 年的面板数据，进一步指出发展中国家金融发展对于经济增长的带动作用大于发达国家。一方面，金融发展带来资源的更优配置。Gurley 和 Shaw（1955）很早就注意到"金融因素决定经济增长的步伐和型式"，一个有序的金融体系可以更好地配置先前闲置的资源；后续研究中，Bencivenga 和 Smith（1991）和 Bell 和 Rousseau（2001）也对这一观点表示支持。更优的资源配置也可以助力城市经济增长从"大投入、大产出"的粗放式增长过渡到更加可持续的增长模式，使城市经济发展与碳排放向强脱钩方向转变。另一方面，产业结构优化升级离不开最优金融结构的支持。Binh et al.（2005）运用 26 个国家的制造业数据得出结论：当经济进入发达阶段时，市场主导的金融结构比银行主导的金融结构更能够促进产业结构的升级。龚强等（2014）也提出，不同产业结构对应不同最优金融结构：产业结构提升同时意味着主导产业风险的增加，与银行相比，金融市场能够更加有效地分散风险。

2. 金融支持科技研发

金融发展水平推动技术进步。Diamond 和 Dybvig（1983）提出由于企业创新的高风险特征，在缺乏大规模金融市场的情况下，投资者不会选择投资；Acemoglu 和 Zilibotti（1997）也认为没有完善的金融体系，科技研发项目难以获得充足的投资；Saint-Paul（1992）提出金融提供风险分散功能，促进了企业研发更加专业化的技术。国内学者提出的新结构经济学最优金融结构理论（林毅夫等，2009），则从金融结构的角度解释金融对于技术进步的作用：金融结构需要与产业结构和经济发展阶段相匹配，如此才能充分发挥金融体系的风险分散和资金配置作用，从而推动社会技术进步。

3. 绿色金融是重要的低碳禀赋

绿色金融为促进城市绿色发展而生。2016 年 8 月，中国人民银行、财政部等七部委发布《关于构建绿色金融体系的指导意见》，文中将绿色金融体系定义为"通过绿色信贷、绿色债券、绿色股票指数和相关产品、绿色发展基金、绿色保险、碳金融等金融工具和相关政策支持经济向绿色化转型的制度安排"。绿色金融是新时代重要的低碳禀赋，能有效抑制碳排放。江红莉等（2020）构建中国 23 个省（市）2006 年至 2016 年的动态面板模型，研究了绿色信贷和绿色风投的碳减排效果，结果表明：两者对碳排放均有抑制作用，且绿色信贷的碳排放抑制效应更加稳健。曾石安（2019）则聚焦以碳排放权交易市场为代表的碳金融，探究其环境治理效应，认为碳排放权交易对于碳排放有显著的抑制作用，且在碳排放更高的城市作用更为明显。

4. 财政金融助力环境治理

财政金融对于环境治理也能够起到推助作用。冯海波和方元子（2014）认为财政支出对于环境质量既有直接作用又有间接作用，直接作用在于提供环境公共服务，间接作用则通过经济发展传导至环境质量，他们使用中国 286 个城市的面板数据进行检验，得到间接效应居主导的结论；卢洪友和祁毓（2013）、黄菁和陈霜华（2011）则指出目前环境公共财政支出不足，环境财政支出效率亟待提高。

综合以上所有方面，可以整理出城市碳减排金融支持的五条路径，分别为：①金融发展→经济发展→碳减排；②金融发展→科技研发→碳减排；③金融发展→绿色金融→碳减排；④金融发展→财政支出→碳减排；⑤金融发展→财政支出→经济发展→碳减排。

（二）绿色金融支持零碳发展的国内外实践

日本是全球较早启动低碳发展策略的城市之一，注重节约、高效和多目标协同（吴向鹏，2019）。东京作为日本经济、政治中心，走在低碳绿色发展的前列。在东京低碳发展中，绿色金融起到了至关重要的作用。2005 年，日本环境省提出建设资源碳排放交易计划，通过给予工业企业津贴支持企业自愿减排；2008 年，日本核证减排计划正式启动，推助碳中和（徐双庆、刘滨，2012）。2010 年 4 月，东京发起的《东京总量控制和交易方案》，成为全球第一个城市碳排放总量控制和交易方案，该方案覆盖约 1300 个碳排放机构，坚持排放总量控制和抵消信贷规则。

上海作为中国经济、金融中心，在我国低碳绿色城市的建设与发展过程中也走在前列。在上海低碳城市发展中，2017 年 12 月，国家发改委印发《全国碳排放交易市场建设方案（发电行业）》，启动碳排放交易市场；2021 年 7 月 16 日，全国碳排放权交易正式开市。上海是我国第一批的七个碳排放权交易试点地区之一，2017 年 1 月，上海碳排放交易权市场还推出了配额远期产品。

（三）成都市绿色金融发展现状

绿色金融作为当前国内外金融发展的重要方向，是促进区域和地区的产业结构调整、实现绿色发展的重要支撑，也是金融业可持续发展的重要途径，已经受到社会各界越来越多的关注和重视。近年来，成都市立足公园城市示范区建设，把"发展绿色金融"作为推进绿色发展的路径之一，形成了公园城市与绿色金融中心共融共建的格局。

1. 绿色金融政策支持体系初步形成

2018 年 10 月，成都市出台《成都市推动绿色金融发展的实施意见》（成办发〔2018〕31 号），积极探索绿色金融发展的有效途径和方式。截至 2020 年末，该实施意见中五大项二十小项具体改革事项已全部完成，夯实了绿色金融基础设施体系，初步培育起绿色金融生态圈。

2. 重点示范区域带动作用明显

2018 年 11 月，中国人民银行成都分行、四川省金融监管局等七部门发文，确定将成都市（新都区）纳入 5 个四川省绿色金融创新试点地区之一。近两年来，新都区一是制定出台绿色金融特色功能区行动计划、绿色金融发展若干政策等，每年安排 3000 万元财政资金用于支持绿色金融发展；二是注册成立成都香城绿色金融控股有限公司，专注探索绿色金融发展；三是建成成都绿色金融中心起步区，吸引兴业银行、四川环交所等 20 余家金融机构入驻。

3. 绿色金融市场发展迅速

截至 2020 年末，成都市绿色贷款余额 3766 亿元，比年初增加 521 亿元，市场规模增长迅速。2018年以来，成都轨交集团、成都兴蓉环境公司等合计发行绿色债券超120亿元，天府国际机场项目成功发行了国内首批、地方国企首单"碳中和债"。四川环交所建成全国唯一集碳排放权、用能权、排污权、水权等"环境四权"交易于一体的环境资源交易平台，启动实施"碳惠天府"机制，开展碳交易、用能权交易，累计实现碳排放权交易超过1600万吨，完成绿色技术（专利）交易近百个。发展环境污染责任险，将企业投保环境污染责任险情况纳入成都市企业信用积分。组建成都发展基金，为成都市环城生态区生态修复综合项目、成都市污水处理厂项目等环保类项目提供支持。

4. 综合配套体系不断完善

出台《成都市绿色项目认定评价暂行办法》和《成都市绿色企业认定评价暂行办法》，构建西部首个地方绿色金融标准。成立了西部地区首个绿色金融评估认证中心，业务范围涵盖绿色标准的应用、推广、认证等，已有超过100家（个）企业和项目参与绿色认证。组建成都绿色金融智库，邀请中国金融学会绿色金融专委会副秘书长安国俊等16位专家为成都绿色金融发展出谋划策。打造"绿蓉通"绿色金融综合服务平台，已入驻金融机构25家，企业注册认证数1600家，帮助企业获取绿色贷款28.4亿元。

连续两年举办成都绿色金融高峰论坛，连续开展三届国际城市可持续发展高层论坛绿色金融专题对话，邀请国内外专家学者、金融机构、相关企业等共谋绿色金融创新之路。

三　成都绿色金融发展评价

（一）绿色金融发展竞争力指标体系

绿色金融竞争力主要着眼于两个"对标"：一是对标国际社会已开展的可持续金融实践；二是对标中国人民银行等七部委发布的绿色金融体系发展指导意见，在政策标准、市场活力、保障措施等多方面进行评估。基于本研究需要，通过比较国内外有关绿色金融发展的研究成果可知，目前尚未对绿色金融的测评形成一致性或权威性结论，整体评价工作主要侧重于从定性角度分析，即使运用定量分析也局限于"信贷规模""绿债规模"等适合量化的指标，不能全面评价绿色金融的各方面工作，在评价方面多侧重绿色金融发展的静态表现，而忽视了其"工具性"功能。因此，构建一套可操作、较客观全面的指标体系能够更好地测评地方绿色金融的发展优势和不足，而针对地方进行比较评估则有利于取长补短、优势互补，更快地将成熟经验复制推广。

本文主要借鉴了世界银行"区域营商环境"的评估框架和空间网络分析方法，以及对标国家制定的绿色金融发展目标，采用 SMART 评估制度，着眼于"目标评估"和"措施评估"两方面综合对标，形成"制度政策—市场活力（含特色产品及服务）—保障措施"的研究框架，对标"十四五"规划纲要和七部委发布的《关于构建绿色金融体系的指导意见》，对自我国开展绿色金融建设至今，成都市所出台的制度政策、体制机制创新、金融机构创新实践等进展进行综合评估。但由于无法完全分析常规环境要素（如大气、自然水体等）的环境表现与绿色金融之间的因果关系，故本文集中针对"政府＋市场"模式进行剖析。

评估内容主要集中于以下 9 项内容：①绿色信贷投放规模适度增长；②建立完备的绿色金融标准认证体系；③形成多元化的绿色金融产品和服务体系；④形成多层次的绿色金融组织机构体系；⑤构建多层级的绿色金融支撑体系；⑥健全绿色金融风险防范化解体系和高效灵活的市场运作机制；⑦绿色债券、绿色基金、绿色保险形成适度规模；⑧形成一批可复制可推广、辐射面广影响力大的绿色金融综合服务体系；⑨形成产融结合、推动绿色资源资本化和产业转型绿色化的局面。

本次评估聚焦于政策制度、市场实践、一体化进程的刻画，而不是针对最终效果。故按"0/1"打分法进行，即对地方实践的有无进行评估，以便直观比较分析成都市的相关政策制度、金融实践现状，能够快速高效地发现地方制度政策、实践操作中的"优势点"和"空白点"，以帮助现有的绿色金融发展进一步优化提升（城市绿色金融发展竞争力评价指标体系见附表2）。

（二）成都市绿色金融发展竞争力评估结果

基于以上评估体系，成都市绿色金融发展竞争力指标得分见表1。指标体系理论总分83，排除缺省数据后，理论总分81分。实际总分35分，折合百分制为43.2分。

表1　成都市绿色金融发展竞争力评价指标得分

一级指标	分数	二级指标	分数
制度政策	12	省级层面综合性制度、政策和方案的建设	5
		下辖市县地方性制度、政策和方案的建设	3
		具有地方特色政策的提出或引入	2
		体制机制能力建设	2
市场活力	21	绿色金融标准认证体系建设	4
		绿色金融服务改革创新	1
		地方探索的绿色金融改革创新产品或服务	0
		绿色环保信贷与服务进展	4
		地方商业银行绿色金融产品的创新措施	2
		绿色债券市场的创新进展	2
		资源环境权益交易市场的建设	1
		绿色金融对特色小镇、田园综合体、美丽乡村等的支持力度	1
		地方股交中心关于绿色金融的创新进展	1
		保险机构关于绿色金融的创新进展	1
		碳金融市场的创新进展	0
		绿色金融绩效考核	1
		地方金融机构在绿色金融领域的能力建设	1
		绿色金融支撑体系建设	1
		绿色金融风险监管、预警体系建设	1
保障措施	2	公共服务基础设施建设	0
		公共服务能力建设	1
		绿色金融的对外交流	1
总分		35	

注：“市场活力”一栏中“绿色金融风险监管、预警体系建设”指标下，“绿色贷款不良履约率有无高于贷款平均不良履约率”与“绿色债券违约率有无高于债券平均违约率”由于指标数据未披露做缺省处理。

（三）成都市绿色金融发展竞争力的比较分析

1. 对标杭州

杭州市是浙江省的省会城市，也是长江三角洲城市群的重要城市之一；成都作为四川省的省会城市，是西南地区核心城市之一。两者的重要程度相当、GDP 规模相当，且绿色金融发展都处于起步阶段，因此将成都市与杭州市对标，比较分析成都市绿色金融发展的优劣。成都、杭州两市绿色金融发展竞争力比较如表 2 所示。

表 2　成都与杭州两市绿色金融发展竞争力比较

一级指标	成都分数	杭州分数	二级指标	成都分数	杭州分数
制度政策	12	4	省级层面综合性制度、政策和方案的建设	5	1
			下辖市县地方性制度、政策和方案的建设	3	1
			具有地方特色政策的提出或引入	2	1
			体制机制能力建设	2	1
市场活力	21	19	绿色金融标准认证体系建设	4	2
			绿色金融服务改革创新	1	0
			地方探索的绿色金融改革创新产品或服务	0	2
			绿色环保信贷与服务进展	4	4
			地方商业银行绿色金融产品的创新措施	2	2
			绿色债券市场的创新进展	2	2
			资源环境权益交易市场的建设	1	0
			绿色金融对特色小镇、田园综合体、美丽乡村等的支持力度	1	1
			地方股交中心关于绿色金融的创新进展	1	0
			保险机构关于绿色金融的创新进展	1	1
			碳金融市场的创新进展	0	0
			绿色金融绩效考核	1	0
			地方金融机构在绿色金融领域的能力建设	1	3
			绿色金融支撑体系建设	1	1
			绿色金融风险监管、预警体系建设	1	1

续表

一级指标	成都分数	杭州分数	二级指标	成都分数	杭州分数
保障措施	2	0	公共服务基础设施建设	0	0
			公共服务能力建设	1	0
			绿色金融的对外交流	1	0
成都总分			35		
杭州总分			23		

　　成都市的绿色金融总分为 35 分，杭州市绿色金融总分为 23 分。整体上，成都市的绿色金融发展优于杭州市。

2. 各单项指标对比分析

　　成都市新都区作为四川省绿色金融创新试点地区，在制度政策、市场活力、保障措施三方面的得分情况都优于杭州市。

　　在制度政策板块，成都市有省级指导文件《四川省绿色金融发展规划》、市级指导文件《成都市人民政府办公厅关于推动绿色金融发展的实施意见》和《成都市新都区建设绿色金融特色功能区行动计划（2018～2022）》、符合生态环境特色的专项指导文件《四川省人民政府办公厅关于印发〈四川省生态环境监测网络建设工作方案〉的通知》、特色政策实践平台"绿蓉融"，并定期召开成都绿色金融高峰论坛；杭州市有省级指导文件《浙江省人民政府办公厅关于印发〈浙江省绿色创建行动方案〉的通知》和符合生态环境特色的专项指导文件《杭州市人民政府办公厅关于印发〈杭州市生态环境监测网络建设工作方案〉的通知》。相比杭州市，成都市绿色金融发展有充足的政策指导、清晰的政策规划和有效的政策实践。

　　在市场活力板块，对标杭州市，成都市有更健全的绿色金融标准认证体系，构建绿色共享平台"成都绿色金融中心共建联盟"和绿色金融项目库；编制自然资源资产负债表，大力推动绿色金融服务改革创新；建立成熟的资源环境权益交易市场，促进能权、水权、排污权流通交易；出台绿色金融发展规划，给"绿色企业"融资亮绿灯，支持当地"绿色企业"上市；地方商业银行设计绩效考评体系，并进一步计划将绿色信贷评价机制囊括在内。这些措施赋予成都市更强的市场活力和创新潜力，从而推动高质量的绿色金融发展。但与杭州相比，成都市的股交中心和保险机构关于绿色金融的创新进展处于起步阶段；绿色金融绩效考核尚未有统一的标准地方；商业银行和地方金融机构在绿色金融领域的能力建设多依赖于"绿蓉融"平台和绿色金融共建联盟，未来仍需加大在绿色金融方向的投入和建设；在服务改革创新、支撑体系建设、风险监管和预警体系建设上，目前仅有自然资源负债表、政府贴息支持和风险监测平台这三条措施。同时，成都市绿色金融改革尚没有地方探索的创新产品或颁布创新模式，在碳金融市场的建设、碳期货产品、碳信托业务等领域仍是一片空白。

在保障措施板块，《四川省绿色金融发展规划》中表示未来四川省将强化绿色金融人才建设，推动全省绿色金融人才培育计划，增强服务绿色金融发展专业能力，加强绿色公共服务能力建设。同时，第四届国际金融科技论坛 SWUFE&CDAR 于成都市举行，会上就绿色金融如何实现"点绿成金"开展友好交流。相比之下，杭州市在保障措施上得分为零，有很大空白。

四　金融支持成都零碳发展的挑战与对策分析

（一）主要挑战

1. 绿色金融制度政策

与其他城市相比，成都市在绿色金融支持低碳发展方面已经形成了系列的政策制度体系，对成都市零碳发展的引领和支撑作用也越来越明显。但制度政策制定上的欠缺之处主要体现在两方面。第一，地方绿色金融专业委员会必不可少。成都市新都区作为四川省绿色金融试点区域，需进一步成立新都区绿色金融专业委员会，将省级绿色金融相关工作、规划细化，并因地制宜地制定相关措施。第二，与第三方进行咨政合作也很重要。在体制机制上，成都市人民政府缺乏与高校、研究所等研究单位咨政类项目的合作，缺少来自第三方的意见与建议。研究单位作为第三方平台打破政府部门的视野局限，可以为政府部门提供新的思路、想法，从而让政策制定更加周全、合理。

2. 绿色金融市场活力

目前成都市对绿色信贷、绿色债券、绿色基金、绿色保险、环境权益融资工具、绿色金融发展配套机制、绿色金融合作都已做出明确的措施指导，囊括了市场活力的 10 个指标，但这些政策指导目前还有很大一部分未落到实处，还只停留于概念阶段。

3. 绿色金融保障措施

成都市在绿色金融保障措施上仍有很大欠缺，主要有以下两方面挑战需要应对。第一，公共服务能力建设和基础设施建设不可或缺。当前，成都市缺少"一站式"项目审批服务和绿色金融创新发展工作领导小组。"一站式"项目审批服务通过"深化'放管服'改革和优化营商环境"，可以大幅提高绿色项目审批效率，为绿色企业开绿灯。同时，绿色金融创新发展工作领导小组将用以提出绿色金融绩效考核，以期对从事绿色金融的政府、企业、银行等机构设立正向评估激励机制；设立绿色金融发展激励基金帮助绿色企业发展。第二，绿色金融的对外交流对我国至关重要。我国的绿色金融发展尚且处于起步阶段，可以借鉴国际上绿色金融发展到一定程度的发达国家的经验、教训、扬长避短、因地制宜、更加合理地规划我国未来的绿色金融发展方向和发展策略。

（二）金融支持成都零碳发展的对策

从成都的实际看，金融支持成都零碳发展主要遵循：金融发展→经济发展→碳减排或者金融发展→财政支出→经济发展→碳减排路径，即通过金融发展促进产业结构优化升级，实现零碳发展的路径。具体而言，金融支持成都零碳发展的对策主要有以下几方面。

1. 构建支持绿色发展的绿色金融支持体系

绿色金融作为绿色发展的"润滑剂"和"助力器"，对产业结构调整、转型升级优化有重要影响，为引领经济绿色高质量发展提供重要动力。

（1）构建绿色产业认定及绿色金融评估体系

绿色产业是推动生态文明建设的基础和手段，但由于"绿色"概念较为宏观、抽象，对"绿色产业"的边界界定不一，产业政策无法聚焦，存在"泛绿化"现象，不利于绿色产业发展。因此，成都市应持续完善绿色项目、绿色企业认定评价办法，探索制定绿色农业、绿色消费等重点发展领域绿色认定标准，划定产业边界，协调部门共识，凝聚政策合力。加快培育本地绿色评估认证机构，支持四川联合环境交易所开展绿色债券评估认证业务并争取相关资质，完善绿色认证评估体系。引进国内外信誉良好、专业性强、影响力大的第三方评级机构、绿色认证机构来蓉发展，支持开展绿色企业和绿色项目资质审核、绿色信用评级等业务。

（2）加大绿色产业投资力度

遵循"政府支持、商业运作"原则，按照"母基金＋地方直投基金"组合模式，在以国内大循环为主体、国内国际双循环相互促进的新发展格局下，聚焦能源、工业、建筑、交通等四大重点领域碳排放降低和低碳技术创新、生态碳汇两大能力提升，设立成都绿色产业发展基金，以绿色项目系统推进绿色低碳转型。积极鼓励对四川省弃水、弃光、弃风等可再生能源的有效综合利用，着力构建清洁低碳安全高效能源体系。壮大节能环保、新能源、循环利用等产业。

（3）建立财政税收支持机制

加强财政金融互动，对发行绿色债券和绿色上市企业给予奖励。符合条件的绿色产业项目库企业可按规定享受税收优惠。对符合条件的生态环保项目给予财政融资贴息支持。建立绿色企业、绿色项目认证补录制度，推动形成支持绿色金融发展的政策合力，提高绿色投资社会认可度。

2. 鼓励金融机构加大绿色金融产品创新力度

发挥金融机构的引导作用，首先要推进绿色金融产品创新。抢抓成都市申建绿色金融改革创新试验区的契机，积极鼓励金融机构进行绿色金融产品创新，以产品创新有力地推动绿色金融的发展。

（1）大力发展绿色信贷服务

鼓励银行业金融机构制定绿色信贷投放指引，建立和完善绿色信贷管理制度，尤其是针对目前财政资金远远不能满足环保产业的投资需求，以及环保企业本身投资周期长、效益较低、传统抵押贷款业务难以满足资金需求的特征，积极鼓励金融机构敢于突破传统意义上的抵押担保业务模式，结合环保产业特征、企业融资需求等因素，充分发挥碳排放权、排污权等无形资产的价值，创新绿色信贷产品类型，如节能减排专项贷款、排污权质押贷款、能效贷款等。鼓励将环境、社会和公司治理，企事业单位的环保信用等级与环境信用信息纳入投融资决策。

（2）鼓励和支持绿色债券融资

支持地方法人金融机构发行绿色金融债，募集资金用于支持绿色企业、绿色项目。支持符合条件的绿色企业开展直接融资，探索发行碳中和债券、气候债券、转型债券等创新品种，积极开拓海外绿色债券渠道，扩大绿色直接融资规模。推动发行绿色资产支持债券、绿色项目收益债券等资产证券化产品，盘活绿色信贷资源。鼓励信用评级机构将绿色信用记录纳入信用风险考量，并在信用评级报告中进行专项披露。

（3）积极发展绿色保险

支持保险机构创新绿色保险产品和服务，探索开展农业气象指数保险、环境污染责任保险、绿色车险、绿色建筑保险、可再生能源项目保险等业务。逐步扩大环境污染责任保险试点覆盖面、将环境风险高、环境污染事件较为集中的领域或相关企业纳入环境污染责任保险范围。探索差别化保险费率机制，将保险费率与企业环境风险管理水平挂钩，发挥费率杠杆调节作用。鼓励资金支持绿色基础设施、绿色产业园区等重点项目及园区建设，提供长期稳定资金支持。

（4）支持绿色企业上市融资与再融资

进一步完善绿色企业上市挂牌后备资源库。支持符合条件的绿色企业在沪深证券交易所、新三板、天府（四川）联合股权交易中心等上市（挂牌）融资、再融资，促进绿色金融企业加快发展。丰富环境权益融资工具。支持围绕碳排放权、用能权、水权等环境权益交易创新开发金融产品。支持商业银行推出基于碳资产的信贷产品，探索开展环境权益远、即期等创新金融产品。

3. 积极营造绿色金融的良好发展氛围

（1）积极申建国家绿色金融改革创新试验区

2017 年 6 月，国家启动了第一批浙江、广东等五省八地绿色金融改革创新试验区工作、探索绿色金融发展的有效路径。2018 年 6 月，中国人民银行中国绿色金融专业委员会在浙江省正式召开第一次试验区工作总结会，拟开展第二批国家绿色金融改革创新试验区。建设绿色金融改革创新试验区，有利于更多资本参与成都市绿色投资，更有力地推动绿色金融的发展和成都市经济绿色转型升级，为成都市实现零碳发展奠定更为坚实的基础。

（2）推进环境权益交易市场建设

支持四川环境交易所建设西部碳交易中心和全国碳市场能力建设（成都）中心，成为全国碳排放权注册登记机构和全国碳市场交易机构重要参与方。进一步突出四川碳市场特色，做优做大国家核证自愿减排量（CCER）交易。加快"碳惠天府"机制下的减排量（CDCER）体系建设，探索设立个人碳账户，建立符合实际的 CDCER 交易体系。鼓励企业积极参与用能权有偿使用和交易试点，推动能源要素更高效配置。推动成都平原经济区开展排污权交易试点工作，探索开展再生资源交易和水权交易。争取四川联合环境交易所升级更名为"西部环境资源交易所"，并将其打造成全国重要的环境资源权益交易市场。

（3）构建绿色金融统计监测制度

加强监测指导，建立绿色信贷专项统计制度。开展绿色信贷业绩评价，引导金融机构增加绿色信贷投放。支持金融机构加强绿色信贷能力建设，探索建立有效的绿色信贷考核评价体系和奖惩机制，为决策提供可靠数据基础。指导法人机构开展 ESG（环境、社会、治理）信息披露。推广环境和气候相关的压力测试和情景分析，防范环境和气候因素冲击金融稳定。

（4）推进绿色信息共享平台和机制建设

完善绿色金融综合服务平台，打造集绿色政策宣介、绿色评定评级、投融资对接、ESG 信息披露、绿色信息共享、绿色产业推广以及绿色权益交易等于一体的绿色产业大数据及金融服务综合平台。加快推进绿色信用信息归集整合，探索将企业环境违法违规、污染排放记录、环境污染责任保险参保情况及企业环境保护行政表彰等信息纳入信用信息共享平台。鼓励第三方专业机构参与采集、研究企业环境信息。

附表 1　城市零碳发展指标体系

一级指标	二级指标	三级指标	正向/负向指标	来源
经济与人口	经济规模	人均 GDP（X_1）	强脱钩＋其他为—	各城市统计年鉴
	人口规模	常住人口（X_2）	—	各城市统计年鉴
	产业结构	工业 GDP 占比（X_3）	—	由年鉴数据计算
	现代化水平	城镇化率（X_4）	—	由人口数据计算
科技研发	科技研发强度	R&D 内部支出相当于 GDP 比例（X_5）	＋	中国城市统计年鉴（除江苏省）[①]
		科技支出占财政支出比例（X_6）	＋	各城市统计年鉴
	产出能源强度	单位 GDP 能耗（X_7）	—	由文献或 CEADs 数据计算
碳排放	碳产出	单位 GDP 碳排放（X_8）	—	由文献或 CEADs 数据计算
	碳消费	人均碳排放（X_9）	—	由文献或 CEADs 数据计算[②]
低碳禀赋	绿化资源	人均公园绿地面积（X_{10}）	＋	各城市统计年鉴[③]
		城市森林覆盖率（X_{11}）	＋	城市年鉴/公报
	交通设施	每万人拥有公共汽车（标台）数（X_{12}）	＋	由年鉴数据计算
	绿色金融	绿色金融市场活力指数（X_{13}）	＋	绿色金融发展竞争力指标第二部分 57 项评分
环境治理	非碳相关	城市垃圾处理率（X_{14}）	＋	城市年鉴/公报
		城市污水处理率（X_{15}）	＋	城市年鉴/公报

续表

一级指标	二级指标	三级指标	正向/负向指标	来源
环境治理	碳相关	是否有碳达峰/中和承诺（X_{16}）	＋	政府公开信息
		有无低碳减排政策（X_{17}）	＋	政府公开信息
		是否低碳试点城市（X_{18}）	＋	中央政府文件
	综合	节能环保支出占财政支出比重（X_{19}）	＋	各城市统计年鉴

注：①城市年鉴中江苏省各城市数据缺省较多，于是采用 2018 年《江苏经济普查年鉴（第二产业 下卷）》的企业研发情况篇所列示数据填补；②具体地，长三角 41 个城市碳排放数据由曹丽斌等（2020）计算得出，其他 7 个城市碳排放数据来源于 CEADs 数据库；③江苏省数据来源于《江苏统计年鉴（2020）》。

附表 2 城市绿色金融发展竞争力评价指标体系

一级指标	二级指标	三级指标
制度政策	省级层面综合性制度、政策和方案的建设	是否有第一批国家级绿色金融改革创新试验区
		是否有省级综合性指导文件
		环境要素权益市场建设是否纳入国家试点
		省级层面的专项工作文件数量
		省级层面专题工作会议数量
		是否已有地方自行试点
		是否设有省级层面绿色金融操作机构（含领导小组、专项办公室等）
	下辖市县地方性制度、政策和方案的建设	已制定并发布市级综合性指导文件的地市（含新区）数量
		已制定并发布市级专项指导文件的数量
		已制定并发布的区县级综合性指导文件的区县数量
		是否已有相应市场主体进行战略合作
	具有地方特色政策的提出或引入	省级层面是否设计符合地方生态环境特色的专项政策或工作方案
		所辖地方市县有无设计具有地方特色的政策平台
	体制机制能力建设	是否已成立地方绿色金融专业委员会
		是否有省级层面绿色金融政策、产品和服务的金融企业对接窗口
		是否定期举办学术或市场交流活动
		是否和高校、研究所等研究单位进行咨政类项目合作（数量）

续表

一级指标	二级指标	三级指标
市场活力	绿色金融标准认证体系建设	是否建设有"绿色信息共享平台"或共享机制
		是否构建"绿色项目认证"的体系（绿色认证标准体系、绿色金融产品与服务认证标准体系）
		是否建立了绿色金融备选项目库和绿色产业项目系统
	绿色金融服务改革创新	是否建设绿色产权交易平台
		是否构建标准化的绿色金融资产统计体系
		有无绿色资源资产证券化产品
		有无基于绿色自然资源产权研发的创新金融产品
	地方探索的绿色金融改革创新产品或服务	银行业是否开展了投贷联动融资服务模式创新
		银行业是否引导社会资本发起设立绿色基金并投资绿色特色产业
		有无可持续发展的 PE/VC 投资体系
		是否有专项基金投资绿色扶贫项目（数量）
	绿色环保信贷与服务进展	商业银行有无自行出台的绿色信贷流程的管理制度
		绿色节能专项贷款特色产品数量
		是否有开发绿色信贷资产的证券化产品
		信贷参与的 PPP 合作资金是否投向"补短板"领域
		有无合同能源管理或合同环境服务融资产品
	地方商业银行绿色金融产品的创新措施	有无设置专营绿色金融的机构或网络（数量）
		银行的融资租赁业务有无参与绿色产业服务
		地方银行间有无自发形成合作协议
		有无针对村镇银行等绿色金融产品服务
		有无发行县级政府绿色永续票据
		有无制定绿色银行监管评价标准
	绿色债券市场的创新进展	有无针对小微企业发行的绿色金融债券
		有无开展绿色金融资产的 ABS 产品并纳入绿色债券支持范畴
		金融机构有无发行绿色金融债券
		是否有筛选符合绿色发债条件企业的机制或项目库
	资源环境权益交易市场的建设	是否建设包括碳交易平台在内的用能权、用水权、排污权交易平台
		是否设立了绿色低碳发展基金
	绿色金融对特色小镇、田园综合体、美丽乡村等的支持力度	有无创新绿色债券、环保并购基金等工具引导撬动社会资本参与特色小镇、田园综合体、美丽乡村等基础设施建设运营
		有无利用绿色金融工具扶持乡镇产业和优化乡镇生态环境（文旅服务）
	地方股交中心关于绿色金融的创新进展	有无构建专项绿色指数
		有无设立绿色环保板块提供股权交易服务
		有无辅助绿色企业上市的培育机制

续表

一级指标	二级指标	三级指标
市场活力	保险机构关于绿色金融的创新进展	有无研发针对节能环保领域的创新险种
		有无推出符合地方生态特点、产业特点的环保责任保险
		有无构建企业和项目环境风险与信贷联动的分级管理制度
	碳金融市场的创新进展	有无建立碳现货、期货等交易平台
		有无碳远期、碳掉期等场外衍生品交易
		有无满足市场需求的碳金融定制产品
		有无借碳、碳回购、碳信托等创新业务
	绿色金融绩效考核	有无设计测评绩效的指标体系
		有无构建绿色信贷评价机制、关键指标设计
		有无借用大数据技术优势强化环境信用信息共享,服务绿色金融管理
	地方金融机构在绿色金融领域的能力建设	地方商业银行内部有无设立专营绿色金融事业部
		有无搭建绿色金融管理基础设施建设(类似绿色金融综合服务平台、绿色金融交易所)
		有无构建与绿色金融相适应的制度框架和内部流程
		有无专营跨境融资业务、涉外绿色金融机构
	绿色金融支撑体系建设	有无引导银行、基金等金融机构加大对涉农涉林绿色项目的投入
		有无对绿色金融产品给予财政贴息支持、有无设计专业化担保机制支持绿色信贷发展
		有无专设绿色金融发展奖补资金
	绿色金融风险监管、预警体系建设	有无绿色信贷风险监测和评估机制
		绿色贷款不良履约率有无高于贷款平均不良履约率
		绿色债券违约率有无高于债券平均违约率
		有无成熟的环境风险压力测试机制
		有无建设绿色金融风险监测及预警平台
		有无构建绿色项目风险补偿机制
保障措施	公共服务基础设施建设	有无设立类似绿色金融综合服务中心提供"一站式"项目审批服务
	公共服务能力建设	有无绿色金融创新发展工作领导小组
		是否有绿色金融绩效考核机制
		是否编制绿色金融专业人才培养和学科院所建设的规划
		是否有绿色金融发展激励基金
	绿色金融的对外交流	有无设立绿色金融国际论坛平台
		有无与国外专业绿色金融机构开展技术合作(次数、规模)
		有无定期与其他绿色金融改革示范地区进行工作交流

第六章
碳达峰背景下成都产业高质量发展研究

生态环境是城市赖以发展的基础，气候变化是人类面临的全球性问题。统计资料显示，城市是 CO_2 排放的主体，城市的工业、建筑业、交通业以及能源生产等行业消耗世界全部能源的 75％，产生世界 80％ 的碳排放，城镇化战略将进一步推高碳排放量。城镇化的发展需要更多的基础设施和服务满足城市规模扩张和人口增加，这将导致更多的能源消耗和温室气体排放。城市是中国减少碳排放最具成效的领域，建设低碳城市成为降低碳排放的首要选择。习近平总书记在主持召开中央财经委员会第九次会议发表重要讲话时强调："实现碳达峰、碳中和是一场广泛而深刻的经济社会系统性变革，要把碳达峰、碳中和纳入生态文明建设整体布局，拿出抓铁有痕的劲头，如期实现 2030 年前碳达峰、2060 年前碳中和的目标。"所谓碳达峰，是指二氧化碳年排放量在某一个时期达到历史最高值，之后则逐步降低。当在一定时期内，通过植树、节能减排、碳捕集、碳封存等方式抵消人为产生的二氧化碳，实现二氧化碳净排放为零，也就实现了碳中和。

成都坚定践行习近平生态文明思想，不断深化对"应对气候变化、发展低碳经济"重要性的认识，提出大力推动产业生态化和生态产业化，加快建设碳中和先锋城市，力争到 2025 年成为具有全国影响力的碳中和产业综合发展"引领区"、技术创新"策源地"、市场应用"标杆区"，建成以绿色为新优势的可持续发展先行区。加快构建碳中和产业生态圈、营造低碳应用场景是成都成为碳中和先锋城市的关键所在。构建全新产业生态圈，围绕新能源产业，在氢能、核能、光伏和新能源汽车领域持续发力，主要布局在绿色氢都、青白江先进材料功能区、成都新能源汽车产业功能区等产业功能区，加快形成高端产业集群，同时围绕储能产业、节能产业、资源综合利用产业、固碳产业等布局产业功能区。在社区高效通勤、绿色生态、低碳生产、智慧治理、简约生活上营造低碳应用场景，建设资源节约型和环境友好型社会的微观场域，培育绿色生活方式。碳中和先锋城市与公园城市示范区内涵相同、目标一致，二者互为支撑、协同共进。加快实现城市碳排放达峰，推动经济高质量发展，加快形成以节约资源和保护环境的产业结构，以绿色低碳发展构建现代产业体系，将影响着碳排放达峰工作全局。坚持以践行新发展理念的公园城市示范区建设为统领，以构建市场导向的绿色制造体系为重点，限制高能耗、高污染、高耗水的产业发展，通过政策引导机制促进绿色高新技术研发和先进适用技术改造传统产业，淘汰落后产能，加快发展节能环保、清洁生产、新能源等重点产业，实现产业集群绿色升级，在生态产业化上走在前列。成都市立足实际提出建设低碳城市，绿色发展成为产业可持续发展的内在要求，是实现先进生产、宜居生活、优美生态和谐统一的根本途径，也是做好碳达峰工作的关键。

一　碳达峰背景下产业高质量发展的重要意义

（一）城市经济可持续发展的必然要求

改革开放以来，成都市国民经济持续快速健康发展，综合实力不断攀上新台阶。经济高速增长的重要条件是依靠劳动力、土地、环境的低成本吸引发达国家的跨国公司以及东部发达区域制造业转移。西部地区城市环境承载力逐步接近上限，成都作为一个典型的能源受端城市，主要能源需从市域外购入供应，产业继续依靠要素低成本的粗放型、低效率增长模式已不可持续，产业发展必须逐步走向节约能源、降低排放的高质量发展。面对突如其来的新冠肺炎疫情和错综复杂的国际环境，经济复苏一直艰难曲折，国际贸易陷入低谷，房地产和制造业投资也处在调整减速期，大量低端产能又不适应国内消费结构升级的需求，因而许多生产能力无法在市场实现。因此，成都作为公园城市的首提地和示范区，要以实现碳达峰目标，以产业高质量发展为路径，提高先进制造业、战略性新兴产业和高技术工业占比，改造提升轻工、食品、建材等传统产业，大力发展新兴先导型服务业，提高生产性服务业比例，形成优质高效多样化的供给体系，实现供给和需求在新水平上的动态均衡，使经济保持持续健康发展。

（二）成渝地区双城经济圈建设的重要支撑

中央关于成渝地区双城经济圈的战略部署，必将进一步提升成渝地区在全国大局中的战略地位，深刻改变成渝地区战略优势、区位能级和发展格局。相较于京津冀、长三角、粤港澳三大核心城市群，成渝地区仍需大力推进科技创新产业的投入。成渝两地产业结构类似，主要产业有一定重合，制造业均倚重电子制造，成都市整体偏向轻工业，重庆市重工业拉动更为有力；服务业在成都市已发挥支柱作用，重庆市仍未成体系地形成相应规模集群，二者战略性新兴产业发展方向较相似，以生物医药、新材料及环保为重点。随着国家层面经济发展第四增长极政策的大力推进，特别是在国家"双碳"目标下，构建产业优势互补、合作共赢的区域经济格局，推动制造业产业链升级，促进可再生能源相关产业链向外延伸，加快建设公园城市示范区，有利于增强区域经济和人口承载能力，提升中心城市能级，形成城市发展的比较优势。通过示范区先行先试进一步发挥带动、引领和辐射作用，可以更好支撑"一极两中心两地"建设，打造引领西部乃至全国高质量发展的增长极和动力源。

（三）建设美丽宜居公园城市的重要手段

成都是公园城市理念的首提地。建设公园城市示范区顺应了城市发展规律和趋势，突出城市的一体化和系统化发展，紧扣人才、产业、宜居环境、宜业环境、创新环境等影响城市核心竞争力的关键要素，将生态优先、绿色发展作为发展导向，将以人为本、美好生活作为价值取向。积极探索特大城市绿色发展新路径，以主体功能区理念优化城市空间布局，以产业生态圈理念推进环境产业发展。成都将大力推进技术创新，厚植绿色发展新动能，加快完善以企业为主体的绿色技术创新体系，积极研发新型环保技术，加快发展壮大节能环保、清洁能源、循环利用产业。践行公园城市的新发展理念不仅仅局限于绿色空间的规划，构建绿色经济新体系，培育一批绿色功能区、绿色企业、绿色产品和绿色供应链，创新生态价值转化机制。加快构建基于碳达峰的高质量现代产业体系是建设公园城市的重要手段。

（四）实现碳达峰目标的重要路径

低碳经济最早提出主要是为应对气候变化，现在气候变化是全球的核心问题，许多国家已经认识到低碳经济对于摆脱对化石能源燃烧的依赖性和保证国家能源安全非常重要。实现碳达峰、碳中和是一场硬仗，要实现经济增长与碳排放"脱钩"，关键在于优化产业结构，打造绿色低碳循环发展的现代产业体系。成都在"生态优先、绿色发展"的理念引领下，提出低碳城市建设"636"工程，将低碳发展作为现代产业体系的时代特征，使经济发展建立在高效利用资源、严格保护生态环境、有效控制碳排放的基础上，统筹推进经济高质量发展和生态环境高水平保护，才能有效确保"碳达峰、碳中和"目标的实现。产业是经济发展的核心和基础。大力推进技术创新，厚植绿色发展新动能，加快形成节约资源和保护环境的产业结构，并以绿色低碳循环发展构建现代产业体系，将影响着碳排放达峰工作全局。

二　成都产业发展现状

（一）产业发展规模

成都市聚焦构建以"5＋5＋1"为重点的现代化开放型产业体系，坚持以产业生态圈理念培育产业发展比较优势，产业总体实力不断增强。2019年成都市实现地区生产总值（GDP）17012.7亿元，按可比价格计算，同比增长7.8%。其中，第一产业增加值612.2亿元，同比增长2.5%；第二产业增加值5244.6亿元，同比增长7%；第三产业增加值11155.9亿元，同比增长8.6%。按常住人口计算，人均地区生产总值103386元，增长6%。

产业发展动能转换提速增质，新经济企业梯度培育计划和"双百工程"深入推进。新兴工业产品增产增量，太阳能电池、城市轨道车辆产量分别同比增长103%、70.4%。新兴服务业蓬勃发展，规模以上互联网和相关服务、研究与实验发展、科技推广和应用服务业营业收入分别同比增长32.7%、24.8%、22%。网络零售新业态加快发展，限额以上企业（单位）通过互联网实现商品零售额777.8亿元，同比增长15%。

（二）产业结构变化

2019年，新一轮经济普查显示，成都三次产业结构调整为3.6:30.8:65.6，三次产业对经济增长的贡献率分别为1.1%、34.5%、64.4%，其中，服务业占比提高11.5个百分点，新登记市场主体占全市的94.8%。农林牧渔业生产平稳，全年实现总产值1003.3亿元，按可比价格计算，比上一年增长2.1%，种植结构不断优化，都市现代农业发展较快。工业经济稳步增长，规模以上工业增加值增长7.8%，高端制造业能级提升，五大先进制造业（电子信息、装备制造、新型材料、绿色食品产业、能源化工产业）营业收入10182.2亿元，同比增长5.1%，占规模以上工业营业收入的比重达87.1%，规模以上高技术制造业增加值同比增长11.9%，其中，医疗仪器设备及仪器仪表制造业、航空航天器及设备制造业、计算机及办公设备制造业分别同比增长19.2%、17.5%、14.2%。建筑业稳定发展，全年实现建筑业增加值1224.55亿元，比上一年增长4.3%。交通运输能力持续增强，全年旅客周转量1276.1亿人公里，其中，铁路旅客周转量79.1亿人公里，增长9.6%；公路旅客周转量90.2亿人公里，增长1.9%；航空旅客周转量1106.8亿人公里，增长10.0%。全年货物周转量406.8亿吨公里，增长6.5%，其中，铁路运输货物周转量90.4亿吨公里，增长8.1%；公路运输货物周转量301.6亿吨公里，增长6.2%；航空运输货物周转量14.9亿吨公里，增长2.8%。

（三）产业创新生态圈

成都市创新平台建设卓有成效。2019年，成都市在蓉国家重点实验室总数达到12家，新增国家地方联合工程研究中心5家，新增四川省工程技术研究中心、工程实验室等省级科技创新平台 75 家。创新创业环境持续优化,2019 年新增国家级众创空间 16 家、国家级孵化器 3 家,国家级双创载体达 67 家,累计建成市级以上科技企业孵化器及众创空间 231 家,总面积达 615 万平方米。创新平台的建设和完善为成都产业创新提供了重要的设施条件,促使成都市创新产出水平显著提升。2019 年,全市发明专利授权量为 9179 件,同比增长 10.5%,拥有有效发明专利 4.22 万件,同比增长 17.3%,万人有效发明专利 25.8 件,同比增加 3.4 件;技术合同成交额达 1152.4 亿元,同比增长 21.7%,位居副省级城市第 3 位。20 个在蓉项目获国家科学技术奖,占四川省获奖总数的 80%,获奖数量继续保持全国前列。

（四）公园城市建设

公园城市加快建设。制定美丽宜居公园城市规划建设导则,加快建设都江堰精华灌区、龙泉山城市森林公园等重大生态示范工程,启动 25 个公园城市示范区项目。累计建成各级绿道 3429 公里,其中新建绿道 822 公里。新增绿地面积 1900 公顷,森林蓄积量 3592.3 万立方米,森林面积 858.6 万亩。全市森林覆盖率达 39.9%,比上年提升 0.4 个百分点。市辖区建成区绿化覆盖率达 42.8%,人均公园绿地面积 15.7 平方米。

三 碳达峰背景下成都产业发展问题分析

近年来,成都产业不断优化,经济规模快速扩大。2019 年成都市产业规模迈上 1.7 万亿元新台阶,产业发展效益不断提升,规模以上工业企业数量达 3588 家,新经济企业达 36 万户,企业综合实力明显增强,新兴服务业蓬勃发展,产业开放水平提高,对外贸易规模不断扩大,创新平台建设卓有成效。但成都作为公园城市示范区,要率先实现碳达峰的更高目标要求,现有产业结构仍有巨大改进空间。

（一）高能耗产业能源消费占比过高

工业是二氧化碳排放占比最高的产业,2019 年成都市工业部门碳排放占碳排放总量的 29.99%,占比并不高,但工业内部的高耗能产业（石油加工、炼焦和核燃料加工业，化学原料和化学制品制造业，非金属矿物制品业，黑色金属冶炼和压延加工业，有色金属冶炼和压延加工业，电力、热力生产和供应业）能耗达到工业全部能耗的78%。2011～2019年成都市高耗能产业能源消费情况如图1所示。

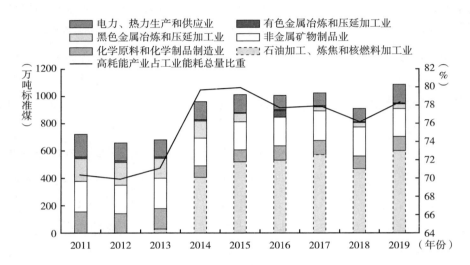

图1　2011～2019年成都市高耗能产业能源消费量及占工业能耗总量比重

资料来源：根据成都市统计年鉴数据整理所得。

2011～2019年成都市高耗能产业能源消费量不断增加，能源消费量从721.34万吨标准煤提高至1086.22万吨标准煤，从占工业能源消费总量70%提高至78%。2014年开始，由于成都市对油品需求量的迅速增加，石油加工业能源消费量快速提高，2014年的能源消费量是2013年的12.59倍。虽然高耗能产业能源消费不断增长，但产值在工业总产值中占比较低，产值占比变化如图2所示。

2011～2018年六大高耗能产业产值占工业总产值比重持续降低，由20.17%降至13.2%，2019年由于城市对电力需求增加，电力生产和供应业快速提高到工业产值的9.46%，使高耗能产业工业产值占比有所提高。成都市工业结构不断向计算机、通信和其他电子设备制造业、汽车制造业、医

图 2 2011～2019 年成都市六大高耗能产业工业产值占比

资料来源：成都市统计年鉴。

药制造业转移，高新技术企业产值占比不断增大，但传统的高能耗重工业等产业存在绿色技术创新不足的问题，导致产值不高但能耗占比过高的问题。工业部门中煤品燃料和油品燃料的使用主要集中在火电、石化、钢铁、水泥、煤化工、有色金属冶炼、平板玻璃等高能耗产业，为进一步减少碳排放，重点在于工业部门内部的产业结构优化调整。

（二）高耗能产业产值能耗高于工业平均产值能耗

2011～2019 年成都市规模以上高耗能企业工业产值综合能耗皆高于工业企业平均产值能耗，工业企业平均产值能耗长期维持在 0.1 吨标准煤/万元，如图 3 所示。

化学原料和化学制品制造业、非金属矿物制品业、黑色金属冶炼和压延加工业、有色金属冶炼和压延加工业产值能耗总体呈现缓慢下降趋势，石油加工、炼焦和核燃料加工业和电力、热力生产和供应业产值能耗水平却出现快速增长，源于生产技术落后、管理水平低下导致的耗能过高。面对市场对于电力、石油产品不断增大的需求，企业并没有通过有效的技术创新提高产量，而是通过粗放型生产方式增大供给量，导致产值能耗快速增长，这类企业需要通过技术改

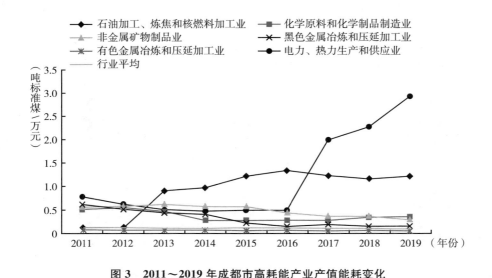

图 3　2011～2019 年成都市高耗能产业产值能耗变化

资料来源：根据成都市统计年鉴整理所得。

造，增强节能环保的管理能力，以新技术、新工艺、新装备推动节能降碳减排。

（三）能源消费结构过于依赖油品燃料

产业能源消费结构的优化是实现"双碳"目标的主要手段，降低化石能源的使用比例，提高相对清洁的能源（电力、天然气）消费比例。成都市能源结构中油品仍占据较大份额，使石油加工、炼焦和核燃料加工业产量维持在较高水平；煤炭燃料消费占比逐年降低，占比较小，下降空间有限；电力和天然气占比仍有提升空间；风电、太阳能等新能源因地理位置因素缺乏大规模利用条件。成都市 2015～2019 年能源消费构成变化如图 4 所示。

煤炭虽然是碳排放强度最高的能源，但成都市 2015～2019 年煤炭的消费占比逐年下降，由 2015 年的 13.71％降至 2019 年的 8.39％。以 2019 年为例，工业煤炭消费量占全部煤炭消费量的 99％，其中 97.8％对煤炭的消费来自非金属矿物制品业和电力生产业，电力生产业占煤炭消费量的 56.2％。由于成都市对于电力需求不断增加、电力生产受到地域性的水电季节性供需不平衡影响等原因，电力生产业煤炭燃料消费量继续下降空间有限，能否降低煤炭消费取决于非金属矿物质生产和火电发电行业新能源转型和节能技术研发情况。

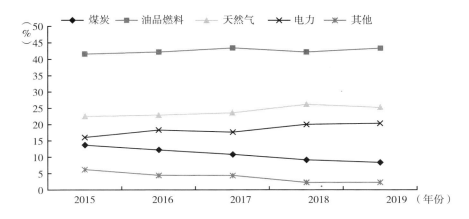

图 4　成都市 2015～2019 年能源消费构成

资料来源：根据成都市统计年鉴整理所得。

　　成都市油品燃料消费一直维持在较高比例，从 2015 年的 41.6% 提高至 2019 年的 43.44%，成都市实现碳达峰的关键在于通过产业结构的优化降低油品燃料的消费需求。2019 年成都市不同产业消费油品燃料情况如图 5 所示。

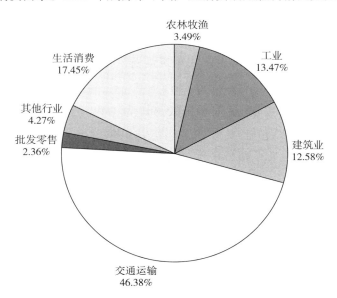

图 5　2019 年成都市不同产业消费油品燃料情况

资料来源：根据成都市统计年鉴整理所得。

交通运输业油品燃料消费占比最高。交通运输中道路、航空等能耗较高的运输方式所占比重越来越高，私人汽车发展过快，耗油量增长迅速。可以看出，成都市交通运输部门过于依赖油品，交通运输领域用油增量对全市碳排放增量贡献率超过 50%。2019 年成都市汽车保有量已逼近 577.24 万辆，其中私人汽车 438.83 万辆，比 2015 年增长 33.6%；货物周转量为 4068246 万吨公里，比 2015 年增长 25.6%；旅客周转量为 1931581 万人公里，比 2015 年增长 50.9%。运输部门主要依靠油品消费，新能源汽车比例不到 4%。为降低交通运输部门碳排放贡献率，应大力推广新能源在交通运输中的应用，加快新能源汽车生产和新能源汽车充（换）电站（桩）等配套设施建设。除此之外，加快成都市轨道交通建设，提升公交车保有量、完善共享单车的相关制度等，进一步降低交通运输中油品燃料的耗费。

（四）低碳建筑政策规范性存在一定欠缺

随着城镇化进程的加快，成都建筑业规模不断扩大。如图 6 所示，2011~2019 年成都市房地产的施工面积和竣工面积保持较大规模。2019 年施工面积增加 47%，碳排放占成都市碳排放总量的 5.8%，对碳排放总量影响不大。由于建筑业碳排放核算主要包括建筑材料运输和现场施工的排放量，并未涵盖建筑建材生产、建筑运营阶段的能耗，因此建筑业全过程碳排放对碳排放总量的影响被低估。《中国建筑能耗研究报告（2020）》显示，2018 年全国建筑全过程碳排放总量为 49.3 亿吨，建筑全过程碳排放量占全国碳排放总量比重为 51.3%，其中建材生产阶段占 28.3%，建筑运营阶段占 21.9%。建材生产主要集中于高耗能产业中的钢铁、水泥、玻璃等产业，能耗和碳排放问题在前文已做分析。建筑运营阶段碳排放量大，具有长期持续性，因此，绿色建筑标准及行动方案指引运营阶段节能减排重点方向。

为加快推动我国绿色建筑发展，推进建筑行业转变发展方式，国家发展改革委、住房和城乡建设部颁布《绿色建筑行动方案》，成都市也先后制定《成都市绿色建筑行动工作方案》《关于印发〈成都市绿色建筑创建行动实施计划〉的通知》等政策，对提升成都绿色建筑发展质量，推动建筑领域碳达

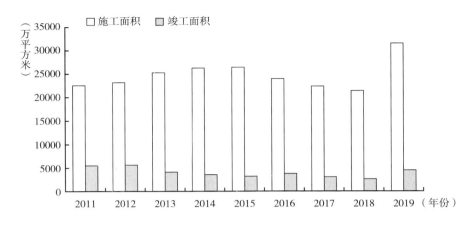

图 6 2011~2019 年成都市房地产施工面积和竣工面积

资料来源：根据成都市统计年鉴整理所得。

峰、碳中和以及全市住房城乡建设绿色发展和产业转型升级具有重要意义。但政策规定的规范性仍存在一定欠缺，没有形成完整的系统，政策体系往往属于规制性，实施性较差，不能起到很好的实际效果。在建筑行业，监督机制和管理机制都不健全，在建筑的设计环节上，不能准确判断出设计的具体内容是否达到规定标准，在数值和具体的规定上，存在很大的模糊性和不确定性，对低碳建筑的发展产生了一定的阻碍。

四 碳达峰背景下成都产业高质量发展的路径

根据碳排放数据分析，成都市实现碳达峰的产业路径应以工业、交通、建筑为主要领域，注重工业部门内部产业结构优化，提高技术创新水平，增加清洁能源使用比例，借助公园城市的建设提升城市碳汇能力，全面推进能源利用方式的转变，通过产业高质量发展助力城市 2030 年前碳达峰目标早日实现。

（一）优化"5＋5＋1"现代化产业体系，降低高耗能产业占比

工业部门碳达峰应以产业革命和转型升级为战略导向，将绿色、循环、

低碳理念贯穿工业碳达峰的全过程和各领域，以优化产业结构、提高能源效率、能源结构优化作为主要手段，全面推进工业发展模式和能源利用方式的变革，在满足工业发展的同时，降低对能源的需求，并通过调整能源消费结构，助推工业碳排放尽早达峰。对高能耗产业实施能源消费总量控制强约束，要抓住产业发展机遇，加快推动产业功能区高质量建设，进一步优化全市产业布局、提升产业质量。以"5+5+1"现代化开放型产业体系涉及的产业为重点方向，大力发展新能源和碳中和相关产业，形成良好的产业生态氛围，为高能耗产业绿色转型创造机遇。转型升级传统优势产业、大力培育优化新兴战略产业、推动构建新经济产业体系，加快建成高质量现代化开放性产业体系。

一是增强成都制造业核心竞争力。围绕构建以"五大先进制造业＋新经济"为主体的现代制造业产业体系，进一步提升产业能级，重点推进电子信息、装备制造和医药健康成为万亿级优质产业集群，新型材料、绿色食品分别迈上2000亿元、3000亿元规模。建设全国重要的先进制造业创新中心，重点突破产业关键核心技术，全面实现技术开发和产品研制的自主化、产业化，推动先进制造业迈向全球价值链中高端。二是构建成都服务业高质量发展新体系。围绕构建现代服务业高质量发展产业体系，优化"5+5"服务供给结构，加快发展会展经济、金融服务业、现代物流业、文旅产业和生活性服务业五大重点领域，培育壮大科技服务、商务服务、信息服务、知识产权服务、人力资源服务五大新兴领域。三是发展新经济，培育新动能。制定成都新兴产业指导目录，重点培育新能源汽车、节能环保、生物医药、轨道交通等具有核心竞争力的新兴产业，前瞻布局一批引领产业方向的未来产业，深刻围绕智能经济、绿色经济等六大经济形态和智慧城市建设、绿色低碳发展等七大应用场景，全面构建高技术含量、高附加值开放型产业体系，着力将成都建成最适宜新经济发育成长的新型城市。

（二）打造产业生态圈和创新生态链，降低产业能耗水平

以产业生态圈、创新生态链为主，全面增强制造业转型升级动能，率先

提升发展质量效益，使制造业更具竞争力、产业链更具活力和韧性、产业生态更具吸引力和创造力，构建起成都制造业高质量发展的"四梁八柱"。要前瞻布局绿色低碳产业，打造碳中和产业集群，推动产业结构优化和绿色转型，进一步将产业生态圈创新生态链理念转化为竞争实力。在产业发展方面，围绕新能源产业，在氢能、核能、光伏和新能源汽车领域持续发力，主要布局在绿色氢都、青白江先进材料产业功能区、成都新能源汽车产业功能区等产业功能区，加快形成高端产业集群。围绕储能产业，重点发展储能电池、储能电池系统、储能应用，主要布局在天府新区半导体材料产业功能区、天府关键零部件制造产业园等产业功能区，打造西部储能高地。围绕节能产业，重点发展节能研发设计、高效节能装备制造、节能咨询服务、节能设施运行、节能金融服务、节能交易服务，主要布局在成都科学城和成都航天装备产业功能区等产业功能区，进一步提升比较优势。在生产领域，成都还将探索建设"零碳"产业功能区、"零碳"高品质科创空间、"零碳"工厂、"零碳"楼宇。要创新打造一批应用场景和碳汇场景，探索建设"零碳"社区，比如积极推广零碳建筑、智慧职能管理系统、共享交通等，为碳中和技术创新应用提供全周期、全过程的市场机会，推动生产、消费过程低碳化转型。

（三）合理规划城市布局，控制交通领域碳排放

在城市规划层面，成都提出 TOD "1441" 总体思路（即 1 个总体目标，4 个模式转变，4 大特色做法，1 项实施保障），按照"站城一体、产业优先、功能复合、综合运营"的理念，围绕轨道站点打造"商业中心、生活中心、产业中心、文化地标"，通过推进区域空间布局与交通结合、城市密度控制、TOD 和联合开发手段促进低碳交通模式的发展，统筹推进"东进、南拓、西控、北改、中优"差异化发展，加速落地 14 个 TOD 示范项目，提高职住平衡率，避免原来城市的劳动力资源和服务设施产生大量潮汐式通勤交通和远距离日常生活需求。城市发展方向结合公交走廊，利用现有交通枢纽，以区域公共交通体系作为城市发展基础及空间骨架，完善城市功能区建设，丰富和增强各功能区之间的联系方式和联系强度，通过公交走廊串连

起城市公共活动节点，最终通过降低交通总量、减少私家车出行方式实现交通产业的碳达峰。

在交通模式方面，大力构建城市轨道、公交和慢行"三网"融合的低碳交通体系，建成全国首个5G智慧公交综合体，优先实施公共交通走廊式发展，同时保持非机动车交通比例。通过轨道交通和BRT公交模式实现城市发展走廊的大容量交通出行效率提升，串连起城市主要客流点，提高交通运输效率。要鼓励公共交通出行，完善碳惠天府机制，推动形成简约适度、集约节约、绿色低碳的生活方式。城市需保留和扩展自行车道，保障自行车的交通安全，优化自行车的行驶环境，划定自行车停放区域。推进共享单车的发展，政府应为共享单车开放城市道路，并给予开展经营活动的相关权利，充分利用民营企业和民营资本，提高自行车出行的使用频率，解决交通"最后一公里"的难题。

在交通技术方面，推动电动车和混合动力汽车在出租车和私家车中的普及，通过一定范围内的财政补贴，引导私人购买新能源汽车，从而优化交通系统的能源结构，提高电力及天然气等清洁能源的比例；不断推进汽车技术改进，提高单位周转量的能耗，推广高效燃油车型。

（四）推广绿色建筑应用，加强建筑业全过程碳排放控制

建立较为完善的绿色建筑政策法规体系、行政监管体系、技术支撑体系、市场服务体系，实现绿色建筑规模稳步增长，星级绿色建筑持续增加，全市城镇新建建筑全面执行绿色建筑要求，实现到"十四五"末全市建筑绿色品质和住用舒适度不断提高，能源资源利用效率进一步提升，建设方式绿色可持续发展，发挥更大生态环境效应。

加强建筑行业全过程碳排放控制。建材生产过程中的碳排放本质属于工业中高耗能产业，钢铁和水泥行业的碳排放强度仅次于煤炭行业，在产业转型升级中处于重要位置。对于钢铁行业，在冶金工程企业探索以氢冶金作为终极降碳工艺的同时，推进以高炉改造和短流程电炉等成熟工艺为主的中短期减排方式；对于水泥行业，智能化、信息化水泥工程具有较好减排优势。施工阶段碳排放占比小但时间密集，碳排放主要来自建材运输和装配工艺选

择，建造方式应逐步向集约高效节能转变。建筑运营阶段排放体量大，具有长期持续性，是建筑减排重点。因此，成都市应广泛实施绿色建筑，降低建筑单位面积能耗水平，根据实际发展水平，进行绿色建筑设计与施工标准的规范体系研究，完善建筑在运行使用阶段的评价标准和管理模式，研究制定节能减排相关产品、建筑、区域等评价指标体系，逐步建立满足城市发展要求的多元化技术指标体系，为建筑领域发展转型和经济增长方式转变提供技术支撑。

（五）提升公园城市经济引领力，全域统筹生态碳汇体系建设

坚持全城增绿，加快推进龙泉山城市森林公园、天府绿道等标志性生态工程，持续完善五级城市绿化体系，有序推动川西林盘保护修复，充分挖掘公园城市生态价值。加快推进国家生态文明建设示范市建设，按照"景区化、景观化、可进入、可参与"的理念，结合成都独特生态本底、丰厚文化底蕴，探索完善公园城市建设法规、规划和导则指引体系，实现城市规划精准科学、城市风貌独特秀美、城市设计别具匠心。保护山水田林湖草生态本底、延续河网水系格局、严守耕地保护红线、落实各类保护功能区域，在全域"三区三线"的基础上，进一步强化"两山、两网、两环、六片"的生态格局，划定生态绿隔区并加强管控。在全市构建三级生态廊道网络，加强生物多样性保护，加强城市通风廊道管控，强化环境保护与治理，营造碧水、蓝天、净土的优美环境。打造世界级生态引领工程。以龙泉山城市森林公园、大熊猫国家公园、天府绿道体系等重点工程为牵引，优化生态空间、提升生态质量。持续开展大规模全域增绿行动，积极发展绿色新业态，加快推进成都市湿地保护条例立法，成立湿地保护中心，逐步形成全域统筹的生态碳汇体系。

积极探索生态价值转化和生态产品价值实现机制，促进生态投入产出实现动态平衡，增强生态建设的可持续性。大力推行"公园＋新消费"模式。深入研究绿色空间高频次使用人群消费习惯和行为方式，精准分析描绘消费者全息画像，引入代表国际最高水平的专业化企业和团队，分类打造山水生态、天府绿道、乡村郊野、城市街区、人文成都和产业社区等六类公园场

景，让绿色生产、简约生活成为成都最鲜明的人文特质。深入推进"低碳城市"试点，开展可持续发展议程创新、绿色金融改革创新，深化公园绿地管理体制改革，健全生态建设成本定向提取等制度，环境信用评价、生态补偿等机制，平衡生态建设投入产出。

（六）计划与市场机制相协调，促进低碳经济发展

构建绿色税收体系。碳税按照二氧化碳排放量进行征收，是一个有效的环境规制工具，征税目标应是碳交易所覆盖不到的群体。由于碳税的征收将使企业的竞争力下降，进而影响成都市经济增速，所以碳税暂未实施。成都市应加快碳税设置的研究，未来可以针对能源密集型企业实施合理的税收减免或返还机制等避免其成本短期的快速增加，同时促进其长期的节能减排战略。

加大对低碳发展的财政支持。在低碳工业方面，针对十大重点节能技改①工程给予投资补助和财政奖励，对节能减排的税收优惠将采用三免三减半②方式，对于从事减排项目的节能服务公司，如果其采用合同能源机制，将基于相应的减免税优惠政策扶持；在低碳建筑方面，政府应设立专项资金支持城区可再生资源的基础设施建设、老旧住宅及公共建筑的节能改造以及建筑节能技术的研发等项目；在城市交通方面，财政设置预算资金用于支持交通运输行业节能减排相关研发与推广工作。另外，政府应加大资金投入，构建多元化的融资平台，引导多渠道资金投资低碳产业的发展。

促进碳排放交易发展。建设全国碳排放权交易市场是利用市场机制控制和减少温室气体排放、推动绿色低碳发展的一项重大制度创新，是实现碳达峰、碳中和的重要政策工具。四川联合环境交易所于2016年获得碳交易备

---

① 十大节能技改项目包括燃煤工业锅炉改造工程、区域热电联产工程、余热余压利用工程、节约和替代石油工程、电机系统节能工程、能量系统优化工程、建筑节能工程、绿色照明工程、政府机构节能工程、节能监测和技术服务体系建设工程。

② 三免三减半，即自项目取得第一笔生产经营收入所属纳税年度起，第一年至第三年免征企业所得税，第四年至第六年减半征收企业所得税。

案并开始交易，全国碳排放权交易于 2021 年 7 月 16 日开市，首批纳入 2225 家发电企业，排放超过 40 亿吨二氧化碳。碳市场将通过价格信号来引导碳减排资源的优化配置，从而降低全社会减排成本，推动绿色低碳产业投资，引导资金流动，碳排放交易比单纯的财政政策和行政控制手段更为有效。应加快制定城市碳排放交易的管理办法，明确适用对象和范围、所有参与方义务和责任，建立强制性履约机制，规定配额分配、持有、流转及注销等相关流程，保障碳排放交易市场有序发展；明确碳排放交易主体，把碳排放量较高的重点企业（钢铁、电力、化工、石化企业等）和大型公共建筑纳入初始市场范围，根据碳交易市场发展状况，不断扩大主体范围；根据产业结构的实际状况、节能减排潜力、城市发展目标、重大项目建设情况等，开展配额总量分析，合理确定城市碳排放交易总量，基于经济发展的不可预见性，配额总量供应要有一定的调整空间，维持市场供需相对平衡，在建设初期，配额按相应比例免费发放给交易主体企业；建立企业碳排放报告准则以及核查制度，要求纳入市场的企业定期提供碳排放报告，培育并委托具备相应资质的第三方企业进行核证，加强碳排放数据管理；建立碳排放权交易运行机制，约束主体交易行为。

第七章
开展国土空间生态修复，
助力公园城市碳中和

　　党的十八大首次将生态文明建设纳入"五位一体"总体布局，提出"努力建设美丽中国，实现中华民族永续发展"的执政理念；党的十九大报告将"坚持人与自然和谐共生"作为新时代坚持和发展中国特色社会主义的基本方略之一。建设人与自然和谐共生的现代化社会，既要创造更多物质财富和精神财富以满足人民日益增长的美好生活需要，也要提供更多优质生态产品以满足人民日益增长的优美生态环境需要，国土空间生态修复在其中发挥着重要作用。"山水林田湖草是生命共同体"作为习近平生态文明思想六项原则之一，指出了新时代国土空间生态修复的核心内涵；十八届三中全会提出"对山水林田湖进行统一保护、统一修复是十分必要的"。站在"两个一百年"的历史交汇点，立足新发展阶段，贯彻新发展理念，构建新发展格局，坚持系统观念，坚持节约优先、保护优先、自然恢复为主，推进山水林田湖草沙一体化保护修复，守住自然生态安全边界，提升生态系统质量和稳定性。

　　2018年2月，习近平总书记视察四川时对成都作出重要指示，支持成都加快建设全面体现新发展理念的城市，"突出公园城市特点，把生态价值考虑进去"；总书记关于建设成渝地区双城经济圈的重要指示也明确，支持成都建设践行新发展理念的公园城市示范区。公园城市是生态文明在城市尺度的实践，公园城市建设承担生态文明转型的历史使命。公园城市以生态经济为基础，旨在实现生态价值的创造、实现和转化，良好的生态环境是公园城市发展的基础，生态价值的转化则是促进生态保护与修复的不竭动力。公园城市在生态上的内涵，体现在顺应自然，融入自然，不仅仅是简单意义上技术层面的"园艺"或视觉空间上的"园林"，而是生态的多样性、系统性，不仅仅是狭义的园林绿地的开放共享可达，更在于城市边界的开放、城乡空间的生态可达、资源共享、人与自然和谐共生（潘家华、陈蛇主编，2020），上述特质的实现离不开对国土空间及其承载的生态要素的整体保护、系统修复和综合治理。

一　实施国土空间生态修复助力碳中和

（一）国土空间生态修复是实现碳中和的重要举措

所谓"汇"指从大气中清除温室气体、气溶胶或温室气体前体的任何过程、活动或机制（United Nations，1992），生态系统碳汇功能是指生态系统吸收大气 CO_2、减缓大气 CO_2 浓度升高的生态系统功能（于贵瑞等，2013）。陆地碳汇计量主要涉及 IPCC 国家温室气体清单中农业、林业和其他土地利用部门（于贵瑞等，2013），涉及用地类型包括林地、农田、草地、湿地、聚居地、其他土地。本章关于成都地区生态系统碳汇的讨论则主要包涵森林、草地、湿地生态系统，涵盖了地上生物量、地下生物量、枯死木、凋落物、土壤有机碳等。

2021 年 1 月，国家发展和改革委员会提出实现碳中和的 6 项政策举措："大力调整能源结构、加快推动产业结构转型、着力提升能源利用效率、加速低碳技术研发推广、健全低碳发展体制机制、努力增加生态碳汇"，其中增加生态碳汇作为实现碳中和的六大方向之一，其措施主要包括"加强森林资源培育，开展国土绿化行动，不断增加森林面积和蓄积量，加强生态保护修复，增强草原、绿地、湖泊、湿地等自然生态系统固碳能力。"

2021 年 3 月 15 日，习近平总书记在中央财经委员会第九次会议上强调要把碳达峰、碳中和纳入生态文明建设整体布局，明确"提升生态碳汇能力，强化国土空间规划和用途管控，有效发挥森林、草原、湿地、海洋、土壤、冻土的固碳作用，提升生态系统碳汇增量"。碳达峰、碳中和目标与我国生态文明建设目标相一致，实现碳达峰、碳中和中长期目标，既是我国积极应对气候变化、推动构建人类命运共同体的责任担当，也是我国贯彻新发展理念、推动高质量发展的必然要求。

党的十八大以来，党中央倡导构建人类命运共同体、建设清洁美丽世界，开展了一系列根本性、开创性工作，推动生态环境保护修复和应对气候变化工作取得了突破性进展。一是规划和实施了一批生态保护修复工程，增强生态系统固碳能力。《全国重要生态系统保护和修复重大工程总体规划（2021～2035 年）》经中央深改委审议通过后印发实施，在长江重点生态区、黄河重点生态区、海岸带等布局了九大工程；探索开展山水林田湖草生态保护修复工程试点 25 个，分批开展长江、黄河、京津冀周边及汾渭平原重点区域矿山生态修复，为解决区域生态问题、增强生态系统固碳能力发挥了示范作用，积累了实践经验。二是持续推进国土绿化行动，提高了林草碳汇能力。"十三五"以来，我国加快大规模国土绿化，全面保护天然林、扩大退耕还林还草规模，全国森林覆盖率达到 23.04%，森林蓄积量超过 175 亿立方米，草原综合植被覆盖率达 56.1%，在固碳释氧、缓冲气候变化影响等方面发挥了积极作用。三是海洋生态保护修复成效明显，增强了蓝色碳汇能力。除国家重大项目外，全面禁止围填海，全国范围内大规模违法填海得到有效遏制；实施海岸带生态保护修复工程、"蓝色海湾"整治行动、渤海综合治理攻坚战行动计划、红树林生态保护修复专项行动计划等，"十三五"期间全国整治修复岸线 1200 公里、滨海湿地 2.3 万公顷，局部海域生态得到改善，提升了红树林、海草床等海洋生物固碳能力，增强了海洋碳库的碳汇作用（郭义强，2021）。

（二）成都公园城市建设推动实现"双碳"目标

实现碳达峰、碳中和是推动高质量发展的重要机遇，公园城市建设与"双碳"目标在发展理念和行动实践上一脉相承、同向而行（唐旭，2021）。

建设公园城市要遵循城市文明的演进规律，无论从历史经验还是现实意义来看，都应将顺应自然、保护自然作为发展的基本准则，不以牺牲环境为代价发展经济，大力倡导绿色低碳发展理念，务实开展低碳城市建设，推动实现可持续发展。

成都市2017年获批国家低碳试点城市、加入"中国达峰先锋城市联盟"后，以建设践行新发展理念的公园城市示范区为统领，坚定贯彻绿色低碳循环发展，实施构建绿色低碳制度、产业、城市、能源、消费碳汇体系和提升低碳发展基础能力的"六体系一能力"，努力打造"双碳"先导示范区。从实践中看，公园城市锚定自然生态本底、坚持绿色低碳发展的众多措施，本身就是从增加碳汇和减少碳源两端实现碳中和的具体行动（唐旭，2021），统筹节能减排、固碳增汇系统性工作。一方面，依靠电力、工业、交通、建筑等主要领域节能减排技术的推广与创新，做好能源结构调整、碳捕集、利用与封存、生物质燃料等低碳技术研发示范与推广应用；另一方面，以绿色理念营造公园城市的生态系统多样性，做好山水林田湖草沙一体化保护和修复、低碳土地整治、矿山复垦与生态重建等工作，营建美丽宜居环境，挖掘生态系统的碳汇作用与固碳能力，推动人与自然和谐共生。经过近5年的建设，成都城市生态价值和绿色低碳循环发展优势迅速集聚，公园城市的大美形态加速呈现，绿色低碳生活方式加快形成，生态价值实现创造性转化，绿色生态成为城市最优质的资产和最普惠的民生，"绿水青山就是金山银山"理念进一步深入人心。

二　推进国土空间生态修复，构建成都生态系统碳汇体系

（一）初步形成全域统筹的生态系统碳汇体系

2017年以来，成都市深入实施"全域增绿"专项行动，共启动增绿项目8263个，[①] 加快构建以大熊猫国家公园为主体的自然保护地体系，扎实

---

① 资料来源于成都市公园城市建设管理局，下同。

推进龙门山生态提升、龙泉山生态修复和大熊猫栖息地生态廊道建设，加快推进天府绿道等标志性生态工程，持续完善五级城市绿化体系，打造"绿肺、绿道、绿轴、绿环、绿缀"生态空间。

1. 全面提升森林碳汇

落实国有林管护 172.35 万亩，开展集体公益林森林管护和生态补偿 118.81 万亩，退耕还林成果巩固 57.95 万亩，全市完成营造林 9.54 万亩。龙泉山城市森林公园打造国家"互联网＋全民义务植树"基地，完成"增绿增景"14 万亩，森林覆盖率由 54％提升至 59％。"十三五"期间，全市森林面积由 46.41 万公顷增加到 57.62 万公顷，净增 11.21 万公顷，森林蓄积量由 3224 万立方米增加到 3677 万立方米，净增 453 万立方米，森林覆盖率由 38.3％提高到 40.2％，提高 1.9 个百分点，2020 年全市森林固定二氧化碳 205.31 万吨（成都市公园城市建设管理局，2021）。

2. 加快天府绿道建设

一是坚持以大尺度生态廊道区隔城市组群，以高标准生态绿道蓝网串联城市社区，以"一轴两山三环七带"为基本骨架，构建天府绿道体系，截至 2021 年 6 月已累计建成 4780 公里。二是建设 133 平方公里的城市环形公园——锦城公园，已建成 92 公里一级绿道并分段贯通，新开放青龙湖二期、玉石湿地、花田湿地等园区，"超级绿环"公园形态初显。三是在锦江沿线打造 33.8 平方公里的城市带状公园——锦江公园，开展锦江水生态治理，规划的 96 公里滨水绿道已基本贯通，都市滨水公园形态初显。四是打造社区绿道网络体系，已建成 1577 条"回家的路（上班的路）"社区绿道，基本形成 15 分钟绿道体验圈。

3. 拓展园林绿地增汇

全市新增城市公园 66 个，打造公园式小区 217 个、公园式街区 135 个、公园绿地（小游园、微绿地）250 余个，中心城区立体绿化面积达到 250 万平方米。截至 2020 年底，新增绿地面积 3885 万平方米，绿地率达 38.5％。"十三五"期间建成区绿化覆盖率由 39.84％增加到 45％，人均公园绿地面积由 14.59 平方米增加到 15 平方米，城园相融的城市形态初显。

4. 推进河湖湿地增汇

2020 年成都市政府印发《成都市重要湿地认定办法》，认定第一批 4 个市级重要湿地；制定《成都市湿地修复与生物多样性保育技术导则（试行）》《成都市湿地生态保护补偿转移支付办法》《成都市湿地生态保护补偿工作考核办法》等一系列文件，建立了湿地分级认定和保护体系，积极开展湿地公园建设。全市湿地总面积约 43 万亩，保护率达到 23%。

（二）典型案例——天府绿道体系建设

成都市从 2017 年开始系统谋划和推进天府绿道建设，将其作为建设公园城市的重要抓手，筑牢青山绿道蓝网是实现由"城市中建公园"向"公园中建城市"转变的空间承载，也是构建星罗棋布、产城一体、城园相融全域公园体系的重要支撑。按照"可进入、可参与、景观化、景区化"理念，以田园为基调，以文化为特色，规划建设三级结构、五大体系、八大功能的绿道体系，规划总长 16930 公里，计划 2035 年全面建成。其中三级结构包括区域级、城区级、社区级三级绿道，区域级绿道串联市域各城市组团，城区级绿道在城市各组团内部成网，社区级绿道打造 15 分钟社区生活服务圈。

1. 建设情况

一是推进天府绿道"结网成链"。截至 2021 年 6 月，全市已建成各级绿道 4780 公里（其中，区域级 700 公里、城区级 1646.9 公里、社区级 2433.1 公里）。二是推进锦城公园"筑景成园"。100 公里一级绿道已建成 92 公里并分段贯通，绕城高速沿线景观提升效果已总体呈现，加快推进熊猫基地扩建项目、张大千艺术博物馆重点文化、旅游项目建设，新开放青龙湖二期、玉石湿地、花田湿地等园区，开展 1.2 万亩集中农业区建设，"超级绿环"公园形态初显。三是推进锦江公园"串园成链"。聚焦锦江水生态治理和锦江公园建设"九大行动"，锦江公园范围内规划的 96 公里绿道已基本贯通，已完成 68 公里景观提升，完成江天路（音乐广场）、望平滨河路、芳邻路、星辉中路、成华公园滨河路等滨水慢行街打造，建成大川巷、翠风苑、成华公园、江滩公园、府河摄影公园等重要节点，都市滨水公园形态初步呈现。四是推动社区绿道"串街连户"。围绕打造慢行优先、绿色低碳、活力多元、智慧集约、界面优美的社区绿道网络体系，已建成1577余条"回家的路（上班的路）"社区绿道，基本形成15分钟绿道体验圈。

2021年，计划天府绿道建设突破5000公里，贯通环线100公里一级绿道，完成6条重点滨水慢行街打造，新增绿地1800公顷，完成立体绿化20万平方米。将以绿道为轴串联城乡社区、贯通公园林盘，以六大公园城市场景为载体创新生态价值实现模式，在绿色空间中新植入农商文旅体设施500个，打造生活消费场景1000处。

2. 成效与经验总结

（1）明确项目流程，打造高效建设运营体系

一是顶层规划。通过天府绿道总体规划做好整体定位的把控，明确绿道建设的最终形态，着力呈现"生态生产生活"三生合一的绿道特色场景。二是投资测算。用商业逻辑指导各项目所有投资环节，精细测算投入规模和产出效益，进一步降低项目费效比。三是项目设计。根据投资测算结果为项目"量体裁衣"，科学制定设计方案，确保项目投资可控、设计科学，满足后期运营需要。四是项目建设实施。在建设实施过程中遵循"少拆多改"的理念，通过"梳、补、改、通"4项基础工作，实现保留自然本底、重现原始风貌、独具本土特色的建设目标。五是商业运营。用商业运营的具体需求和产业布局，指导前期的顶层设计，确保中间的建设环节充分体现策划理念，全力支撑商业运营。

（2）以生态修复为抓手，提升绿道生态功能

始终坚持"尊重自然、保留本底、修复生态"的理念，通过合理规划生态功能分区，提升固碳释氧、生物多样性保护等生态功能，为城市可持续发展提供重要支撑。一是统筹市域11181平方公里山水田林园生态本底，串联市域生态区、绿带、公园、小游园、微绿地五级绿化，科学规划绿植种类及种植分布，构建"6＋X"城市通风廊道，拓展城市通风廊道功能，打造核心城区的"城市绿肺、天然氧吧"。二是系统开展水系功能分区规划，在不破坏原有水系形态的前提下，开展河、渠、湖、塘的现状提升和流域治理，

强化市域水体自然流动、自然蓄容、自然沉降、自然净化的能力，并采用一体化水生态处理工艺进行生态修复，使区域水质基本达到Ⅲ类标准，形成"清新明亮"的全新水系形态。三是加强廊道建设，开展重要野生动物迁徙通道及其重要节点、关键节点的生境恢复，按照成都市"两山、两网、两环"的生态本底，在中小尺度地理空间上识别已被隔离的局域种群及栖息地孤岛，打通主要河流水系、岸边、城乡绿带，以及交通干道、条带状基础设施沿线的生态廊道，构建生态网络，促进生态、农业与城镇空间的统筹协同和融合共生。四是统筹城市边界，深化都江堰精华灌区和川西林盘保护修复工程，打造精品林盘聚落体系，重塑"沃野环抱、密林簇拥、小桥流水人家"川西田园景观，将自然生态景观引入城市。

（3）开展绿道行动，推进产业融合与生态价值转化

一是探索"绿道＋文化"模式。积极探索潮流文化、竹艺文化、传统文化植入方式，探索引入时尚、小众、精致的国际化商业品牌及零售企业，打造多元化的主题文化园区，构建富有文化底蕴的生活、消费场景。二是打造"绿道＋产业"经济。深入挖掘绿道生态价值内涵，按照"两优先，一重点"的招商运营思路，优先引入便民服务类业态满足市民游客基本游园需求，优先推进具有国内外知名 IP 的大型项目提升绿道人气，重点探索制式化招商模式，不断补充、完善中等体量的各类商业业态并使之融入绿道产业生态，加快构建独具绿道特色的新经济消费场景。在具体做法上，以农商文旅体融合发展为定位，分类制定招商运营策略，探索打造自主赛事品牌，推广自营特色项目，同步引入国际赛事、节庆活动、商务展览、文化创意等特色产业，构建绿道产业圈和多元复合消费体系，不断增强绿色资产溢出效应。三是构建"绿道＋生活"场景。串联城乡社区、公共服务设施，构建宜人宜居宜业多功能叠加的高品质生活场景，打造便捷舒适、绿色低碳生活圈。"十三五"时期，通过天府绿道脉络串联文化设施 684 个、旅游设施 621 个、体育设施 1563 个、科技展示及科普教育应用设施 104 个，沿线建成彰显生活休闲、体育运动等各类特色场景 120 余个，建成城市美学网红打卡点位 260 余个，引入各类生活消费品牌 100 余

个，建设科普教育场景 50 个。

（4）打造智慧管理体系，建设智慧绿道

围绕实现绿道"八大功能"的需求，规划建设智慧绿道数据中心、智慧城市展示窗口、天府绿道智能物联网、统一大数据平台（"一心一窗一网一平台"）智慧系统，从农商文旅体五个方面，为市民游客、企业商家及政府提供更加智能、高效的数字化服务。在服务市民方面，智慧绿道将通过手机 App，实现线路规划、景点查询、快速导航、在线预约、服务投诉等功能；在服务商家方面，智慧绿道将通过游客大数据分析，帮助企业商家针对不同游客定制多种营销活动，助力线下商家引流获客；在智慧管理方面，通过搭载多种功能的智慧灯杆，可将信息数据实时传输到统一的大数据中心平台进行控制、管理和联动，管理部门可通过智能物联网和大数据中心，动态掌握绿道各个区域、景点、商业的客流等情况，对各类突发事件第一时间进行响应和联动，大幅提升管理、服务效率（潘家华、陈蛇主编，2020）。

（三）创新举措与经验总结

三年来，从"公园城市首提地"到"建设践行新发展理念的公园城市示范区"，成都积极探索特大城市绿色发展新路径，生态环境持续改善，发展质效稳步提升，绿色福祉更加普惠，正迈入绿色高质量发展的新阶段。成都在生态修复与生态碳汇方面的做法经验值得推广借鉴。

1. 顶层设计，高度重视

一是领导重视，强化监督。成都市政府主要领导专题研究全域增绿工作，印发了全域增绿行动方案，市级有关部门、各区（市）县政府具体实施；严格实行月报表制度，编印月工作简报，及时督察督办。二是统筹规划，整体推进。坚持多规合一、有机衔接，在国土空间总体规划框架下，编制形成成都天府新区、东部新区等片区分区规划和森林绿道、生态修复、交通、水利、旅游专项规划等一系列公园城市建设规划，构建形成逐级传导的规划体系；开展天府绿道保护条例、锦城公园保护条例立法工作，明确天府绿道建设和生态价值转化的价值导向和法规保障等。

2. 守住自然，优化格局

一是稳固城市生态本底。坚持把"生态优先、绿色发展"核心理念融入公园城市建设全过程，推动以山、水、林、田、城、景为整体的生态系统一体化设计，强化开发边界管控，大力实施全域增绿、水环境整治等工程，构建以河为廊、以山为屏、以绿带为脉的"蓝绿交织"的生态基底，践行公园城市"公共、共享"时代特征的"三生"空间"黄金比例"，打造"近自然化"的公园城市本底。二是优化城市格局。坚持以公园为导向的城市开发新模式，立足自然生态本底，推动空间拓展模式从沿路转向沿河发展、从背水转向面水发展、从分离转向共融发展，进一步强化组团式、网格状、开放型空间结构，形成"嵌套式组群布局"，巩固未来城市形态，实现园中建城、城中有园、城园相融、人城和谐的公园城市格局（潘家华、陈蛇主编，2020）。

3. 以人为本，共建共享

践行"人民城市人民建、人民城市为人民"重要理念，推进全民共建共享共治。一是全民参与共建共治。积极组织全民义务植树活动，持续推进企业单位"包山头"植树履责活动，打造义务植树主题场景公园和义务植树主题林。2020年共有249.6万人次参加各类植树活动，累计植树848.1万株，1.45万人参与绿地树木认建认养认捐活动，共认养树木5.69万株。研究制定成都龙泉山城市森林公园义务植树积分激励相关实施办法，依托成都义务植树信息化平台，提出公民义务植树积分激励办法及积分细则，共建共享龙泉山城市森林公园。二是注重人的全面体验。坚持"可达可及、开放普惠"的理念，以"城市公园＋小游园＋微绿地"点线面一体化模式打造全域公园场景，形成满足不同人群需求的多主题公园，并通过独立便捷的社区绿道相连，推动绿色空间体系与生活社区相融合，把最好的空间作为公共活动空间和生态空间（潘家华、陈蛇主编，2020），依托绿色开敞空间常态举办公园绿道活动4000余场，成都市1000余万名市民走进公园绿道，激活公园价值，畅享绿色福祉。

4. 机制创新，价值转化

坚持"生态产业化、产业生态化"的思路，积极探索以城市品质价值提升平衡建设投入的建设模式和以消费场景营造平衡管护费用的发展模式，创新生态资源市场化运营，实现生态价值向经济价值、产业价值和社会价值的综合转化。一是加强产业融合，促进优质生态与高端产业价值共生。强化绿色空间营造和环境治理保护，顺应自然山水脉络和生态肌理进行城市布局，巧妙植入文、商、农、体、旅产业化项目，培育高品质生活场景和新经济消费场景，创新发展天府文化，实现自然系统与城市空间系统的多维度融合，推动新业态、新消费、新价值在绿色空间上持续生长，让公园城市成为引领高端、转型升级的天然本底。二是拓展多元主体，创新投入机制。发挥"公园＋"功能，凝聚生态衍生的科研、教育、旅游等领域多元化发展主体，探索以设施租赁、联合运营、资源参股等多种方式实施全球招引，梳理项目招引机会清单 2500 余项，天府绿道社会投资占比达 70％以上；"百个公园"示范工程吸引社会资本 170 亿元，占比 56％。深化场景营城策略，创新"绿道＋""公园＋""林盘＋""森林＋"模式，举办一系列公园城市新场景新业态推介会，释放天府绿道、生态产业投资需求 700 亿元。

5. 科技支撑，构建标准

一是加强基础调查和技术支撑。开展全市林草生态本底调查，摸清可修复地块分布位置、面积及现状，开展湿地生态系统服务价值评估测算，掌握湿地生态基本状况，建立数据库；开展公园城市立体绿化系列技术集成研究，邀请国内顶级专家团队组织专项培训。二是加强技术标准体系建设。坚持"统一标准、规范建设、塑造精品"，突出"因地制宜、绿色低碳、生态融合"，印发实施公园城市示范片区建设技术指引，编制形成道路、配套设施、桥梁隧道、绿道、园林景观、水域系统、交通安全设施等 30 余项技术规范，初步形成公园城市规划技术标准体系，科学规范推进城市规划建设；制定《成都市湿地修复与生物多样性保育技术导则（试行）》，从湿地生态修复技术、监测评估及保育技术流程等方面对湿地生态修复及生物多样性保育进行规范。

三 成都国土空间生态修复促进固碳增汇的路径探讨

（一）立足区域自然地理格局，遵循自然生态规律

城市镶嵌于自然地理格局中，山水林田湖草生命共同体为城市提供了水源涵养、水土保持、防风固沙、生物多样性保护、洪水调蓄、气候调节等生态功能，生态功能的区域性、地域性决定了公园城市建设需要遵循自然地理地带性规律，才能使城市更安全、更生态、更美好、更美丽。连续完整的国土空间是自然生态系统的基础载体，应紧密结合成都"两山相望、两水相依、两林相映、两田相异"的自然地理特征，尊重自然生态规律和经济社会发展规律，守住自然生态安全边界，巩固自然生态系统碳汇功能。

（二）规划引领，践行绿色低碳发展理念

将碳中和作为编制国土空间生态修复规划的重要目标与组成部分，体现绿色复苏、低碳转型理念。加快构建以国家公园为主体的自然保护地体系，科学开展山水林田湖草沙一体化保护修复，全方位、全地域、全过程系统部署生态、城镇、农业空间生态修复任务，坚持全域增绿行动，开展植被恢复、生态廊道建设和生物多样性维护，推进历史遗留矿山生态修复、水土流失综合治理及水环境综合治理，探索开展低碳型土地整治试点，注重土地利用与土地覆盖变化对固碳的影响，统筹开发利用和保护修复、自然和人工等综合性治理措施，提升森林、草原、湿地、农田等陆地生态系统的固碳能力。

（三）以自然恢复为主，提升生态系统碳汇能力

基于自然的解决方案（Nature-based Solutions，NbS）这一理念高度契合了"绿水青山就是金山银山""山水林田湖草是生命共同体"等习近平生态文明思想的核心要义，应重视 NbS 在生态系统碳汇和适应气候变化方面的潜力。坚持以自然恢复为主，遵循生态系统演替规律和内在机理，根据生态系统受损程度和恢复力，以消除威胁和损害生态系统恢复力的限制因素为出发点，科学确定人工干预方式和程度，激发生态系统的自恢复、自调节、自发展等功能，宜林则林、宜草则草、宜湿则湿、宜荒则

荒，避免过度人工干预和放任不管两个极端，促进生态系统质量的整体提升，增强生态系统调节气候、固碳释氧、减排增汇的能力，提升应对气候变化的适应性水平。

（四）加强科技支撑，增强应对气候变化监测评估能力

针对国土空间生态修复机理认知、空间优化、生态系统服务定位等，构建面向碳中和的生态修复核心理论体系，加强退化土地修复、山水林田湖草沙空间重构和系统修复、生物多样性提升等关键技术攻关，逐步构建气候变化背景下的国土空间生态修复基础理论、技术攻关、试验示范、推广应用全链条一体化。建设天空地协同一体化数据监测体系，完善数据和信息共享机制，开展森林、草原、湿地、农田等生态系统长期动态监测，丰富生态系统碳通量监测、碳循环模拟等内容，建立健全生态系统碳收支监测体系，科学评估国土空间生态修复对碳中和的贡献（郭义强，2021）。

四 成都公园城市建设提升生态系统碳汇功能的建议

（一）加强规划衔接，实现城市复合生态系统综合效益

1. 加强规划空间格局的衔接，全面发挥城市生态功能

做好公园城市建设与《成都市国土空间总体规划》的衔接，以绿道为脉络、以山川为景胜、以农田为景观、以城镇为景区，构建城园交融的嵌套式、组群化布局，形成城园相融的公园城市空间布局。按照即将编制完成的成都市生态保护修复规划，基于东西南北中五个功能分区，分区域、有重点地开展成都生态保护修复，精准提升生态系统质量。

2. 坚持系统观念，推动城市绿色持续发展

遵循生态系统演替规律和内在机理，权衡各类生态系统服务，统筹生态系统的整体性和各要素协同性，避免片面追求碳汇目标，实现生态系统永续发展。围绕降低热岛效应、加强雨洪管理、提升气候适应能力、保障物种迁移扩散等城市生态保护修复需求，通过保护和拓展城市生态空间、建设混合型基础设施、优化生态廊道、提升生物多样性保护能力等手段，构建点—线

一面结合的城市生态空间网络格局，提升城市自然复原力，保障城市生态系统健康，促进城市提供有效的气候调节、洪水调蓄、休闲游憩等生态服务，实现城市复合生态系统服务最大化，以可持续应对城市发展过程中面临的气候变化等诸多风险与挑战。

（二）优化城市用地布局，夯实生态系统碳汇基础

1. 强化国土空间用途管控，严守自然生态安全边界

划定并严守"三条控制线"，落实市域生态保护格局，保护"两山、两网、两环"的公园城市生态本底，筑牢长江上游生态屏障。强化监管和执法督察，严控占用生态空间，严禁擅自改变林地、草地、湿地等自然生态系统用地性质，避免自然生态空间因占用和破坏由碳汇转为碳源。制定成都市城镇开发边界管制规则，严格控制城镇盲目扩张，统筹生产、生活、生态三大空间，恢复城乡接合区生态用地，加强城区生态缓冲，推动公共空间与自然生态相融合。以全域土地综合整治推动乡村空间布局优化，统筹推进高标准农田建设、乡村建设布局优化、林盘保护修复、乡村生态保护修复等。

2. 开展低效用地整治，降低建设用地碳源排放量

坚持建设用地减量化发展，加大低效用地再开发力度，减少城市发展对新增建设用地的需求，强化土地资源节约集约和绿色低碳开发利用，在减少土地利用变化导致的碳排放的同时，减少对自然生态空间的占用。加快批而未用土地处置和闲置土地利用，推动以"留改建"为主导、以"更新单元"为抓手的有机更新，推动老街巷、老院落、老厂房、老旧楼宇改造，融合新业态培育新动能。结合城市更新，依托拆迁建绿、拆违还绿、破硬增绿、立体绿化等措施，因地制宜规划布局小微尺度生态空间和生态廊道，积极拓展老旧城区绿色空间，对城市废弃地开展生态重建，合理利用生态修复效果好且具有潜在开发利用价值的土地规划建设城市公园。

（三）保护拓展城市生态空间，巩固生态系统固碳能力

1. 保护自然生态空间，稳定碳汇本底

结合"一心两翼三轴多中心"的城镇空间格局，加强龙门山、龙泉山、

岷江、沱江水系等自然山水格局保护，全面落实天然林保护制度，继续发布重要湿地名录，科学确定湿地管控目标，对城区周边农田景观、湖泊湿地、特色植被等自然景观和生态要素进行保护性恢复。建设自然生态公园、郊野公园、城市公园体系，在生态系统重要性和生物多样性保护价值高的区域通过设立自然生态公园、郊野公园等形式开展保护，加大城郊生态绿地等的建设力度，促进城乡生态保护协同发展。通过实施海绵型绿地、生态园林、立体绿化等生态措施，点、线、面及立体绿化合理搭配，优化各类绿地布局，适度扩大城市绿地规模和绿地服务半径覆盖范围。

2. 加强廊道建设，统筹连通城内外生态系统

构筑"青山绿道蓝网"相呼应的生态基底，通过天府绿道体系构建完整贯穿的城乡蓝绿网络，加大城郊生态绿地、缓冲绿地、湿地公园等建设力度，形成交融山水、连接城乡、覆盖全域的生态绿脉。针对饮用水水源地开展生态保护，提升河流、湖泊水系连通程度，构建"三江润城、百河为脉、千渠入院、万里织网"的水系蓝网体系，沿水系建设生态、景观功能兼具的滨水绿带。保护成都本地特征生物生态环境与栖息空间、迁徙空间，沿、跨交通干线建设生态绿廊和缓冲带，综合生态连通关系、生态基础设施服务功能、景观格局构建生物多样性网络。

（四）推进国土空间生态修复，提升生态系统碳汇增量

1. 科学开展全域增绿行动，增强林草储碳能力

精准提升森林质量，加大次生林、低效林、退化林抚育或修复力度，优化森林结构和功能，持续增加森林面积和蓄积量，提升森林固碳能力，充分发挥森林生态系统在生态碳汇中的重要作用。推动绿心、绿肺、绿脉、绿环、绿轴"五绿润城"示范性工程。对城市生态系统中重要的鸟类、水生生物、小型陆生生物栖息和迁徙空间进行识别并加以保护，提高乡土植物应用比例，促进近自然生境重建，逐步实现物种多样化、群落混交化、配植复层化。引风入城，结合绿色空间、河流、道路和绿道等构建"8＋26＋N"三级通风廊道，乔灌草合理配置建设城市外围和道路绿化隔离带，提升绿地滞尘、降噪、遮阴、防护等生态功能，缓解热岛效应，提升城市气候舒适性。

2. 整体推进河湖湿地保护和修复，提升自然生态碳汇增量

维持天然湿地自然状态，减少人为扰动，避免不必要的岸线和河道基底硬化，保持原有水面控制率、水网密度和水体的自然连通。强化市域海绵基底保护，全面修复都江堰灌区水系，沟通城市水网系统，恢复河流内及周围水陆交错带的生态环境，恢复河道水生植物系统以及水体生物群落的自我构建能力，提升水体自净能力，构建健康、清洁、可持续的流域清洁水循环系统。促进滨水岸线生态恢复，塑造滨水景观和亲水岸线，构建水进人退、水退人进的韧性岸线，打造"延伸的自然区域"，提高湿地固碳增汇水平。

（五）统筹制度平台建设，探索生态系统碳汇的价值实现机制

1. 开展试点工作，探索生态系统碳汇交易机制

依托各级公园和城市开敞空间，推进以生态环境为导向的城市开发模式（EOD），实现生态价值转化。按照市场供求关系和交易规则，建立和完善生态碳汇等生态产品市场，协调碳汇产品进入碳交易市场，建立碳汇交易指标体系，完善碳汇项目参与碳市场相关规则。探索生态碳普惠机制，鼓励高耗能高排放企业购买碳汇，倡导节庆节会等重大社会活动购买碳汇抵消碳排放，鼓励机关、企事业单位购买碳汇消除碳足迹。探索体现碳汇价值的生态补偿机制，搭建高排放企业进行生态碳汇补偿的平台。

2. 加强科技支撑，建立生态系统碳汇信息化平台

采用"互联网＋碳汇项目"模式，构建生态碳汇项目信息化平台，推进碳汇项目信息共享，保证碳汇项目的类型、规模等信息可查阅、可展示。推动碳汇项目有序开发、管理，推动各类生态碳汇产品研发，鼓励高校和科研院所以科研成果入股生态碳汇项目开发，做强碳汇科技支撑。建立健全碳汇产品认证制度，增强生态系统碳汇的市场可信度，促进碳汇市场交易良性发展。

第三篇　典型案例

案例 1　构建 "碳惠天府" 机制，助推美丽宜居公园城市建设

一　案例背景

　　成都市在公园城市建设与成德眉资同城化推进的过程中进行了持续的探索。成都市人民政府于 2020 年 3 月出台了《关于构建 "碳惠天府" 机制的实施意见》，首次提出打造以 "碳惠天府" 为核心的碳普惠机制，这是成都市在公园城市建设中深入进行广泛惠民、生态环保、市场运作的探索。其中，碳普惠是指对社区、家庭、小微企业、个人的碳减排行为进行细化衡量并赋值，予以政策激励、商业激励，并使之与碳减排量、碳替代量等相融合的引导方式。"碳惠天府" 将 "政府引导、市场运作、公开公正、广泛惠民" 作为核心原则，以 "一年出亮点、两年显特色、三年成品牌" 为目标，通过 "项目碳减排量开发运营、公众碳减排积分奖励" 双重路径大力创新运营管理模式、碳减排量消纳形式，致力于构建公众绿色低碳场景，将 "碳惠天府" 打造为成都践行绿色发展与生态优先理念的典范、国内碳普惠机制建设的标杆。成都市政府推出的 "双路径" 激励机制，同时从公众和企事业单位建设出发，创建公众低碳场景，不仅展现了成都市发展的基本价值取向，而且转化为低碳认证、联通碳减排、碳交易、公众参与热情、项目建设预期，在全国碳普惠机制创建中具有典型示范性与方式创新性。

二　主要做法

（一）"双路径"激发群众积极性，融入成都元素，打造特色 IP

成都市政府推出的"碳惠天府"建设"双路径"主要包括"公众碳减排积分奖励"与"项目碳减排开发运营"两种方式，以提升市民与各企业在节能减排行动上的积极性。碳减排积分奖励是指通过兑换碳积分的形式，对市民碳减排与其他环保行为进行积分奖励，而项目碳减排开发运营是指在碳减排项目的开发中引入相关方法学，通过碳中和的方式进行清洁能源消纳，进而使碳减排项目产生的环境效应展现应有的经济价值。

"碳惠天府"机制建设根据成都市的地域特色、自然资源禀赋及成都多样性的文化，与互联网媒介相结合，打造具有成都特色的 IP。首先，成都市以"三城三都"为核心，营建低碳景区、商超、酒店、餐饮等多样生活消费场景，积极申办与低碳相关的会议主办权，鼓励大型活动碳中和。其次，成都市积极推动川西林盘、天府绿道、龙泉山城市森林公园等核心生态环境保护工程的价值转换，以碳的属性推动碳汇向资产转化。此外，为保障碳减排项目的可持续运营，成都市通过互联网创建了"碳惠天府"这一品牌，打造具有公益性质的开放性平台。熊猫碳碳、神鸟金叫唤是"碳惠天府"机制的两个 IP，以线上、线下卡通化互动的形式向市民介绍有关碳减排尝试、生态多样性的绿色环保知识，"碳惠天府"线上商城也推出了印有 IP 形象的绿色商城品类。

（二）多渠道举办低碳活动，倡导低碳环保生活

"碳惠天府"微信公众号于 2019 年 7 月创立，通过"碳寻蓉城"专栏与丰富的科普文章吸引数十万人阅读，公众号用户突破数万人。2020 年初，"碳惠天府"微信小程序的试运行设置了知识问答、绿色出行等活动，通过线上互动的方式奖励市民进行一定的碳积分，可用于在线上兑换绿色商品与绿色服务或种植碳惠天府林。"碳惠天府"平台联合成都市知名企业、主要学校举办了多种形式的低碳主题活动，向更多人群宣传绿色生活理念。其

中，当地企业家免费代言，助力绿色经济发展；青年志愿者积极在街头向市民及外地游客宣传绿色低碳理念；以"碳惠天府"为主题的文旅公交吸引市民亲身参与绿色文明行动，践行低碳环保理念，"碳惠天府·守护成都绿"系列活动是"碳惠天府"项目落实中的重要组成部分。

一是低碳出游。2020 年 9 月，在成都市生态环境局的指导下，为推广低碳生活理念、倡导绿色低碳出游模式，成都产业集团、成都文旅公交旅游发展有限公司、成都信通信息技术有限公司、成都市大数据股份有限公司共同启动"守护成都绿，低碳要成都"活动。"碳惠天府·守护成都绿"主题旅游巴士内贴满了"碳惠天府"宣传海报，倡导成都市民和来自外地的游客体验低碳出行。巴士主要带领游客参观成都市主要著名景点，包括成都 IFS 国际金融中心、文殊院、武侯祠、宽窄巷子、熊猫基地等，游客可通过线上关注"碳惠天府"公益平台，在绿色商城中使用并兑换碳积分，获取普惠福利，加入成都低碳行列，或者在线下当场兑换具有成都地域特色的礼品。与此同时，"成都旅游总入口"与"碳惠天府"官方微博积极进行线上互动，乘客通过关注"碳惠天府"微博可能获得成都市"金熊猫卡"旅游年卡。当前，成都正积极推进构建"碳惠天府"机制，成都产业集团也在同步建设由成都市政府授权的"碳惠天府"绿色低碳公益平台，共同构建"人人关注、人人参与、人人共享"的城市绿色低碳生活圈。

二是低碳科普。10 月 14 日是世界环境教育日，为加速成都市建设践行新发展理念的公园城市示范区与国家低碳试点城市、在青少年和全国各地网友中普及绿色低碳生活理念、探索一条绿色低碳的可持续发展道路，2020 年，在成都市生态环境局的指导下，四川环境教育 1＋N 联盟主办，成都市大数据股份有限公司、成都信通信息技术有限公司、野趣生境环境设计研究院、成都龙泉驿区青龙湖小学、西华师范大学环境教育中心共同承办的"守护成都绿，低碳科普行"活动成功开展。为顺应新媒体时代的传播特点，成都市生态环境局和抖音、微博新媒体渠道开展深入合作，于青龙湖校区环境教育基地和野趣生境环境教育中心多次开展线上直播活动，由成都当地环境设计研究院的老师以直播的形式向各地网友科普绿色低碳和生态多样性方面的知识，分享实验室生态的趣味性与多元性，向社会各界传达绿色低碳美好生活的理念。本项目不断丰富成都市绿色低碳普惠场景，成都市民可在野趣生境环境教育中心进行实地参观与学习，获得相应的碳积分，通过碳积分兑换，可获得更加多元、有趣味的绿色低碳商品与绿色服务。成都市也将开展更多顺应时代潮流、受年轻人欢迎的教育与科普活动，让更多人加入低碳生活与生态保护的队伍中，为生态文明建设做出贡献。

三　建设成效

（一）"碳惠天府"平台成功创建，碳积分制度初步应用

经过不断的设计与探索，当前成都市民能够在"碳惠天府"平台中广泛参与环保与公益活动，以垃圾分类、践行绿色出行等低碳环保行为获取碳积分，还可以通过在绿色商场、餐厅中获得的碳积分在线上与线下兑换种类多、实用性强的绿色商品与绿色服务。对于企业而言，节能技术改造的不断推进将提升碳资产的管理水平，以减少生产制造过程中产生的碳排量，从相应的方法学出发，可对碳排放量进行系统核算，并在线上交易平台进行碳交易。

当前，"碳惠天府"已在微信、抖音、微博、支付宝等多个网络平台陆续推出，举办数十场线上和线下的绿色低碳活动，上线了共享单车、环保随手拍、新能源汽车驾驶、步行、燃油车自愿停驶等低碳场景，推出40个景区、餐饮、商场、酒店类低碳消费场景，使市民能够在有"碳惠天府"标识的各类低碳消费场景内进行打卡并获取相应的碳积分。碳积分可在公益性运营平台进行兑换，不能够与人民币进行挂钩结算，也不具有货币属性，经兑换后的碳积分由运营实体收归并取代，可防止金融风险的发生。

（二）多元主体共同参与，创建"碳惠天府"公众低碳场景

"碳惠天府"绿色公益平台是在成都市政府、成都市生态环境局等相关部门的共同努力下，由成都产业集团建设并运营的政府授权公益平台。目前，平台建设已经取得初步成效，公众、社会企业、政府部门均参与到创建

低碳场景的行动中。成都空港大酒店、伊藤洋华堂、欢乐谷、柴门餐饮均与成都市大数据集团股份有限公司签署了"碳惠天府"公众低碳场景创建合作协议，四家公司将作为线下场景方，就"碳惠天府"进行大规模宣传与交流，以构建多维度城市绿色低碳生活圈。与此同时，成都平原尼普洛药业包装有限公司、成都天府绿道建设投资集团有限公司、成都龙泉山城市森林公园投资经营有限公司三家公司与成都市大数据集团股份有限公司分别签订了"碳惠天府"碳减排项目开发合作协议，将共同开发锦城绿道一期工程碳汇、龙泉山森林公园碳汇。兴业银行成都分行、四川一汽丰田汽车有限公司、通威太阳能（成都）有限公司、青城山都江堰风景名胜区管理局分别与四川联合环境交易所签订"碳惠天府"碳中和公益行动认购合作协议，标志着成都市第一批碳中和公益行动认购企业的诞生。除鼓励大型活动与会议碳中和外，"碳惠天府"机制呼吁国有单位、出口企业、重点排放企业、上市公司及个人积极履行社会责任，共同参与碳中和公益行动，以减少乃至抵消生活消费、生产经营中产生的碳排量。兴业银行成都分行通过认购"碳惠天府"碳减排量，成为四川省境内第一个参与到碳中和公益行动中的银行，以抵消其办公大楼碳排放。成都兴城集团、成都富维安道拓汽车饰件系统有限公司、四川科伦药业股份有限公司等企业也提交了碳中和公益行动认购申请。

四　经验总结

成都市"碳惠天府"机制的提出是成都在建设公园城市及推进成德眉资同城化过程中的又一创新举措，标志着低碳生活场景打造由传统的政府规定转变为政府引导、群众和社会企业等多主体共同参与的模式，有效激发了群众参与碳减排活动、践行绿色环保理念的热情。其中，成都特色 IP 的融入使"碳惠天府"机制的宣传能够覆盖更广的年龄群体，让年轻人和外地游客能够及时、可视化地了解成都在碳减排方面做出的努力。与此同时，线上与线下多元化绿色低碳活动的开展也扩大了潜在的影响力，让各年龄群体的市民与游客均能够参与到"碳惠天府"建设中，亲身体验公园城市建设的成果。"双路径"的激励方式以及碳积分制度可将市民的低碳活动切实转化为物质激励，进而增强市民的参与热情、提高市民参与度。通过不断地组织学习绿色低碳知识、参与低碳出行等活动，成都市将成为碳普惠制度的标杆，成为践行绿色发展与生态优先理念的典范。

（供稿单位：成都市生态环境局）

案例 2 筑牢城市生态本底，高水平建设龙泉山城市森林公园

一 案例背景

成都市坚定落实党中央及省委要求，坚持"城市让生活更美好"的价值取向，着眼突破盆地限制，实现转型发展，延续千年立城历史的现实需要，开创性启动了成都龙泉山城市森林公园建设。龙泉山城市森林公园位于龙泉山脉成都段，北接德阳市，南连眉山市。作为成都"城市绿心"，龙泉山城市森林公园承担着涵养生态、引领城市跨越龙泉山向东与重庆相向发展的重大使命，在筑牢城市生态本底、优化城市空间格局、塑造城市形态、助力成渝地区双城经济圈建设等方面发挥着重要作用。

二 主要做法

（一）高水平、广视野规划，突出城市公园特色

成都市坚持规划先行理念，以"全球视野、国际标准、成都特色、时代要求"的标准，进行顶层设计，优化公园布局，传承历史文脉，留住龙泉山记忆。一是以国际化视野引领规划科学化。成都市举办国内首个城市森林公园项目国际咨询活动，并面向全球征集一流规划设计方案，共同打造令世界向往的"城市绿心"。2018年，经过系统筛选，最终确定由市规划设计研究

院、市国土规划地籍事务中心等技术支持单位及国际著名咨询公司等社会企业，完成对所有优胜规划设计方案优点、亮点的整合、深化与提升工作，并形成最终规划设计成果。二是以高水平规划彰显公园特色。在龙泉山城市森林公园百余项基础数据的基础上，成都市充分运用项目国际咨询成果，以"景观化、景区化、可进入、可参与"的理念，编制形成《龙泉山城市森林公园总体规划》，明确公园"世界级城市绿心、国际化城市会客厅、市民游客喜爱的生态乐园"总体定位，并坚持多规合一、有机衔接，在公园总体规划框架下，编制形成成都天府新区、东部新区等片区分区规划和森林绿道、生态修复、交通、水利、旅游专项规划，构建形成逐级传导的规划体系。此外，成都市坚持"统一标准、规范建设、塑造精品"，突出"因地制宜、绿色低碳、生态融合"，编制形成道路、配套设施、桥梁隧道、绿道、水域系统、交通安全设施等建设技术导则，科学规范推进公园规划建设。

（二）保障生态建设顺利开展，深入推进绿色低碳行动

在龙泉山城市森林公园起到的天然绿隔作用下，成都市充分涵养生态、绘绿入城，着力构建"一山连两翼"生态服务体系。一是加强顶层设计和基础研究。出台《中共成都市委成都市人民政府关于龙泉山城市森林公园建设的意见》《成都市龙泉山城市森林公园保护条例》，对公园控制边界、开发强度、建筑高度、生态红线等作出具体限制性规定，划定公园"三区三线"（生态核心保护区、生态缓冲区、生态游憩区，生态保护红线、环境质量底线、资源利用上线），编制环境准入负面清单。与中国地质调查局、中科院成都生物研究所等单位开展合作，保障龙泉山全域多要素地质调查及公园生态智能监测系统建设的顺利开展。同时，针对龙泉山植绿空间不足、环境要素制约严重、投入机制不灵活等问题，有关部门积极协同市农科院设立院士工作站，开展城市生态安全格局、自然森林、生态修复和景观营建、乡土适生及植物品种选育和应用、生态服务价值评价及转换途径等课题研究，为公园增绿增景、生态保护修复提供科学依据。二是持续深入实施"增绿增景"行动。制定《龙泉山城市森林公园增绿增景行动方案》《龙泉山城市森林公园生态修复与景观提升专项规划》《龙泉

山城市森林公园增绿增景推荐植物名录》等方案；实施国家储备林、山水林田湖草系统修复试点等长江上游生态保护重大项目，编制《龙泉山城市森林公园山水林田湖草保护修复项目实施方案》，计划未来三年加强实施生态保护修复项目，完成山体生态修复提升、土地综合整治、修复水域生态的任务。以承办省市机关、高校、企业、金融机构"包山头"植树履责活动为契机，广泛动员社会各界力量参与城市森林公园建设，常态化开展"认养一棵树、共建龙泉山"主题活动，积极开展"错峰出行增绿龙泉山城市森林公园""碳惠天府林"云植树等线下活动，加快推动城市森林公园生态保护修护。三是稳妥实施"减人减房"工程。充分考虑龙泉山生态环境容量和成都"两翼"城区产业承载人口能力，注重与全市国土空间规划相衔接，按照"生态上山、人房下山"原则，编制《龙泉山城市森林公园减人减房专项规划》，提升可腾挪生态建设空间，帮助群众入住新居。强化违建清理整治，组织力量深入乡村走访调查，针对个别区县山区在建房屋较多现象，函告严格排查，坚决遏制违法违规建设。

（三）坚持"公园＋"理念，推进产业融合与生态价值转化

在低碳城市建设中，成都市积极构建高品质生活、消费和商业场景，推动生态价值创造性转化。一是强化消费业态培育。秉持"景观化、景区化、可进入、可参与"理念，依托周边城市功能板块，布局打造"特色小镇＋游憩公园"的游憩单元，着力构建"一山连两翼"的现代服务集群；遵循政府主导、市场主体、商业化逻辑的思路，用公园城市理念和核心景区美学设计创新森林公园价值，培育高品质生活场景和新经济消费场景，创新发展天府文化、讲好龙泉山故事，打造"城市之眼"旅游新名片，持续增强公园"生态保育、休闲旅游、体育健身、文化展示、高端服务、对外交往"六大功能。二是强化片区综合开发。通过与周边区县空间、交通、形态、功能全面融合，推进旅游产品由点线、日间向板块、全时转变，培育全域式、全通式消费场景。在公园南段示范区，会同成都交投集团启动丹景台景区提升工程，并以公园南段示范区为承载，通过系统修复提升区域生态功能，高品质打造提升"熊猫之窗"、丹景台景区、天府驿等重大生态文旅项目，植入国际一流、年

轻时尚、富有文化、参与性体验性强的场景，推动积极创建国家生态旅游示范区；在公园北段示范区，统筹推进龙泉山城市森林公园北段示范区建设，加快营造更多可阅读、可感知、可参与的高品质生活场景。

三　建设成效

一是助力成渝森林城市群建设。成德眉资同城化是成渝地区双城经济圈建设的先手棋。以成都龙泉山城市森林公园为核心，通过分享《成都市龙泉山城市森林公园保护条例》《成都龙泉山城市森林公园总体规划》，根据多要素地质调查等重大研究成果，以及国家储备林、山水林田湖草保护修复等方面经验做法，引领带动共建绿色生态网络，推动龙泉山脉成都段、德阳段、眉山段统一打造成为高品质的城市森林公园带，有力助推了成渝森林城市群绿色低碳建设。

二是助力长江上游生态屏障建设。龙泉山是长江一级支流沱江与岷江的分水岭，属于长江上游生态屏障保护核心区域。在规划建设龙泉山城市森林公园过程中，深入践行"绿水青山就是金山银山"理念，以生态视野在城市构建山水林田湖草生命共同体、布局高品质绿色空间体系，通过大规模植树造林、产业生态增绿与陡坡耕地复绿、特色景区与节点造绿等生态保护修复措施，实现增绿增景，公园森林覆盖率大幅提升，进一步改善了城市生态环境，提升了城市宜居品质，增强了城市核心竞争力，有效维护了长江经济带和环成都经济圈生态安全。

三是助力践行新发展理念公园城市示范区建设。将公园形态和城市空间有机融合，以大尺度的生态绿心区隔城市组群，助推形成"一心两翼三轴多中心"的城市空间格局，将打破单中心发展格局，引领城市跨越龙泉山向东与重庆相向发展，有效缓解中心城区交通拥堵、环境污染等系列大城市病问题；重塑城市产业经济地理，推动龙泉山东西两侧差异化发展，充分激发成都"主干"作用，辐射带动环成都经济圈永续高质量发展，助推成都加快建设践行新发展理念公园城市示范区。

四 经验总结

（一）突出顶层设计，打造高效管理运营体系

在全面启动建设前，成都市突出顶层规划设计，编制了《龙泉山城市森林公园总体规划》及分区实施规划、专项规划、建设技术导则，形成了"1＋5＋5＋6"规划设计体系和"市统筹，市、区县共建"的职责分工体系；报请市委、市政府制定出台《关于推进龙泉山城市森林公园建设的意见》，市人大常委会出台《成都市龙泉山城市森林公园保护条例》等法规文件，并高标准完成了"龙泉山城市森林公园项目国际咨询"，面向全球征集公园一流规划设计方案。同时，积极与国内外科研院所和其他机构、企业合作，与联合国人居署、中国林业科学研究院、北京林业大学等机构建立合作关系，落地院士工作站，共同开展国际咨询、多要素地质调查、生态本底调查，并整合绘制完成森林植被地图，在技术层面支撑和指导公园建设。

（二）共建共享，全民共同参与生态建设

积极"走出去"开展投资推介活动，建立城市森林公园建设的社区参与和志愿服务机制，广泛动员社会各方力量参与城市森林公园建设；常态化开展"认养一棵树、共建龙泉山"主题活动，加快推进首批国家"互联网＋全民义务植树"基地建设；持续组织省市"包山头"植树履责、春秋植树造林等活动，"互联网＋全民义务植树"基地建设等，不断改善公园生态环境，提升成都的城市形象和影响力；探索合作共赢模式，鼓励当地群众以土地承包经营权、资金、技术等入股，参与城市森林公园建设发展。

（三）以生态为底色，实现高质量绿色发展

按照"筑景、成势、聚人、兴业"的营城思路，实施增绿增景和减人减房工程，通过大规模乡土植树造林、生态增绿、困难立地与陡坡耕地复绿、特色景区与节点造绿等增绿增景，并有序引导山区居民向两翼产业新城和特色小镇聚集或就近聚居；严格落实"共抓大保护、不搞大开发"要求，精准识别生态功能重要区域和生态环境敏感脆弱区域，划定公园"三区三线"，实行分区管控、分类保护，促进人与自然和谐共生；积极推动生态价值创造性转化，采取片区开发、示范引领，建成"城市之眼"丹景台景区核心区及古驿十二景、东来桃源等特色景点，植入休闲娱乐、文化创意、体育运动、康养度假等消费场景，不断增强绿色资产溢出效应。

（供稿单位：成都龙泉山城市森林公园管委会）

案例 3 聚焦生态价值转化，高质量打造鹿溪智谷城市空间网络

一　案例背景

鹿溪智谷示范区位于天府新区直管区中部，是"一心三城"中成都科学城的核心区域。鹿溪智谷示范区是成都市委十三届三次全会提出实施公园城市建设的"三大示范工程"之一、成都科学城的核心组成部分，是天府新区新经济、科技创新功能的主要载体，肩负着"未来城市"和"公园社区"实践探索的时代使命和政治担当。2017 年 7 月，鹿溪智谷核心区全面启动建设，区域内主干路已基本按规划形成，现状用地多为在建或待建的储备用地。规划顺应山形水势，布局"智慧坊、数字湾、独角兽岛、科创园、国际港、绿色谷、未来村"七大科技创新产业功能片区，形成"一谷连七片""一网串十景"的总体空间结构，并通过构建蓝绿交织生态网络、打造独立便捷社区绿道、加强目标人群精准配套、建设新兴产业创新空间、营造场景体现多元价值、塑造未来城市建设样板六大举措，将鹿溪智谷打造为"蓝绿融城、嵌套布局""以河为轴、拥水发展""开放街区、独立绿道""未来城市、智慧生活"的中国西部（成都）科学城核心区、高品质宜居生活典范区以及践行新发展理念的公园城市未来样板区。

二　主要做法

鹿溪智谷依托"一区一廊"重大项目开工，顺应山形水势，初步形成

"一河两岸、绿谷延展、城绿嵌套、三生融合"的总体空间布局模式。规划秉承公园城市理念，布局"智慧坊、数字湾、独角兽岛、科创园、国际港、绿色谷、未来村"七大科技创新产业功能片区，形成"一谷连七片""一网串十景"的组群格局。其中，一谷即鹿溪河谷；七片即智慧坊（国家安全产业示范园）、数字湾（四川数字经济产业园）、独角兽岛、科创园、国际港、绿色谷、未来村；一网即智谷绿道网；十景即十处特色景点——绿色山谷、未来花园、云端听音、数字金湾、缤纷水岸、都市田园、林下湿地、创智水街、溪畔岛语、科技森林。通过精细化设计，构建水清岸绿、林田环绕、公园渗透的生态网络，形成临河临绿、梯次布局、集约高效的产业空间，营造职住平衡、功能复合、配套精准的社区生活。

（一）开放街区，建设独立绿道，构建生态网络

通过建设开放街区与独立绿道，实现了"70％串于开放街区、30％顺应道路绿化"的社区独立绿道，并引入智能交通工具，形成慢行优先的绿色交通体系；践行小街区规制，打造出行便捷、尺度适宜、配套完善的开放街区；结合生态绿地和开放街区，在道路空间之外建设独立绿道，承担通学、通勤、运动、休闲等功能，串联起融合社区服务、创意交流、商业消费等多元场景；通过"治水、植林、理田、营园"的措施构建蓝绿交织的生态网络，依托丘水林田的生态本底，以鹿溪河为生态核心，构建林田环绕、河谷贯通、公园渗透、绿道串联的生态网络，实现"推窗见田、开门见绿"；依托一河六廊的生态格局，采用"嵌套式组群布局"模式，将生态用地（农业空间）引入城市，按照"景区化、景观化"理念，与建设用地融合布局，实现"推窗见田、开门见绿"。

（二）完善智慧城市设施，将生态空间与城市空间耦合

一是通过打造雨水花园、雨水净化走廊、缓冲带，全面推进海绵城市建设，构建"1个大脑，4套网络，16类设施"的智慧城市设施体系，以TOD理念建设立体城市，塑造未来城市建设样板。未来城市、智慧生活：打造雨水收集、分级处理、净化涵养的绿色海绵系统，布局5G通信、零耗能运输智慧设施；营造机器人服务、虚拟现实科技场景，体现低空飞行、无

人驾驶、AI 公交立体交通，建设低能耗、高智能、黑科技的未来建筑。二是强化生态空间与城市空间耦合，使产业功能融入生态空间，以"公园＋"理念融入文化体育、创新研发、休闲旅游、商业增值、会议发布、都市农业、城市安全、公共服务等八大功能，促进生态价值的转化，营造多元价值场景。以河为轴、拥水发展：以鹿溪河为发展主轴，沿河两岸汇集休闲游憩、科技创新、商业服务、文化体育、总部办公、品质住区等功能，打造集科技场景、创新场景、生活场景、消费场景、商业场景于一体的生态轴、功能轴、生活轴和活力轴。

三　建设成效

鹿溪智谷承担着城市格局之变、发展理念之变、生活方式之变的全面探索和创新任务，坚持以习近平生态文明思想为指导，全面践行新发展理念，以"一尊重五统筹"城市工作要求为总遵循，实施"公园城市 1436"策略，推动优质生态与科技产业融合互促。建成山水林湖四面环抱、公园绿廊串联交织的生态格局和人城境业高度和谐统一的公园城市形态，培育出公园城市 IP，着力形成可复制可推广的发展模式。此外，聚焦人工智能、集成电路、5G 通信、信息安全等数字经济重点领域，引进紫光集团、海康威视、商汤科技等重点企业，构建"基础设施—算法平台—行业应用"产业链，加快推进以数字经济为核心的新经济聚集发展，并持续提升研究开发、技术转移等高新技术服务支撑能力，打造具有全面自主知识产权的国产信息技术生态体系，依托国际技术转移中心构建产学研相结合的国际科技创新转化体系；坚持"人城产"营城逻辑，有序推进重大功能设施、公共配套设施、产业载体、人才住房等综合配套建设。目前，"四纵四横"骨干路网、鹿溪河上游水环境治理、地下综合管廊、智谷绿道已经建成，国际社区、医院、学校、幼儿园等公共服务设施建设全面推进。聚集各类科技型中小企业与中科曙光国家工程实验室等国家级创新平台，引进高校院地协同创新项目，研发设计、知识产权、检验检测等多元化高新技术服务支撑体系初步形成。

四 经验总结

（一）聚焦生态价值，坚持创新型驱动发展

聚焦高质量发展，坚持在关键技术、核心技术上求突破，加快形成以创新为引领的经济体系和发展模式，不断育强核心动能。同时，坚持统筹兼顾、综合平衡，不断提升区域协同发展层次和水平，促进区域间要素交换和公共资源均衡配置，建设创新驱动先导示范区。一是坚持优质生态与高端产业价值共生。坚持人、城市、大自然和谐共生，强化绿色空间营造和环境治理保护，顺应自然山水脉络和生态肌理进行城市布局，深挖"绿水青山就是金山银山"价值创造逻辑，巧妙植入文、商、农、体、旅产业化项目，实现自然系统与城市空间系统的多维度融合，推动新业态、新消费、新价值在绿色空间上持续生长，让公园城市成为引领高端、转型升级的天然本底。二是坚持公共属性与市场价值两相兼顾。把以人民为中心的发展思想落实到城市规划建设的每个环节，既强调区域公共属性、坚守兴绿乐民的初衷，推进全民共建共享共治，又坚持"生态产业化、产业生态化"的思路，以"政府主导、市场主体、商业化逻辑"锻造营城模式，探寻生态机制转化和商业价值发掘的范式，实现生态价值向经济价值、产业价值和社会价值的综合转化，提升城市运营的经济性。

（二）以人为本，全域建设低碳化国际城市

坚持人民城市为人民，把生活城市作为最鲜明的特质和最突出的比较优势，推动城市发展从工业逻辑回归人本逻辑、从生产导向转向生活导向，营造高品质生活环境，促进人与城和谐共生，建设和谐宜居生活示范区。一是注重人的全面体验。坚持"可达可及、开放普惠"的理念，构建以慢行系统为支撑的绿色交通体系，以"城市公园＋小游园＋微绿地"点线面一体化模式打造全域公园场景，形成综合性公园、运动公园、产业公园、文化公园等多类型公园体系，满足不同人群需求的多主题公园，并通过独立便捷的社区绿道相连，推动绿色空间体系与生活社区相融合，把最好的空间作为公

共活动空间和生态空间，让市民"慢下脚步、静下心来、亲近自然、享受生活"，激活公园价值。二是全域建设国际化低碳城市。坚持"一个产业功能区就是一个新型生活社区"，统筹产业功能与城市功能需求，生态设施和公共服务设施规划建设充分考虑和产业特质的兼容、人群特征的交互，建设集研发、生产、居住、消费、人文、生态等多种功能于一体的城市新型社区，实现人产城融合和职住平衡，打造产城融合、职住平衡、智能智慧的产业主题国际化社区。三是持续开展生活聚人。深化以利民便民为导向的基本公共服务清单标准管理和动态调整制度改革，持续优化公共服务生产方式、供给方式和配置方式。以价值尺度和人性尺度为指引，打造步行可达的以公园社区为基本单元的复合型城市生活空间。加大优质中小学校、国际学校和公共服务机构建设力度，大力打造教育高地、医疗健康高地，加速形成与未来城市特质相匹配、新市民需求相适应的高品质生活圈。

（三）提升清洁能源利用率，以技术手段推进低碳城市建设

城市是孕育科技创新、实践技术应用的最佳场景，而技术是支撑未来城市发展不可或缺的重要基础。当今的城市发展已经进入场景驱动的时代，城市高密度的场景及其所带来的海量数据，将成为科技创新、产业发展的真正驱动力。因此，未来要高度重视技术应用，真正建设一座以人为本、成本适宜可控的未来城市。一是引导绿色低碳城市建设。大力推广使用地热、太阳能等清洁能源，构建高效能源体系，提升可再生能源使用率，并明确政府投资项目率先示范，全部采用清洁能源。积极推行绿色建造技术，加紧编制绿色建筑导则，政府投资的公共建筑严格按照绿色建筑标准建造。二是与国家信息中心合作推进天府新区数字城市顶层设计，初步完成重点区域数据收集、3D 建模等工作，并同步开展智慧城市大脑建设。加快布局以 5G 为核心的新一代信息技术基础设施，并运用智能控制、智能灌溉、智能感知等物联网新技术，建设智慧公园，提升绿色公共空间的服务品质和管理效率，降低成本。还可与创新中心合作，开展无人驾驶示范段应用研究，高起点布局智能网联汽车、无人驾驶等未来产业。

（四）创新城市治理模式，构建高效治理体系

在国家治理体系与治理能力现代化的目标之下，城市治理从规划方案编制到社会共识，再到实施管理的全过程，应成为创新城市治理模式、建立政府－市场－社会协同治理体系的持续改革过程。一是坚持开发建设与现代化治理同频共振。好的城市生活离不开好的城市治理，强化建设与治理同步，以"人本化、法治化、标准化、常态化"逻辑构建高效的低碳城市运营管理和治理体系，增强低碳城市软环境。坚持鹿溪智谷科技属性，率先全面建立城市全过程、全领域、全要素数字化机制，实施运行管理数字化、网络化和智能化，将大数据、云计算、人工智能等新技术应用到示范区，做到民生服务智慧运用、基础设施互联互通，实现对治理全民性、全时段、全要素、全流程的覆盖，全面提升城市管理精准度。二是进一步构建高效共治体系。城市治理要从过去"科层式、复杂交错、重审批轻服务"的僵化管理模式，向"多元主体参与、多元化协同"的善治模式转变。以"城市统筹者、城市智囊团、城市运营商"三大主体统筹城市建设管理，完善共建机制，精细管理内容，建立纵向扁平化、横向网络化的治理模式，充分调动各方的积极性、平衡各方利益，实现共商、共议、共决。同时，强化党建引领，构建以"社区党组织"为核心，"居民、市民、游客"参与共治的"1＋2＋N"治理体系。因此，可以增强政府积极有为、精准作为、有效管控的能力，实现有限政府、有效市场的目标，从而科学构建低碳城市治理新体系。

（供稿单位：四川天府新区成都管委会自然资源和规划建设局）

案例4 加快生态产业共融，树立 西来镇铁牛村低碳实践典范

一 案例背景

铁牛村因村内西汉冶铁遗址残留铁渣形似铁牛而得名，位于蒲江县西来镇北部，距成都市中心直线距离约 60 公里，域内成蒲快铁、成都三绕高速、省道 401 穿境而过，成蒲快铁西来客运站位于该村。全村面积 9.59 平方公里，辖 12 个村民小组，共 1073 户 3634 人，其中党员 114 名，现有一支 100 多人的原生性乡建队伍。铁牛村位于成都市一小时经济圈内，可在短时间内到达西来高铁站与成都西站，铁牛村附近的西来古镇是川西民俗文化古镇的典范，拥有长达 1700 多年的历史和丰富的旅游文化资源。以丑橘产业为主导产业的铁牛村在村镇合并后形成了城、镇、村互相交融的形态，是城乡融合的最佳探索地。该村生态农业本底良好，以渔果产业为主，2020 年人均可支配收入达 2.6 万元，先后获评省级"四好村"、省级农房建设试点村和成都市乡村振兴示范村。铁牛村在建设践行新发展理念的公园城市示范区的时代背景下，聚焦乡村资源价值转化，着力发展壮大集体经济、带动村民持续增收，秉持党建引领、规划先行、村企合作、多元共创的发展思路，探索以新规划、新人才、新融合、新场景为重点，打造充分体现"生产之美、生态之美、生活之美、生命之美"的公园城市未来美好乡村实验区。

二　主要做法

（一）打造低碳产业：生态产业化，产业生态化

铁牛村创新性地打造了生态产业实验室，通过推动农业产业的生态化，实现一、二、三产业联动，实现土壤修复与水质净化、生态种植、生态养殖及农产品加工、生态文旅的有机结合。在对铁牛村的规划中，团队充分尊重现状风貌，对果林和鱼塘进行优化，改造原有果林土壤，逐步达到有机种植的标准；梳理鱼塘的原有肌理，使铁牛村的水网更成体系，引入企业统一管理，净化水体，实现生态养殖。

（二）引领低碳经济：新型集体经济模式

铁牛村的新型集体经济模式为国企经济引领、新老村民共创、五类集体经济联合体共建共享的模式。整个田园生活度假社区的党建引领、村社企共建共享的发展机制与模式已初步建立。在党委政府的领导下，村庄、企业与社会各界组织发挥自身优势，形成共同合作的"4343"机制，即政府负责4项事务，包括党建引领、人才扶持、引导性投资与金融支持、公共服务与基础设施建设；村庄主要负责3项事务，即人力组织、文化传承、资产收储与租赁；社会组织负责3项事务，包括政策研究、公益慈善、社区营建；而社会企业负责4项事务，即前期设计、招商引资与建设、项目运营管理、品牌传播与推广。此外，铁牛村村民联合组建了一个村企联合体，成立了铁牛丑美田园度假村有限公司，每位村民均为公司的股东，每年可获得分红。通过打造统一对外宣传品牌，铁牛村对将村里所有资源进行系统规划后形成的农业、文创与文旅三个产业园区进行建设和后续运营，未来还将成立一支乡村振兴基金，建设乡村集体经济体，让铁牛村率先进入资本市场。

（三）实施低碳规划与建设：打造天府新林盘聚落

在铁牛村的规划与建设中，村委会重点打造新林盘与新聚落，将乡村传统农业转化为新生态农业，将传统风景转化为新消费体验场景。对于新聚落而言，铁牛村尊重传统林盘散落布局的生态系统，打造新老村民融合共创的新生活生产社区。在低碳规划方面，秉承散而整、小而精、简而美的原则，通过点状布局与线性连接形成完整与系统的生态体验系统；不断完善绿地系统，保证铁牛村绿地格局的连续性和整体性，通过绿道将点状斑块逐渐连接起来，形成结构明晰的绿色网络构架，满足铁牛村休闲、体验与展示的旅游需求；规划打造慢行出游的交通体系，构建低碳、生态与高效的乡村旅游度假目的地。在低碳建造方面，秉持不大拆不大建、尽可能利用与转化的原则，建设资源集约的低碳社区——杜绝建设用地的盲目扩张和不合理的土地利用，避免大拆大建，尽量利用村里的闲置物业；整合空间资源，并将绿化空间引入基地内，形成让植物与居住空间相互渗透的开敞格局；建筑用材以本地天然原材料为主，尽量少地硬化地面，降低建造耗能。

铁牛村用时三年，邀请国际化的设计师团队和中国最好的竹加工企业共同研发"云集"生态建筑体系。小屋全部用生态竹制板材制作而成，制作简易、耗时短。在这个80平方米的平台上，设计团队创造性地布置了一房一厅、一个花园式院子和一片田园景观，将四个小屋形成一个组团。"云集"生态建筑体系系统回应乡村文旅开发六大难题：一是乡村土地难题，即巧妙利用农业设施用地，实现全域旅游；二是生态环保难题，即无硬化地面、可降解建筑材料、无建筑垃圾、污水内循环；三是乡村建设难题，即工厂预制，手工建造，无设备与道路需求；四是体验品质难题，即小房子大自然，东方美学民艺手作；五是投资回报难题，即低成本保证快收益，规模化运营实现高回报；六是农民增收难题，即一、二、三产业联动带来租金、务工、分红三重收益。

（四）共创低碳生活：设立可持续乡村生活实验室

铁牛村设立可持续乡村生活实验室，吸引城市年轻人来到乡村推动联合国17条可持续生活主张与当代中国乡村生活的结合。它推行低碳出行、零废弃乡村、无塑乡村、厕所革命等乡村可持续生活主张，号召新老村民一起发动并参与。

三　建设成效

铁牛村实验区现已初步完成《公园城市未来美好乡村实验区规划方案》，引进专业化运营公司 1 家、共创机构 15 家、新村民 50 余人。由国有平台公司先期引导投资硬件建设，村集体与专业公司以 4∶6 的比例投资入股成立蒲江铁牛丑美田园度假村有限公司，对铁牛村的资源、资产进行统一规划设计和运营管理。已初步完成生态果林乐园、铁牛妈妈的餐厅、丑美生活馆等空间打造；开发了铁牛妈妈的味道田园轻饮吧、果林度假小屋等文旅体验场景，实施铁牛村生态提升、社区教育、有机农业等项目，打造儿童手工作坊、假日亲子体验营、儿童音乐课堂、生态自然教育学堂、趣味垂钓塘、坞花课等特色文创项目，以及"铁牛村开放日""丑美生活节"等沉浸式旅游体验产品；打造了田野卫生间、风铃之径等生态体验场景；研发了自然教育课堂、创意手工课堂、一米菜园、丑橘气泡水、丑橘蛋糕、丑橘果酱等特色文创、农创产品。核心示范区已初具雏形。

在郊野公园打造、新村建设、林盘整治等项目中，党员干部带头带动村民参与，项目涉及的 200 余亩土地，1 个月内全部调换、清理到位，党组织号召力持续攀升；成立"乡建"工作队，吸纳全村工匠 60 名，到邛崃、大邑等地承建"民俗"50 多处，每年收益约 200 万元；成立铁牛科技果品协会，提升村民种植水平，培育多个农村职业经理人；种植特色水果 4300 余亩，发展渔业养殖 520 亩；成立牛旺旅游合作社，整合闲置土地资源，打造集娱乐、垂钓、采摘、餐饮、住宿等于一体的农家乐，集体经济年收入达约 22 万元；涉及群众利益的重大事项都征求群众意见，严格落实村民议事、群众监督等制度，项目实施群众满意率达 100%；连续 3 年开展"最美阳台、最美庭院"评比活动，400 多户群众主动靓化、美化自家庭院，群众参与热情一年比一年高；结合端午、中秋、重阳等传统节日，常态开展各类文化活动和评选表彰活动，培育向上向美的社区精神。

四 经验总结

铁牛村因其悠久的历史文化、优越的地理位置、丰富的自然资源条件获得了外来人才与团队的青睐，而当地村民与外来人才共同根据铁牛村的特点设计了具有铁牛村特色的、独一无二的乡村振兴模式，扩大原有的农业、渔业产业规模，并带领村民共同参与组建乡村联合体，实现了共同分红、共同富裕。在党建的引领之下，铁牛村通过科学的规划、多元共创的发展路径打破了传统乡村的振兴方式，使人才与场景营建融为一体。成都市铁牛村作为新时代乡村生态文明建设与乡村振兴的典范，是成都市公园城市建设中城乡融合的最佳范例与范本。

（供稿单位：四川丑美生活文化旅游发展有限公司）

案例 5 完善 "绿蓉通" 平台金融服务，培育西部地区绿色金融生态圈

一 案例背景

在成都市推动金融支持民营经济、推进绿色金融改革创新、进一步优化营商环境的过程中，为提升企业获得信贷便利度、优化成都营商环境，同时创新发展绿色金融，助力加快建设国家西部金融中心，成都市建设和运营地方绿色金融综合服务平台，即"绿蓉通"平台。"绿蓉通"平台是由四川省成都市新都区为促进金融支持中小微企业发展、改善营商环境建设的全天候线上金融超市。平台由成都香城绿色金融控股有限公司负责建设和运营，致力于解决融资对接问题，助力解决中小微企业面临的"融资难、融资贵、融资慢"问题。设计团队积极探索绿色金融支持小微企业与民营企业融合发展。该平台由政府部门、企业、金融机构三方共同参与运营，为融资业务提供政策支持、信息展示、交易撮合、监督管理等多元化服务。"绿蓉通"致力于打造一个资金融通服务与资金供需信息的平台，实现企业融资需求与金融机构资金供给的有效及时对接，为各类中小企业提供人性化、精准化的金融服务，提升金融机构服务效率以及中小微企业的融资成功可能性。绿色金融专业服务是"绿蓉通"平台的主要特色，通过引入人工智能、大数据、云计算等现代化高科技手段，赋能金融机构绿色金融专业能力，迅速开展绿色金融业务，不断扩大绿色金融规模。与此同时，"绿蓉通"平台能够便捷支持金融机构和

企业高效对接差异化货币与财税等各项政策，降低企业融资成本，有效增强企业与金融机构的绿色化经营活力与动力，引导绿色金融服务实体经济高水平、高质量发展，助推我国西部地区实现绿色发展转型。

二　主要做法

"绿蓉通"平台依据服务主体的不同，提供了相应的信息化服务。一是服务实体经济，金融创新带动，推进融资顺利落地。平台通过接入涉企政务大数据，实现企业融资需求与金融机构资金的精准对接，真正打通企业融资"卡脖子"环节，拓宽企业融资渠道，降低企业尤其是中小微企业的融资难度与成本，有效解决中小微企业"融资难、融资贵"的问题，提高企业信贷资金的可获得性，成为成都市银企沟通的桥梁。二是服务金融机构，拓宽获客渠道，助力绿色转型。海量企业活跃的融资需求，为金融机构高效配置信贷资金提供广阔的市场平台。同时平台运用前沿的绿色专业服务，实现线上绿色业务秒识别，帮助金融机构提升绿色业务展业能力，弥补金融机构在绿色金融的专业能力短板，快速做大绿色信贷规模。三是服务地方政府，形成"一揽子"政策合力。强化政策指导，通过一站式发布线上绿色贴息政策、"蓉易贷"等惠企政策，为政府跟踪政策落实、做强绿色金融提供有力抓手，让惠企资金直达实体经济。

"绿蓉通"平台拥有的四大主要特点可助力绿色金融发展与绿色经济转型。一是实现企业融资新体验。按照传统模式，企业向银行申请贷款需跑多个部门，收集各类资料和证明。"绿蓉通"平台依托大数据技术，创新整合覆盖工商、司法、环保等多维度企业信用信息，为金融机构提供高数据价值的企业信用报告，有效减少企业跑部门、打证明，也让金融机构在线提早了解企业真实情况，提高金融机构贷审效率。二是实现融资对接新变革。"绿蓉通"平台实行银行抢单制，企业发布融资申请后，区内银行在同一时间抢单，只有抢单成功的前三家银行，才能获得与企业对接机会，并查阅企业社会信用信息报告。在此基础上，银行客户经理主动上门对接，企业在家即可享受信贷服务，实现了银企融资对接方式的重大变革。三是实现融资服务新效率。"绿蓉通"平台创新设立"137"限时服务机制，制定"137"工作规则，积极推动银行在企业提出融资申请后，1个工作日内接单响应、3个工作日内主动服务、7个工作日内完成评估，实现银企高效对接，极大降低了企业融资的时间成本。四是实现绿色金融新举措——绿色识别智能化、环境效益可量化。"绿蓉通"平台积极拥抱人工智能、大数据等新兴技术，创新提供绿色智能识别服务，帮助银行实现绿色贷款在线识别，全面降低绿色信贷专业门槛；同时，"绿蓉通"平台提供简单易用的环境效益测算服务，帮助银行精准测算绿色贷款的环境效益。

三　建设成效

"绿蓉通"平台是成都市新都区率先整合全区银行和非银金融机构的融资对接平台。"绿蓉通"平台于2020年5月初正式启动试运行，截至2021年7月31日，已入驻25家银行，发布77款金融产品；共有1609家企业成功注册，319家企业通过平台获信29.74亿元，其中，绿色授信金额为16660万元。在企业信用信息建设方面，"绿蓉通"平台于2020年4月底通过第三方数据服务商完成首期企业信用信息整合工作，目前共完成33项企业信息整合，涵盖工商、司法、税务、经营、风险、资质等数据项。

四　经验总结

作为诞生自成都市新都区的绿色金融平台，"绿蓉通"平台打破了地域限制，允许任何有融资需求的企业在平台上发布信息，有助于实现异地企业与金融机构之间的快速信息对接。"绿蓉通"平台也打破了服务限制，对所有类型的企业开放，提供丰富的金融产品，在一般融资的基础之上增加环境效益测算和绿色智能识别等新功能。"绿蓉通"平台在习近平新时代中国特色社会主义思想的指导下，不断深化金融供给侧结构性改革，坚持金融服务实体经济与人民生活，坚持政府与市场双管齐下，使财政资金的杠杆放大作用充分体现，加强产业发展与绿色融资联动，构建以债权融资补贴和贷款风险分担机制为基石、以融资服务机构风控能力市场化为原则的"蓉易贷"普惠信贷工厂，完善多层次、宽领域、广覆盖中小微企业融资服务体系，为全市乃至更广地区中小微企业未来发展提供强劲且坚实的金融支持。

当前，中国是仅次于欧盟和美国的全球第三大碳交易市场。要发展金融科技，需要将绿色金融与现代高科技有机融合、共同发展。此外，有关部门还应当设立绿色金融产品交易市场，将绿色标准统一化，保持我国经济高质量发展。成都已成为西部乃至世界上最具有创新活力的金融中心，成都的金融科技在"全球金融中心指数报告"中列全球第 25 位。成都市正大力发展以金融科技为突破口的现代金融产业生态圈，推动西部金融中心建设向以金融科技为导向的现代化金融转变。作为绿色金融试点区域，成都已将碳达峰与碳中和考虑在城市发展整体布局中，将绿色金融作为五大新兴金融产业之一。此外，成都市构建了我国西部第一个地方性绿色金融标准，成立了成都绿色金融智库，绿色金融生态圈初步形成。未来，成都市将会与社会各大金融机构开展深入合作，进一步创新绿色金融，大力支持经济绿色高质量发展，并以更加开放的胸襟拥抱金融科技，以更富创新的探索激活金融科技，以更具包容的生态滋养金融科技，以更优质的营商服务护航金融科技。

（供稿单位：成都市地方金融监督管理局）

案例 6 建设绿色、低碳、创新的多态融合
生活垃圾处理电厂

一 案例背景

固废垃圾处理是城市发展中不可回避且难以解决的问题，海诺尔成都邓双环保发电项目基于绿色、低碳、开放、共享、创新的理念，投资建设了成都邓双海诺尔环保发电有限公司，项目位于成都市新津县邓双镇文山村五、六组，其垃圾收运范围包括新津区、双流区、温江区和天府新区西南区域等。成都邓双海诺尔环保发电有限公司垃圾处置规模大，日处理量约为 1500t，拥有两台 750t/d 焚烧炉和两台 25MW 凝汽式汽轮发电机组；项目占地 112 亩，处理工艺采用生活垃圾全焚烧处理工艺、炉渣破碎外运综合利用；垃圾焚烧系统采用成熟的机械炉排型焚烧炉，烟气净化处理系统选用"SNCR＋干法＋半干法＋活性炭喷射＋袋式除尘器＋SCR"的烟气处理工艺。

该项目充分利用垃圾发电"变废为宝"、三化处理及循环使用的绿色理念，创新应用裸眼 3D、人机实时互动、沉浸式环保科普体验区、循环水生态系统等，同时，基于发电厂垃圾处理系统，打造了西南地区首家现代化的环保教育科普基地，为当地民众提供绿色能源知识科普、环保教育及绿色休闲的场所。

二 主要做法

本项目在发电工艺、烟气净化技术两大方面的技术水平处于西南地区领先位置，项目建设突出"绿色""低碳""创新"理念。

（一）节能降耗，提升发电效率

本项目是西南地区首家采用中温次高压工艺的垃圾发电项目，中温次高压的蒸气参数为 6.4MPa、450℃，相对于普遍采用的中温中压蒸气参数 4.0MPa、400℃，在相同进气流量、排气温度和排气压力下，高转速汽轮发电机组能够大大减少叶高损失和鼓风及斥汽损失、摩擦损失、隔板漏汽损失、叶顶漏汽损失，能够降低汽耗，提升发电效率。

（二）减少污染物排放，优化排放指标

本项目作为省市重点项目，烟气污染物的排放指标是管控重点。从设计源头抓起，采用新工艺、新技术，烟气净化系统在传统的工艺技术"SNCR＋半干法＋干法＋活性炭喷射＋布袋除尘器"的基础上，新增 SCR 系统，采用 SNCR＋SCR 联合脱硝工艺技术。本项目是西南第一家采用该烟气处理工艺技术的垃圾发电厂。

（三）污水零排放，循环利用水资源

水资源利用方面，电厂污水实现了零排放。按照各工艺系统对水量及水质的要求，结合水源条件，设计合理的工艺系统，做到少用水、循环用水、一水多用。通过对电厂供、排水的综合平衡，合理地进行供排水的重复利用，排水的收集、调蓄和输送，以及用水的计量、监测和管理等，充分、合理利用水源，保护环境，保证电厂长期、安全、经济地运行。

同时，在厂区内打造人工湖和过滤净化系统与汽机循环水系统，用于汽轮机发电。循环水系统供汽轮机凝汽器、空气冷却器、凝汽器冷却用水。设备冷却回水利用余压回至逆流式机力通风冷却塔冷却，冷却后的水经循环水泵加压送至汽机间供设备循环使用。厂区生活污水、垃圾渗滤液经过处理并且达到工业 I 级标准水质后进入冷却塔循环水中，用于汽轮机发电。

三　建设成效

（一）节能减碳效益

一是大幅提升发电效率。该项目发电厂应用中温次高压工艺，相较于中温中压的工艺，生活垃圾吨发电量从 400～430kwh/t 提升到 580kwh/t，发电效率提升约 10％，实现综合热利用效率提高 2％。

二是减少碳排放量。以本发电厂日焚烧垃圾 1500 吨的处理量，折算成的标准煤消耗量为 214.3t/d。该厂每天节约了 214.3 吨的标准煤消耗量。一千克标准煤燃烧发电将向外界排放 CO_2 约 2.493kg。成都邓双环保发电厂每天所节约的标准煤，相当于每天向外界减排 CO_2 量为 534.25t。每年向外界减排 CO_2 量总计为 195001.21t。

三是烟气超净排放，污染物近零排放。本项目自 2021 年正式投运以来，烟气实时排放指标符合并明显优于国标 GB18485－2014 和欧盟 2000 标准。在颗粒物排放方面，欧盟 2000 排放标准为 10 mg/Nm^3，本项目的日均排放值低于 2mg/Nm^3；氮氧化物排放方面，欧盟 2000 排放标准是 200mg/Nm^3，本项目的日均排放指标控制在 60mg/Nm^3 内。二氧化硫、氯化氢等日均排放值均低于 15mg/Nm^3，亦是大幅度优于国标 GB18485－2014 和欧盟 2000 标准。综合估算，本项目年排放总量约 350 吨/年，减排示范效益良好。

（二）履行社会责任，普及环保教育

本项目除环保发电外，兼具环保科普教育功能。厂区内建设有创新科技感、沉浸式环保科普教育基地。发电厂实操大楼是科普基地核心功能区，于一楼、三楼、六楼分别打造生态环保科技体验区、垃圾焚烧发电流程和垃圾吊室等浸入式学习、体验功能区。

通过数字化科技大厅、裸眼 3D 动漫、光影互动科技墙，为参观者演绎本项目垃圾变废为宝的流程，让人们对垃圾发电工艺、全流程有更直观的理解，加深垃圾发电的"一进六出"印象；创新打造电厂个性化 IP 主角，并将其描绘为科技故事，以通俗易懂的方式讲述从垃圾处理到发电的全过程；打造"3D 光影森林"，以逼真模拟的森林环境、活泼灵动的三维动物影像和"人＋光互动"的方式，宣传保护生态、保护环境的知识；通过对垃圾抓斗操作室的参观、科普墙知识的介绍，普及垃圾的储存、堆放、发酵、进炉等环保知识。

四 经验总结

项目生活垃圾处置规模为 1500t/d，所采用的焚烧炉是目前四川省单机规模最大的焚烧炉；配置 25MW 汽轮发电机两组；年运行时间不低于 8000 小时，年发电量 3.342 亿 kWh，属于省、市重点项目。

该项目采用德国马丁 SITY2000 型垃圾焚烧炉排炉、配套中温次高压发电机组的先进工艺，电厂发电效率显著提升；烟气净化系统采用国际领先的 "SNCR ＋半干法＋干法＋活性炭喷射＋袋式除尘器＋SCR" 烟气净化综合处理工艺，排放指标优于 GB18485－2014 国家环保排放标准，优于欧盟 2000 标准。作为西南区首家采用上述两项工艺的电厂，对四川省垃圾发电项目提供了本地示范案例，将促进四川省垃圾发电行业新技术的推广应用；污水处理系统采用 "UASB 反应器＋MBR 膜处理＋纳滤（NF）＋反渗透（RO）＋碟管式反渗透（DTRO）" 的组合处理工艺，达标处理后作为中水回用，实现污水零排放。

项目投运后，每年处置生活垃圾 65.7 万吨，年提供绿色电能 3.342 亿 kWh，年节约标煤超过 10 万吨，年减排 CO_2 约 25 万吨，将为成都市相关区域的生活垃圾处理实现无害化、减量化、资源化做出巨大贡献。同时，项目规划的打造国家级环保科普基地，充分利用现有场地资源、绿色环保理念，结合科技手段为社会提供现代化、科技化的环保科普场所。

（供稿单位：成都邓双海诺尔环保发电有限公司）

参考文献

曹丽斌、李明煜、张立、蔡博峰，2020，《长三角城市群 CO_2 排放达峰影响研究》，《环境工程》第 11 期。

陈洁行、沈悦林、龚勤等，2009，《杭州的低碳城市交通实践与发展对策》，《城市发展研究》第 12 期。

成都市公园城市建设管理局：《2020 年成都市森林资源与林业生态状况公告》，《成都日报》2021 年 8 月 6 日。

成都市人大常委办公厅，《成都市美丽宜居公园城市建设条例（草案）》，http：//www. cdrd. gov. cn/website/tzgg/15518. jhtml，最后访问日期：2021 年 7 月 24 日。

《德国城市能源转型经验汇编——能源规划成果和最佳实践案例》，原创力文档，https：//max. book118. com/html/2017/1207/143145969. shtm，最后访问日期：2020 年 7 月 20 日。

段宏波、杨建龙，2018，《政策协同对实现中国国家自主贡献目标的影响评估》，《环境经济研究》第 2 期。

段晓男、王效科、逯非、欧阳志云，2008，《中国湿地生态系统固碳现状和潜力》，《生态学报》第 2 期。

方精云、郭兆迪、朴世龙、陈安平，2007，《1981～2000 年中国陆地植被碳汇的估算》，《中国科学》第 6 期。

冯海波、方元子，2014，《地方财政支出的环境效应分析——来自中国城市的经验考察》，《财贸经济》第 2 期。

冯悦怡、张力小，2012，《城市节能与碳减排政策情景分析——以北京市为例》，《资源科学》第 3 期。

付晓敦、狄升贯、王新岐，2011，《城市交通的低碳概念》，《城市道桥与防洪》第 5 期。

付允、刘怡君、汪云林，2010，《低碳城市的评价方法与支撑体系研究》，《中国人口·资源与环境》第 8 期。

龚强、张一林、林毅夫，2014，《产业结构、风险特性与最优金融结构》，《经济研究》第 4 期。

郭义强，2021，《生态保护修复有助于碳中和》，《中国自然资源报》3 月 10 日。

《国际能源署：张家口能源转型 2050 年路线图（特别推荐）》，摩尔芯闻，http：//news. moore. ren/industry/175861. htm，最后检索时间：2021 年 8 月 4 日。

《国家发展改革委举行 1 月份新闻发布会介绍宏观经济运行情况并回应热点问题》，2021 年 1 月，https：//www. ndrc. gov. cn/xwdt/xwfb/202101/t20210119 _ 1265270. html？ code ＝＆state ＝ 123，最后访问日期：2021 年 8 月 9 日。

国网能源研究院，2020，《中国能源电力发展展望（2020)》，中国电力出版社。

韩栋，2020，《公园城市理念下的中央商务区交通规划研究——以成都天府中心为例》，《交通与港航》第 6 期。

胡初枝、黄贤金、钟太洋、谭丹，2008，《中国碳排放特征及其动态演进分析》，《中国人口·资源与环境》第 3 期。

胡静，2019，《上海城市绿色发展国际对标研究》，《科学发展》第 6 期。

黄菁、陈霜华，2011，《环境污染治理与经济增长：模型与中国的经验研究》，《南开经济研究》第 1 期。

贾品荣，2020，《东京低碳绿色发展给我国城市发展带来三点启示》，

《中国经济时报》11月10日，第3版。

江红莉、王为东、王露、吴佳慧，2020，《中国绿色金融发展的碳减排效果研究——以绿色信贷与绿色风投为例》，《金融论坛》第11期。

金艳鸣、傅观君、鲁刚，2019，《能源转型之一：北京"脱煤、提气、增电"提升首都核心功能》，《中国能源报》4月8日。

李超骋、田莉，2018，《基于PSR模型的低碳城市评估指标体系研究》，《城市建筑》第12期。

连玉明，2012，《城市价值与低碳城市评价指标体系》，《城市问题》第1期。

林伯强，2021，《城市应当是碳中和的先行者》，《21世纪经济报道》6月17日。

林伯强、刘希颖，2010，《中国城市化阶段的碳排放：影响因素和减排策略》，《经济研究》第8期。

林毅夫、孙希芳、姜烨，2009，《经济发展中的最优金融结构理论初探》，《经济研究》第8期。

刘继秀，2017，《基于LEAP模型吉林省长期能源消耗量及碳排放量分析》，硕士学位论文，吉林大学。

刘骏、胡剑波、袁静，2015，《欠发达地区低碳城市建设水平评估指标体系研究》，《科技进步与对策》第7期。

刘星光、董晓峰、王冰冰，2014，《英国生态城镇规划内容体系与特征分析——以三个典型生态城镇规划为例》，《城市发展研究》第6期。

卢宝杰、李军祥，2016，《成都地区电动汽车充电设施布局研究》《技术交流》第21期。

卢彬，2019，《沪、苏两城能源转型之旅》，《中国能源报》4月8日。

卢洪友、祁毓，2013，《均等化进程中环境保护公共服务供给体系构建》，《环境保护》第2期。

鲁政委、方琦，2020，《上海亟待推进国际绿色金融中心建设》，《中国金融》第5期。

陆化普、毛其智、李政，2009，《快速城镇化进程中的城市可持续交通：理论与中国实践》，中国铁道出版社。

罗丽，2010，《日本应对气候变化立法研究》，《法学论坛》第 5 期。

洛基山研究所，《零碳城市手册》，http：//www. rmi-china. com/，最后访问日期：2021 年 8 月 5 日。

马丽梅、史丹、裴庆冰，2018，《中国能源低碳转型（2015—2050）：可再生能源发展与可行路径》，《中国人口·资源与环境》第 2 期。

茅林，2010，《杭州市低碳交通"十二五"发展规划基本问题的思考》，《公路》第 8 期。

潘家华、陈蛇主编，2020，《公园城市发展报告（2020）》，社会科学文献出版社。

清华大学建筑节能研究中心，2018，《中国建筑节能年度发展研究报告（2018）》，中国建筑工业出版社。

清华大学建筑节能研究中心，2019，《中国建筑节能年度发展研究报告（2019）》，中国建筑工业出版社。

深圳市建筑科学研究院股份有限公司，2020，《建筑电气化及其驱动的城市能源转型路径》，11 月 16 日。

《十大方面描绘成都未来发展，〈成都市国土空间总体规划（2020—2035年）〉草案公示》，2021 年 7 月，https：//baijiahao. baidu. com/s？id＝1704783022448252314&wfr＝spider&for＝pc，最后访问日期：2021 年 7 月 29 日。

宿凤鸣，2010，《低碳交通的概念和实施路径》，《综合运输》第 5 期。

唐旭，2021，《碳中和目标下公园城市如何建设？精细化协同化智慧化是着力点》，川观新闻，8 月 4 日。

陶成成，2016，《安徽省地级市经济发展路径思考——基于碳排放脱钩的视角》，《重庆文理学院学报（社会科学版）》第 5 期。

田瑾，2008，《多指标综合评价分析方法综述》，《时代金融》第 2 期。

田泽、张宏阳、纽文婕，2021，《长江经济带碳排放峰值预测与减排策略》，《资源与产业》第 1 期。

屠红洲，2018，《长三角地区能源消费碳排放与经济增长关系的实证研究》，硕士学位论文，华东师范大学。

王建蓉，2020，《公园城市建设目标下的新城综合交通规划研究——以成都天府国际空港新城综合交通规划为例》，《交通与港航》第 3 期。

王靖添、马晓明，2021，《低碳交通研究进展与启示》，《生态经济》第 5 期。

王礼茂、陈王，2008，《中国陆地生态系统碳收支与增汇对策（精）》，科学出版社。

王乃春，2015，《青岛市城镇碳排放水平及低碳城镇评价体系研究》，博士学位论文，中国海洋大学。

王其藩，1994，《系统动力学》，清华大学出版社。

王婷、任庚坡，2013，《东京应对气候变化建设低碳城市的进程与启示》，《上海节能》第 4 期。

王鑫，2018，《我国低碳交通发展探究》，《产业与科技论坛》第 18 期。

卫蓝、包路林、王建宙，2011，《北京低碳交通发展的现状、问题及政策措施建议》，《公路》第 5 期。

吴力波、钱浩祺、汤维祺，2014，《基于动态边际减排成本模拟的碳排放权交易与碳税选择机制》，《经济研究》第 9 期。

吴向鹏，2019，《国际低碳城市发展实践及启示》，《开发研究》第 5 期。

伍速锋、王洋、吴祥国等，2019，《品质交通与协同共治——2019 中国城市交通规划年会分论坛总结》，《城市交通》第 6 期。

《习近平主持召开中央财经委员会第九次会议》，2021 年 3 月，http：//www. gov. cn/xinwen/2021－03/15/content _ 5593154. htm，最后访问日期：2021 年 8 月 6 日。

邢佰英，2015，《英国低碳城市规划建设经验及启示》，《宏观经济管理》第 7 期。

徐洪磊，2014，《绿色交通的理论框架与政策建议》，《交通运输部管理干部学院学报》第1期。

徐建闽，2010，《我国低碳交通分析及推进措施》，《城市观察》第4期。

徐双庆、刘滨，2012，《日本国内碳交易体系研究及启示》，《清华大学学报（自然科学版）》第8期。

《央行：2021年下半年要推动碳减排支持工具落地生效》，https：//www.h2o－china.com/news/326464.html，最后访问日期：2021年8月20日。

杨放，2016，《基于平衡计分卡的低碳政府评价体系构建》，《科学决策》第3期。

杨秋燕，2010，《低碳交通的实现方式》，《科技与生活》，第12期。

杨宇，2006，《多指标综合评价中赋权方法评析》，《统计与决策》第13期。

于贵瑞、何念鹏、王秋凤，2013，《中国生态系统碳收支及碳汇功能》，科学出版社。

曾石安，2019，《碳金融的环境治理效应研究》，硕士学位论文，湘潭大学。

张建民、殷继焕，1999，《LEAP模型系统分析》，《中国能源》第6期。

张玉，2014，《财税政策的环境治理效应研究》，博士学位论文，山东大学，第63页。

中国建筑节能协会，2021，《中国建筑能耗研究报告2020》，《建筑节能》第2期。

中国建筑科学研究院有限公司，2021，《面向"30·60"的建筑部门双碳控制目标及技术路径研究》，能源基金会。

中国人民大学重阳金融研究院、中国人民大学生态金融研究中心，2021，《"碳中和"中国城市进展报告2021（春季）》，《今日国土》第1期。

周雄勇、许志端、郗永勤，2018，《中国节能减排系统动力学模型及政策优化仿真》，《系统工程理论与实践》第6期。

庄贵阳、潘家华、朱守先，2011，《低碳经济的内涵及综合评价指标体系构建》，《经济学动态》第 1 期。

Acemoglu，D.，and Zilibotti，F. 1997. "Was Prometheus Unbound by Chance? Risk，Diversification，and Growth." *Journal of Political Economy* 105（4）：709—751. doi：10. 1086/262091.

Ang，B. W.，Pandiyan，G. "Decomposition of Energy-induced CO_2 Emissions in Manufacturing." *Energy Economics* 19（1997）：363—374.

Alrawi，F. 2017. "The Importance of Intelligent Transport Systems in the Preservation of the Environment and Reduction of Harmful Gases." *Transportation Research Procedia* 24：197—203.

Ang，B. W. 2004. "Decomposition Analysis for Policymaking in Energy：Which is the Preferred Method? ." *Energy Policy* 32：1131—1139.

Agarwal，A.，Ziemke，D.，Nagel，K. 2020. "Bicycle Superhighway：An Environmentally Sustainable Policy for Urban Transport." *Transportation Research Part A：Policy and Practice* 137：519—540.

Baccini，P.，1996. "Understanding Regional Metabolism for a Sustainable Development of Urban Systems." *Environmental Science and Pollution Research* 3（2）：108—111.

Bell，C.，Rousseau，P. L. 2001. "Post-independence India：A Case of Finance-led Industrialization?" *Journal of Development Economics* 65（1）：153—175.

Binh，K. B.，Park，S. Y.，Shin，B. S. 2005. "Financial Structure and Industrial Growth：A Direct Evidence from OECD Countries." *Retrieved on June* 23：2009.

Bencivenga，V. R.，Smith，B. D. 1991. "Financial Intermediation and Endogenous Growth." *The Review of Economic Studies* 58（2）：195—209.

César Calderón，Lin Liu，2003. "The Direction of Causality Between Financial Development and Economic Growth." *Journal of Development Economics*

Volume 72，Issue 1，Pages 321－334，ISSN 0304－3878，https：//doi. org/ 10. 1016/S0304－3878（03）00079－8.

Connolly，D. 2017. "Economic Viability of Electric Roads Compared to Oil and Batteries for All Forms of Road Transport." *Energy Strategy Reviews* 18：235－249.

Chen，Q.，Su，M.，Meng，F.，et al. 2020. "Analysis of Urban Carbon Metabolism Characteristics Based on Provincial Input-output Tables." *Journal of Environmental Management* 265：110561.

Cheyne. C.，Imran，M. 2016. "Shared Transport：Reducing Energy Demand and Enhancing Transport Options for Residents of Small Towns." *Energy Research & Social Science* 18：139－150.

Chen，D. Q.，Ignatius，J.，Sun，D. Z.，et al. 2018. "Impact of Congestion Pricing Schemes on Emissions and Temporal Shift of Freight Transport." *Transportation Research Part E：Logistics and Transportation Review* 118：77－105.

Chen，S.，Chen，B. 2015. "Urban Energy Consumption：Different Insights from Energy Flow Analysis, Input – Output Analysis and Ecological Network Analysis." *Applied Energy* 138：99－107.

Diamond，D.，Dybvig，P. 1983. "Bank Runs, Deposit Insurance, and Liquidity." *Journal of Political Economy* 91（3）.

Dhar，S.，Pathak，M.，Shukla，P. R. 2017. "Electric Vehicles and India's Low Carbon Passenger Transport：A Long-Term Co-benefits Assessment." *Journal of Cleaner Production* 146：139－148.

D 'Adamo，I.，Falcone，P. M.，Ferella，F. 2019. "A Socio-economic Analysis of Biomethane in the Transport Sector：The Case of Italy." *Waste Management* 95：102－115.

Deendarlianto，A. W.，Widodo，T.，Handika，I.，et al. 2020. "Modelling of Indonesian Road Transport Energy Sector in Order to Fulfill the National Energy Oil Reduction Targets. " *Renewable Energy* 146: 504 —518.

Danesin, A. , Linares, P. 2018. "The Relevance of the Local Context for Assessing the Welfare Effect of Transport Decarbonization Policies. A Study for 5 Spanish Metropolitan Areas. " *Energy Policy* 118: 41—57.

Finn, J. T. 1976. "Measures of Ecosystem Structure and Function Derived from Analysis of Flows. " *Journal of Theoretical Biology* 56 (2): 363—380.

Fan, J. L. , Kong, L. S. , Zhang, X. 2018. "Synergetic Effects of Water and Climate Policy on Energy-water Nexus in China: A Computable General Equilibrium Analysis. " *Energy Policy* 123: 308—317.

Gilles Saint-Paul, 1992. "Technological Choice, Financial Markets and Economic Development. " *European Economic Review* Volume 36, Issue 4, Pages 763—781, ISSN 0014—2921, https: //doi. org/10. 1016/ 0014—2921 (92) 90056—3.

Gurley, John, G. , and E. S. Shaw. 1995. "Financial Aspects of Economic Development. " *The American Economic Review* vol. 45, no. 4, pp. 515—538. JSTOR, www. jstor. org/stable/1811632. Accessed 8 Aug. 2021.

Gupta, M. , Bandyopadhyay, K. R. , Singh, S. K. 2019. "Measuring Effectiveness of Carbon Tax on Indian Road Passenger Transport: A System Dynamics Approach. " *Energy economics* 81: 341—354.

Gibbs, D. , Rigot-Muller, P. , Mangan, J. , et al. 2012. "The Role of Sea Ports in End-to-end Maritime Transport Chain Emission. " *Procedia-Social and Behavioral Sciences* 48: 3187—3197.

Ghate, A. T. , Qamar, S. 2020. "Carbon Footprint of Urban Public Transport Systems in Indian Cities. " *Case Studies on Transport Policy* 8 (1): 245—251.

Han, R. , Yu, B. Y. , Tango, B. J. , et al. 2017. "Carbon Emissions

Quotas in the Chinese Road Transport Sector: A Carbon Trading Perspective." *Energy Policy* 106: 298—309.

Haasz, T., et al. 2018. "Perspectives on Decarbonizing the Transport Sector in the EU—28." *Energy Strategy Reviews* 20: 124—132.

Hong, S., Chung, Y., Kim, J., et al. 2016. "Analysis on the Level of Contribution to the National Greenhouse Gas Reduction Target in Korean Transportation Sector Using LEAP Model." *Renewable and Sustainable Energy Reviews* 60: 549—559.

Han, W., Geng, Y., Lu, Y., et al. 2018. "Urban Metabolism of Megacities: A Comparative Analysis of Shanghai, Tokyo, London and Paris to Inform Low Carbon and Sustainable Development Pathways." *Energy* 155: 887 —898.

Jiang, J., Ye, B., Xie, D., Tang, J., 2017. "Provincial-level Carbon Emission Drivers and Emission Reduction Strategies in China: Combining Multi-layer LMDI Decomposition with Hierarchical Clustering." *Journal of Cleaner Production* 169: 178—190.

Jiang, M., An, H., Gao, X., Jia, N., Liu, S., Zheng, H. 2021. "Structural Decomposition Analysis of Global Carbon Emissions: The Contributions of Domestic and International Input Changes." *Journal of Environmental Management* 249: 112942.

Jorgenson, Andrew & Clark, Brett. 2012. "Are the Economy and the Environment Decoupling? A Comparative International Study, 1960 — 2005." *American Journal of Sociology* 118. 1—44. 10. 1086/665990.

Karkatsoulis, P., Siskos, P., Paroussos, L., et al. 2017. "Simulating Deep CO_2 Emission Reduction in Transport in a General Equilibrium Framework: The GEM-E3T model." *Transportation Research Part D: Transport and Environment* 55: 343—358.

Kaya, Y. 1989. "Impact of Carbon Dioxide Emission Control on GNP

Growth：Interpretation of Proposed Scenarios.” *Intergovernmental Panel on Climate Change*，Paris.

Khan，Z.，Linares，P.，García-González，J. 2017. “Integrating Water and Energy Models for Policy Driven Applications. A Review of Contemporary Work and Recommendations for Future Developments.” *Renewable and Sustainable Energy Reviews* 67：1123—1138.

Liu，M.，Zhang，X.，Zhang，M.，Feng，Y.，Liu，Y.，Wen，J.，Liu，L. 2021. “Influencing Factors of Carbon Emissions in Transportation Industry Based on CD Function and LMDI Decomposition Model：China as an Example.” *Environmental Impact Assessment Review 90*：106623.

Lin，J.，Hu，Y.，Cui，S.，et al. 2015. “Tracking Urban Carbon Footprints from Production and Consumption Perspectives.” *Environmental Research Letters* 10（5）：054001.

Meybeck，M. 1993. “Riverine Transport of Atmospheric Carbon：Sources，Global Typology and Budget.” *Water，Air & Soil Pollution* 70（1—4）：443—463.

Pizzol，M. 2019. “Deterministic and Stochastic Carbon Footprint of Intermodal Ferry and Truck Freight Transport Across Scandinavian Routes.” *Journal of Cleaner Production* 224：626—636.

Patten，B. C. 1975. Propagation of Cause in Ecosystems//Patten B C，ed.，B. C. PATTEN，editor，Systems Analysis and Simulation in Ecology：Academic Press：xi-xii.

Rosqvist，L. S.，Hiselius，L. W. 2016. “Online Shopping Habits and the Potential for Reductions in Carbon Dioxide Emissions from Passenger Transport.” *Journal of Cleaner Production* 131：163—169.

Robert G. King，Ross Levine，1993. “Finance，Entrepreneurship and Growth.” *Journal of Monetary Economics* Volume 32，Issue 3，Pages 513—542，ISSN 0304—3932，https：//doi. org/10. 1016/0304—3932（93）

90028－E.

Salvucci，R.，Gargiulo，M.，Karlsson，K. 2019. "The Role of Model Shift in Decarbonizing the Scandinavian Transport Sector： Applying Substitution Elasticities in TIMES-Nordic." *Applied Energy*.

Sun，L.，Liu，W.，Li，Z.，et al. 2021. "Spatial and Structural Characteristics of CO_2 Emissions in East Asian Megacities and its Indication for Low-carbon City Development." *Applied Energy* 284： 116400.

Shafieim，E.，Davidsdottir，B.，Leaver，J.，et al. 2017. "Energy， Economic，and Mitigation Cost Implications of Transition Towards a Carbon-Neutral Transport Sector： A Simulation-based Comparison Between Hydrogen and Electricity." *Journal of Cleaner Production* 141： 237－247.

Song，C.，Zhao，T.，Wang，J. 2019. "Spatial-temporal Analysis of China's Regional Carbon Intensity based on ST-IDA from 2000 to 2015." *Journal of Cleaner Production* 238： 117874.

Sun，J. W. 1998. "Changes in Energy Consumption and Energy Intensity： a Complete Decomposition Model." *Energy Economics* 20： 85－100.

Scheelhaase，J.，Maertens，S.，Grimme，W.，et al. 2018. "EU ETS Versus CORSIA-A Critical Assessment of Two Approaches to Limit Air Transport's CO_2 Emissions by Market-based Measures." *Journal of Air Transport Mana gement* 67： 55－62.

Talebian，H.，Herrera，O. E.，Tran，M.，et al. 2018. "Electrification of Road Freight Transport： Policy Implications in British Columbia." *Energy Policy* 115，109－118.

The National Greenhouse Gas Inventories Programme，*2006 IPCC Guidelines for National Greenhouse Gas Inventories* (Hayama，Japan： Institute for Global Environmental Strategies，2006).

Tsao，Y. C.，Linh，V. T. 2018. "Seaport-dry Port Network Design

Considering Multimodal Transport and Carbon Emissions. " *Journal of Cleaner Production* 199: 481—492.

Tao, X. Z. , Wu, Q. , Zhu, L. Z. 2017. "Mitigation Potential of CO_2 Emissions from Modal Shift Induced by Subsidy in Hinterland Container Transport. " *Energy Policy* 101: 265—273.

United Nations Environment Programme. 2020. "Emissions Gap Report 2020".

Venturini, G. , Karlsson, K. , et al. 2019. "Impact and Effectiveness of Transport Policy Measures for a Renewable-based Energy System. " *Energy Policy*.

Wolfram, P. , Wiedmann, T. 2017. " Electrifying Australian Transport: Hybrid Life Cycle Analysis of a Transition to Electric Light-duty Vehicles and Renewable Electricity. " *Applied Energy* 206: 531 —540.

Walsh, John, J. 1991. "Importance of Continental Margins in the Marine Biogeochemical Cycling of Carbon and Nitrogen. " *Nature* 350 (6313): 53—55.

Wolman, A. 1965. "The Metabolism of Cities. " *Scientific American* 213 (3): 178—193.

Xu, S. C. , Zhang, L. , Liu, Y. T. , Zhang, W. W. , He, Z. X. , Long, R. Y. , Chen, H. 2016. "Determination of the Factors that Influence Increments in CO_2 Emissions in Jiangsu, China Using the SDA Method. " *Journal of Cleaner Production* 142: 3061—3074.

Xia, L. , Zhang, Y. , Yu, X. , et al. 2019. "Hierarchical Structure Analysis of Urban Carbon Metabolism: A Case Study of Beijing, China. " *Ecological Indicators* 107: 105602.

Ye, H. , He, X. , Song, Y. , et al. 2015. "A Sustainable Urban Form: The Challenges of Compactness from the Viewpoint of Energy

Consumption and Carbon Emission." *Energy and Buildings* 93: 90—98.

Ye, Y., Wang, C., Zhang, Y., et al. 2018. "Low-carbon Transportation Oriented Urban Spatial Structure: Theory, Model and Case Study." *Sustainability* 10 (1): 19.

Yoichi, K. 1989. Impact of Carbon Dioxide Emission on GNP Growth: Interpretation of Proposed Scenarios. Presentation to the Energy and Industry Subgroup, Response Strategies Working Group, IPCC, Paris.

Zhang, Y., Xia, L., Fath, B. D., et al. 2016. "Development of a Spatially Explicit Network Model of Urban Metabolism and Analysis of the Distribution of Ecological Relationships: Case Study of Beijing, China." *Journal of Cleaner Production* 112: 4304—4317.

Zha, D., Yang, G., Wang, Q., 2019. "Investigating the Driving Factors of Regional CO_2 Emissions in China Using the IDA-PDA-MMI method." *Energy Economics* 84: 104521.

Zhang, S., Yang, X., et al. 2021. Contribution of Nearly-zero Energy Buildings Standards Enforcement to Achieve Carbon Neutral in Urban Area by 2060, doi: 10. 1016/j. accre. 07. 004

后　记

我国力争 2030 年前实现碳达峰、2060 年前实现碳中和，是以习近平同志为核心的党中央作出的重大战略决策。实现碳达峰、碳中和，是我国实现可持续发展、高质量发展的内在要求，也是推动构建人类命运共同体的必然选择，充分彰显了引领全球绿色发展的大国担当。碳达峰、碳中和与公园城市示范区内涵相同、目标一致，两者互为支撑、协同共进。近年来，成都积极探索以践行新发展理念的公园城市示范区为引领的绿色、低碳发展之路，加快推进经济社会发展全面绿色转型，以积极主动的姿态率先实现碳达峰，加快建设碳中和先锋城市。

本书是公园城市系列年度发展报告的第二本，以公园城市话语体系探索碳达峰、碳中和的城市解决方案，为全球城市的深度脱碳转型提供成都范例和经验。本书由中国社会科学院、中国城市经济学会公园城市专委会、成都市社会科学院、成都市社会科学院成都研究院组织编写，结合生态经济、能源经济、空间经济、发展经济、城市规划、金融、建筑等相关学科和理论对成都市公园城市建设中碳达峰、碳中和相关理论问题和实践问题进行深入探讨，构建了新发展理念下公园城市迈向碳中和的理论框架，提出了成都迈向碳中和的时间表和路线图，探索了"双碳"目标下公园城市转型发展的综合解决方案，梳理出近 4 年成都在公园城市建设过程中推动碳达峰、碳中和的典型案例和先进经验，为超大城市迈向碳中和提供理论支撑与路径借鉴。

本书由中国社会科学院学部委员、中国城市经济学会公园城市专委会主任潘家华与成都市社会科学院院长姚凯担任主编，中国社会科学院生态文明研究所可持续发展经济学研究室副主任廖茂林、成都市社会科学院科研处处长周灵担任执行主编，负责大纲设计、案例征选，并统稿审稿工作。全书分为三个部分，撰写分工如下。第一篇总报告，由中国社会科学课题组承担，课题组长潘家华（中国社会科学院），执笔人为段宏波（中国科学院大学）、余困铖（中国科学院大学）、廖茂林（中国社会科学院）、周灵（成都市社会科学院）、江洁（北京青年政治学院）、王国峰（山西财经大学）、鞠立新（中国传媒大学）。第二篇专题报告分工如下：第一章，唐旭（中国石油大学（北京））、丁聿（中国石油大学（北京））、李忻颖（中国石油大学（北京））；第二章，孙传旺（厦门大学）、闵嘉琳（厦门大学）；第三章，杨芯岩（中国建筑科学研究院有限公司）、张时聪（中国建筑科学研究院有限公司）、王珂（中国建筑科学研究院有限公司）；第四章，任宇飞（北京师范大学）、刘珂伶（北京师范大学）、陈彬（北京师范大学）；第五章，李志青（复旦大学）、曹洪（西南交通大学）；第六章，于璐（四川大学）、詹蕾（四川大学）、王卉（四川大学）；第七章，梁宜（自然资源部国土整治中心）、郭义强（自然资源部国土整治中心）。第三篇典型案例，材料由相关单位提供，由张泽（中国社会科学院大学）整理组织稿件。

在本书的编写过程中，参考了国内外众多专家学者的研究成果，在此对参考文献的来源机构和作者表示诚挚的谢意；本书的编写得到了成都市社会科学院成都研究院的资助和国家自然科学基金项目"碳中和目标下清洁能源省域消纳机理及路径研究：基于多尺度空间视角"（批准号：72173133）的支持，还得到了成都市相关区（市）县和单位的大力支持和积极配合；此外，本书在完成过程中还得到了成都市社会科学院唐艳、雷霞、董亮、陈姣姣、张筱竹等科研人员的大力支持和帮助，在此一并表示感谢。

打造碳中和先锋城市是成都的历史使命和责任担当，生态文明时代背景下推进公园城市碳中和的研究需要不断深化。受限于篇幅及水平，本书难免挂一漏万，敬请读者批评指正。

编者

2021 年 9 月

图书在版编目（CIP）数据

公园城市发展报告. 2021：迈向碳中和的城市解决
方案 / 潘家华，姚凯主编. —— 北京：社会科学文献出
版社，2021.10
　　ISBN 978－7－5201－9197－5

　　Ⅰ.①公…　Ⅱ.①潘… ②姚…　Ⅲ.①城市建设－研
究报告－中国－2021　Ⅳ.①F299.21

　　中国版本图书馆 CIP 数据核字（2021）第 208098 号

公园城市发展报告（2021）
　　——迈向碳中和的城市解决方案

主　　编／潘家华　姚　凯
执行主编／廖茂林　周　灵

出 版 人／王利民
组稿编辑／张雯鑫
责任编辑／吴云苓　张　超
责任印制／王京美

出　　版／社会科学文献出版社·皮书出版分社 （010）59367127
　　　　　　地址：北京市北三环中路甲 29 号院华龙大厦　邮编：100029
　　　　　　网址：www.ssap.com.cn
发　　行／市场营销中心（010）59367081　59367083
印　　装／三河市龙林印务有限公司

规　　格／开 本：787mm×1092mm　1/16
　　　　　　印 张：15.5　字 数：230 千字
版　　次／2021 年 10 月第 1 版　2021 年 10 月第 1 次印刷
书　　号／ISBN 978－7－5201－9197－5
定　　价／128.00 元

本书如有印装质量问题，请与读者服务中心（010－59367028）联系

▲ 版权所有 翻印必究